课证融通校行企合作规划教材

跨境电子商务理论与实务

张瑞夫　主编

中国财经出版传媒集团
中国财政经济出版社

图书在版编目（CIP）数据

跨境电子商务理论与实务/张瑞夫主编．—北京：中国财政经济出版社，2017.4
课证融通校行企合作规划教材
ISBN 978 - 7 - 5095 - 7409 - 6

Ⅰ.①跨…　Ⅱ.①张…　Ⅲ.①电子商务 - 教材　Ⅳ.①F713.36

中国版本图书馆 CIP 数据核字（2017）第 064897 号

责任编辑：王　芳　　　　责任校对：徐艳丽
封面设计：华乐功

中国财政经济出版社 出版
URL：http：//www.cfeph.cn
E - mail：jiaoyu @ cfeph.cn

社址：北京市海淀区阜成路甲 28 号　邮政编码：100142
营销中心电话：010-88191537　北京财经书店电话：64033436　84041336
北京中兴印刷有限公司印刷　各地新华书店经销
787 × 1092 毫米　16 开　12.75 印张　302 000 字
2017 年 4 月第 1 版　2020 年 1 月北京第 5 次印刷
定价：42.00 元（含配套教学资源库）
ISBN 978 - 7 - 5095 - 7409 - 6
（图书出现印装问题，本社负责调换）
本社质量投诉电话：010 - 88190744
打击盗版举报热线：010 - 88191661　QQ：2242791300

前言

跨境电子商务作为新的经济形式，已经成为当前及今后一段时间内世界各国和地区经济贸易发展的强大驱动力，在“一带一路”的国家战略下，中国制造正通过跨境电子商务的强大平台走向全世界。大数据、云计算为跨境电商的发展提供了强大的技术平台，强劲增长的中国经济为跨境电子商务提供了广阔空间，“把中国的产品推介给全世界，把全世界的商品买回家”不是口号而是我们正在做的事业。

在“互联网＋”的强大背景下，职业类院校的跨境电子商务教学步入快车道，在整个跨境电子商务人才定位比较模糊、人才培养体系不完善的情况下，我们根据商贸类专业的发展情况和跨境电子商务岗位技能的要求，设计了整个教材体系。教材以跨境电子商务交易流程为主线，结合跨境电子商务营销、跨境电子商务物流展开，创新性融合和电子口岸与跨境电子商务数据分析的内容，突出跨境电子商务主流平台的介绍。教材突出了以下特点：

1. 知识体系完善。从理论到实践，从实践到实操，从实操到应用，全面总结和概括了跨境电子商务的知识内容。

2. 立体化的教材构架。我们整合各方资源，建设了教学课件、案例库、阅读资源库、教学微课、教学微动画、试题库、实践操作应用平台等大量教学资源，为一线教学和职业技能考核提供强大的资源支持。

3. 多平台融合。以教学资源平台、实训实践平台、人才培养平台、职业评价平台作为支撑，使教材和人才培养体系更加完善。

本书由青岛酒店管理职业技术学院张瑞夫教授总体设计，并编撰了项目1、项目3、项目4、项目5、项目6、项目7，常州机电职业技术学院滕翔宇编撰项目2。

本书的顺利出版感谢中国财政经济出版社、中国职业技术教育协会国际商务教学指导委员会、全国外经贸考试中心、中国企业管理协会、工业与信息化部跨境电子商务考试培训项目组和众多跨境电子商务平台运营方的大力支持和帮助，本书参考了大量的书籍文献和网络资源，书中未一一列出，在此一并表示感谢。

笔者于山东青岛

2017 年 3 月

目录

项目1 跨境电子商务基础

学习任务1.1 跨境电子商务概述
学习任务1.2 跨境电子商务的模式
学习任务1.3 跨境电子商务支付
学习任务1.4 跨境电子商务的发展与展望
学习任务1.5 跨境电子商务人才岗位分析

【学习目标】

知识目标

- □ 目标1：跨境电子商务的概念及内涵
- □ 目标2：跨境电子商务的特征
- □ 目标3：跨境电子商务人才岗位分析

能力目标

- □ 目标1：跨境电子商务的模式划分
- □ 目标2：跨境电子商务的支付手段

是电子商务改变了生活还是生活引导了电子商务的发展，看似复杂，其实是一个生活与科技结合使生活更加便利的老话题。

跨境电子商务近几年的迅猛发展，使我们切身体会到了生活模式的悄然变化。跨境电子商务的进一步完善也将改变社会整体的商业模式和国际贸易的世界格局，这种改变已经在便利化的全球贸易体系中显现出来。

学习任务1.1 跨境电子商务概述

跨境电子商务

跨境电子商务是指分属不同关境的交易主体，通过电子商务平台达成交易、进行支付结算，并通过跨境物流送达商品、完成交易的一种国际商业贸易活动。

具体来说跨境电子商务的定义框架为：

框架 1：以电商来辅助国际贸易的方式，思路是以贸易为中心，将电商作为手段来实现贸易环节的电子化、数字化，重在描述跨境电商的技术动因和基础条件。

框架 2：用国际贸易来延伸电商的范围，以电商为中心，将本地电商平台的概念延伸到跨境电商平台。

框架 3：电商模式可以重组国际贸易，颠覆贸易链中间环节，但持这种观点的往往容易将跨境电商等同于跨境零售，忽略参与者的丰富性。

概念解读

国际贸易的实质——

电子商务搭台国际贸易唱戏

一、跨境电子商务的定义

跨境电子商务将贸易活动重组为跨境一体的电子商务生态，包含应用、平台和各类服务。从这个意义上说，跨境电子商务的定义是“通过互联网达成进出口的2B/2C信息交换、交易等应用，以及与这些应用关联的各类服务和环境”。随着电子信息技术和经济全球化的深入发展，电子商务在国际贸易中的地位和重要作用日益凸显，已成为我国对外贸易的发展趋势。跨境电子商务作为推动经济一体化、贸易全球化的技术基础，具有非常重要的意义，使国际贸易走向无国界贸易，而且也正引起世界经济贸易的巨大变革。

二、传统外贸与国际贸易的区别

传统贸易是包含了商品的生产、流通、结算所进行的全部活动的总称。传统的跨境贸易大部分由一国的进出口商通过另一国的进出口商，进出口大批量货物，然后通过境内流通企业经过多级分销（至少要跨越5个渠道：国内工厂、国内贸易商、目的国进口商、目的国分销商、目的国零售商)，最后到达有需求的企业或消费者。进出口环节多、时间长、成本高（见图1-1)。

传统外贸流程：

跨境电子商务流程：

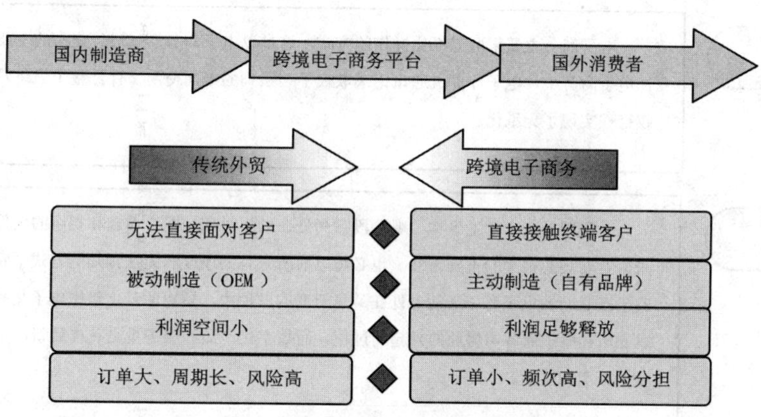

图1-1 传统外贸与跨境电子商务比较

三、跨境电子商务的特征

跨境电子商务基于网络发展起来。网络空间相对于物理空间来说，是一个由网址和密码组成的虚拟但客观存在的世界。网络空间独特的价值标准和行为模式深刻地影响着跨境电子商务，使其不同于传统的交易方式而呈现出自己的特点。具体表现为：

1. 全球性

电子商务与传统的交易方式相比，一个重要特点在于电子商务是一种无边界交易，不受传统交易所要求的地理因素的限制。互联网用户不需要考虑跨越国界因素就可以把产品尤其是高附加值产品和服务提交到市场。其全球性特征带来的积极影响是信息的最大程度的共享，消极影响是用户必须面临因文化、政治和法律的不同而产生的风险。

2. 无形性

数字化产品和服务基于数字传输活动的特性必然具有无形性，传统交易以实物交易为主，而在电子商务中，无形产品却可以替代实物成为交易的对象。以书籍为例，传统的纸质书籍，其排版、印刷、销售和购买被看做是产品的生产、销售。然而在电子商务交易中，消费者只要购买网上的数据权便可以使用书中的知识和信息。

3. 匿名性

在线交易的消费者往往不显示自己的真实身份和自己的地理位置，重要的是这丝毫不影响交易的进行，网络的匿名性也允许消费者这样做。然而在虚拟社会里，隐匿身份的便利却导致自由与责任的不对称。人们在这里可以享受最大的自由，却只承担最小的责任，甚至干脆逃避责任。

4. 即时性

传统交易模式中信息交流方式如信函、电报、传真等，在信息的发送与接收间，存在着长短不同的时间差。而电子商务中的信息交流，无论现实距离远近，一方发送信息与另一方接收信息几乎是同时的，就如同生活中面对面交谈。某些数字化产品（如音像制品、软件等）的交易，还可以即时清结，订货、付款、交货都可以在瞬间完成。

5. 无纸化

电子商务主要采取无纸化操作的方式，这是以电子商务形式进行交易的主要特征。在电子商务中，电子计算机通讯记录取代了一系列的纸面交易文件。整个信息发送和接收过程实现了无纸化。

6. 演变性

互联网是一个新生事物，现阶段它尚处在幼年时期，网络设施和相应的软件协议的未来发展具有很大的不确定性。也必将以前所未有的速度和无法预知的方式不断演进。基于互联网的电子商务活动也处在瞬息万变的过程中，短短的几十年中电子交易经历了从 EDI 到电子商务零售业的兴起的过程，而数字化产品和服务更是花样翻新，不断地改变着人类的生活。

学习任务 1.2 跨境电子商务的模式

随着国家对跨境电商的政策支持，进出口稳中有升的环境下，跨境电商快速发展。2016 年中国跨境电商市场交易额为 6.5 万亿元人民币（包括批发和零售），同比增长 28%，预计到 2020 年，中国跨境电商零售交易额将达到或超过 12 万亿元人民币（包括批发和零售），年均增幅 30% 以上。跨境电商对接“中国制造”激活了“买卖全球”，而与跨境电商联合则成为“中国制造”在全球崛起的重要支点。这得益于互联网的迅速发展和壮大，以及进出口需求的增加。传统进出口企业、机构纷纷利用各自的固有优势，开始大规模地进入线上跨境电商市场，跨境电商平台快速被人们所认知，中国以阿里巴巴、京东全球购、天猫全球购等为代表，国际主要以亚马逊、eBay 等为代表。除此之外，作为服务商的贝宝 PayPal、中国邮政等已成跨境电商重要支撑平台。

一、电子商务模式的划分

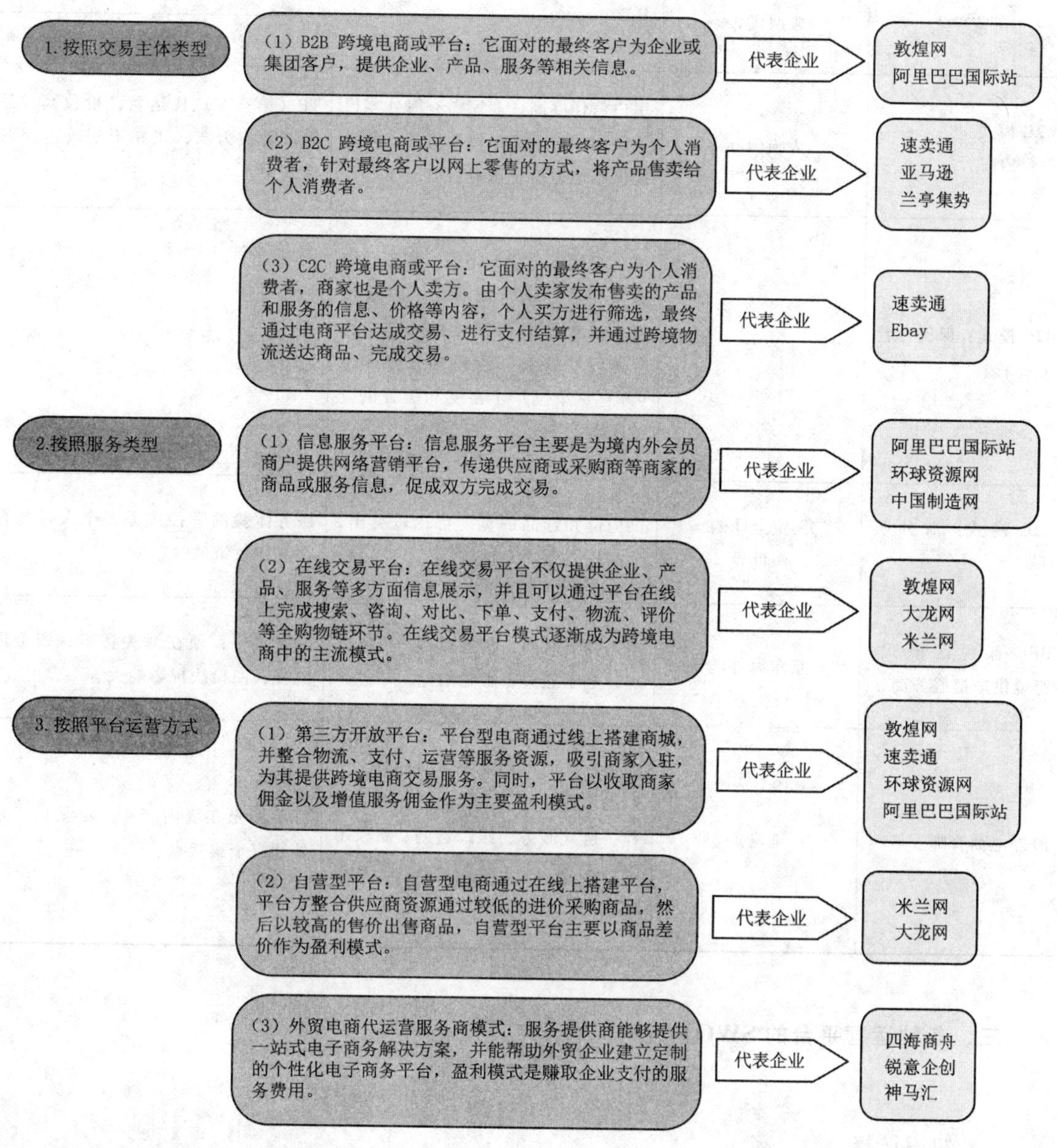

二、各种运营模式优劣的比较分析

跨境电子商务的运营模式多种多样，不同模式都有其优劣长短之分。在不同商业运营环境中，不同模式体现出来的生命力有所不同。跨境电子商务的运营模式实质是物流和商流的分离，即物的实体流动与商品所有权的分离。正是这种分离使得跨境电子商务的生命力更加旺盛。

我们将跨境电子商务的各种运营模式进行比较，主要目的就是探讨不同运营模式间关系，进而为跨境电子商务的实际运营创造条件（见表 1－1）。

表 1-1 不同运营模式比较

运营模式	典型代表	比较分析	
		优势	不足
M2C 模式：平台招商	天猫国际	用户信任度高，商家需有海外零售资质和授权，商品海外直邮，并且提供本地退换货服务。	TP（第三方）代运营，价位高，品牌端管控力弱，正在不断改进完善模式中。
B2C 模式：保税自营+直采	京东	平台直接参与货源组织、物流仓储买卖流程，销售流转高，时效性好，通常 B2C 商家还会附以“直邮+闪购特卖”等模式补充 SKU（库存量单位）丰富度和缓解供应链压力。	品类受限。
C2C 模式：海外买手制	淘宝全球购 淘世界	供应链和选品的宽度都比较突出，商品核心竞争力较强。	服务体验的掌控度差，个人代购存在法律政策风险。
BBC 保税区模式：跨境供应链服务商	京东海外购	缩短物流时间；集运模式，节约成本；电子通关，渠道阳光。	品类单一；须在海关备案；资金回流慢；商检法规影响大。
海外电商直邮	亚马逊	缩短物流时间；减少中间环节，节约成本；快速通关，渠道正规；全程一链式服务，跟踪透明；品项不限；无须经过商检；资金无须回流。	订单需先在境内产生；必要时，境外须有个集货点。

三、各种运营平台的 SWOT 分析

知识链接

SWOT 分析

SWOT 分析法是用来确定企业自身的竞争优势、竞争劣势、机会和威胁，进而将企业的战略与企业内部资源、外部环境有机地结合起来的一种科学的分析方法。

1. 阿里巴巴国际站。

定位：中小企业的网上贸易市场。

主要核心业务：商机搜索与浏览、专用域名与商铺、中国供应商认证、网商活动与培训、线下会展及刊物、管理软件、贸易通等。

主要营销模式：国际站点击各大洲相关联盟站点、谷歌等线上推广渠道；买家服务部、国际商会、行业协会、展会等线下推广渠道；售后服务推广渠道。

主要盈利模式：阿里巴巴国际市场的主要收入来源于会员费、广告收入以及针对会员推出的竞价排名、展位服务等增值服务收入。

SWOT 分析：

S（strengths）表示优势、W（weaknesses）表示劣势，O（opportunities）表示机会、T（threats）表示威胁。按照企业竞争战略的完整概念，战略应是一个企业“能够做的”（即组织的强项和弱项）和“可能做的”（即环境的机会和威胁）之间的有机组合。

2. 亚马逊。

定位：以客户为中心的服务型企业。

主要核心业务：Media（即自己的 vendors 产品的销售提成）；FBA（Fulfillment by Amazon，亚马逊提供的代发货业务——出租网店 + 卖流量 + 分仓租赁 + 代包装代发货 + 代收款）；Amazon web services（包括 S3/DB/AQ 等产品）。

主要营销模式：以消费者为中心的价值观；技术创新：kindle（电子阅读器）为消费者提供更好的购买和阅读体验；品种多样：为消费者提供更多的选择。

盈利模式：Amazon web services；巨大的长尾①给亚马逊带来超额利润；“亚马逊模式（网络的口口宣传模式）”；由低价批发到产品定制；亚马逊 kindle3 电子书平台的搭建。

SWOT 分析（见下页）：

3. 敦煌网。

定位：全球中小供应商与采购商（国内中小供应商注册免费）。

主要核心业务：产品上传、商品搜索、一站通、数据分析。

主要营销模式：海外营销；在线物流；在线支付；金融服务；网货中心。

---

① 长尾理论是网络时代兴起的一种新理论，由于成本和效率的因素，当商品储存、流通、展示的场地和渠道足够宽广，商品生产成本急剧下降以至于个人都可以进行生产，并且商品的销售成本急剧降低时，几乎任何以前看似需求极低的产品，只要有人卖，都会有人买。这些需求和销量不高的产品所占据的共同市场份额，可以和主流产品的市场份额相当，甚至更大。

盈利模式：交易成功的佣金制。

SWOT 分析：

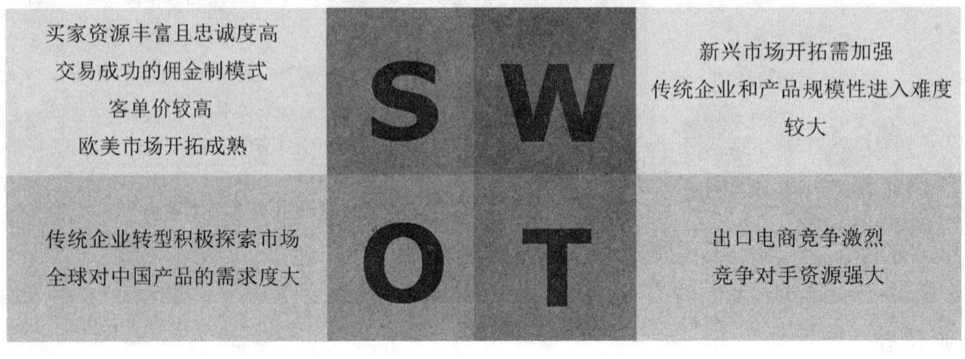

学习任务 1.3　跨境电子商务支付

谈论跨境电子商务，就不能离开跨境支付这个话题。

跨境支付服务目前主要是支持跨境 B2C 业务、C2C 进口业务和 B2B 中的小额批发/交易业务。主要的支付方式是信用卡支付和第三方支付工具的账户支付（如 PayPal、国际支付宝 Escrow、个人支付宝账户等）。通过第三方支付工具的跨境支付还能提供相应的交易优化和保障服务，如对部分卖家提供提前放款服务（对于信誉比较好的卖家在买家没有收到货之前，提前把款放给卖家，提高卖家的资金周转率）。

一、跨境电子支付结算方式多种多样

跨境电子支付业务发生的外汇资金流动，必然涉及资金结售汇与收付汇。从目前支付业务发展情况看，我国跨境电子支付结算的方式主要有跨境支付购汇方式（含第三方购汇支付、境外电商接受人民币支付、通过国内银行购汇汇出等）、跨境收入结汇方式（含第三方

收结汇、通过国内银行汇款，以结汇或个人名义拆分结汇流入、非正规渠道实现资金跨境收结汇等）。

1. 跨境支付方式。

由第三方支付工具统一购汇支付，一类是以代理购汇支付，一类是线下统一购汇支付。代理购汇支付主要是针对境内个人零星购买国外商家的产品而开通，它的具体购汇支付方法是支付公司将外币标价的产品根据实时外汇价格转换成人民币价格，境内个人支付人民币给支付公司，支付公司再代理购汇支付。这一支付过程中，支付公司只是起到代理购汇手续的中间人，实际的购汇主体仍是个人买家。而统一购汇则是以公司名义，在线下通过外汇指定银行统一购汇，购汇的主体是第三方支付平台。

2. 收入结汇方式。

依靠境内外第三方支付工具收款结汇流入。目前主流的领先第三方支付平台已经开展真实贸易背景下的结汇服务，境外买家直接汇款到支付公司的境内银行账户，然后通过该公司的系统集中统一到银行结汇，付款给国内商家。

二、第三方支付开展境外收汇的模式分析

1. 便利于网上跨境交易和小额汇兑支付交易。第三方网上支付机构尚不能直接提供本外币转换支付服务，即境内客户如需网上购买境外商品，必须直接以外币支付或在网下通过银行支付，境外商家也无法实时向境内买家提供商品的人民币报价。而第三方支付机构境外收单业务却解决了这一交易瓶颈，满足了网上跨境交易产生的汇兑和支付需求。

2. 有利于网上个人跨境交易的规范管理。第三方支付机构境外收单业务是在第三方支付企业和境内银行的合作下进行的，规定限额以上购汇业务均录入个人结售汇系统，这使原本游离于监管之外的网上跨境外汇收支纳入了监管系统，便于相关机构对网上跨境交易实时监测。

3. 符合稳健管理、风险可控的原则。为了控制风险，第三方支付公司一般会制定以下管理措施。一是买家身份审核。支付企业通过实名认证核实买家身份信息和银行账户信息。二是个人年度购汇总额控制。境内合作银行对每个买家做出当日最高购汇金额规定，同时通过一定渠道及时将年度累计购汇超过一定限额的买家信息反馈给支付企业。

学习任务1.4 跨境电子商务的发展与展望

2014～2015年，一直在释放关于跨境贸易的利好政策。2014年7月，海关总署的《关于跨境贸易电子商务进出境货物、物品有关监管事宜的公告》和《关于增列海关监管方式代码的公告》，从政策层面上承认了跨境电子商务，也同时认可了业内通行的保税模式，此

举被外界认为明确了对跨境电商的监管框架。此前“6 + 1”个跨境电商试点城市开放给予了跨境电商税收上的优惠政策，即通过跨境电商渠道购买的海外商品只需要缴纳行邮税，免去了一般进口贸易的“关税 + 增值税 + 消费税”；2015 年 4 月 28 日国务院常务会议中关于降低进口产品关税试点、税制改革和恢复增设口岸免税店的相关政策，表明了政府促进消费回流国内的决心。这些都是明显的政策红利信号。即便跨境电商的税收红利窗口在未来会逐渐关闭、一般贸易税率可能平缓走低，目前来看大势向好趋势明显。

近年来，我国传统外贸发展速度放缓，跨境电子商务却保持了快速增长的态势。我国交易平台服务、物流配送、电子支付等电子商务服务业已初具规模，支撑和促进了跨境电子商务的发展。跨境电子商务具有巨大的发展潜力，将成为我国外贸的重要增长点。当前，我国发展跨境电子商务仍面对以下方面的挑战：通关服务亟须改进；市场监管体系有待建立和完善；结汇方式需调整优化；国内物流快递企业力量薄弱。为促进我国跨境电子商务的健康发展，应重视以下工作：优化通关、支付、物流、结汇等服务支撑体系；建立和完善跨境电子商务市场监管体系；加强跨境电子商务国际合作；引导和支持跨境电商平台的发展。

一、我国跨境电子商务的发展状况

按照进出境货物流向，跨境电子商务可分为跨境电子商务出口和跨境电子商务进口。其中，跨境电子商务出口模式主要有外贸企业间的电子商务交易（B2B）、外贸企业对个人零售电子商务（B2C）、外贸个人对个人网络零售业务（C2C），并以前两者为主；进口模式以外贸 B2C 以及海外代购模式为主。按照运营模式，我国跨境电子商务可分为跨境 B2B 贸易服务和跨境网络零售两大类。

商务部数据显示，2011 年我国跨境电子商务交易额为 1.6 万亿元；2012 年达到 2 万亿元；2013 年达到 3.1 万亿元；2014 年达到 4.2 万亿元；2015 年达到 5.4 万亿元；2016 年达到 6.5 万亿元，年均增速接近 30%。可见跨境电子商务具有巨大的发展潜力，成为我国外贸的重要增长点。从市场格局来看，外贸 B2B 在我国跨境电子商务中占主导地位。

二、跨境电子商务的交易平台服务

在外贸 B2B 领域，阿里巴巴、敦煌网等电商平台企业在海外市场已树立品牌。阿里巴巴跨境电子商务平台在国内外市场的知名度最高，其统计数据显示，接近 90% 的订单被中国企业获得。敦煌网将自身定位为“B2B 在线交易及供应链服务平台”，以交易服务为核心，提供整合信息服务、支付服务、物流推荐、竞价排名、免费翻译等全程交易服务，并在交易完成之后向买方收取一定比例的佣金。敦煌网以“为成功付费”的模式打破了传统电子商务“会员收费”的经营模式。

在跨境网络零售出口方面，由几大电商平台主导的行业格局已初步形成，但 B2C 市场内行业商机依然较多。通过细分市场、创新交易模式，电商平台的经营范围涵盖了服装、电子产品、玩具、饰品等领域，在多省市有大量供货商，发挥互联网技术特长，开展精准营销，集合国内的供货商向国际市场提供“长尾式采购”。

三、跨境电子商务的物流快递服务

在跨境电子商务的带动下，近年来我国跨境包裹数量持续快速增长。据海关统计，2012~2016年，我国海关监管的邮快件总量持续高速增长，平均每年增长在20%以上。跨境快件中70%~80%通过电子商务的方式实现。

联邦快递FedEx、联合包裹UPS、敦豪速递DHL、天地快运TNT等国际物流快递公司是跨境包裹的主要承运商。除快递公司外，还有马士基等国际海运公司可供选择。中国邮政也积极开展跨境物流快递业务，为eBay中国大陆卖家量身定制了全新国际邮递产品——国际e邮宝。顺丰速运亦已经上线"海购丰运"，进入海淘转运市场。但总体而言，尽管中国邮政、顺丰速运等国内企业都有跨境物流快递的服务项目，但在国际覆盖范围、物流配送效率、物流信息采集等方面与国际物流快递公司相比还存在较大差距，难以有效满足电商企业的需求。物流快递仍是我国发展跨境电子商务要面对的主要瓶颈。

四、跨境电子商务的支付服务

目前，在跨境电子商务领域，银行转账、信用卡、第三方支付等多种支付方式并存。跨境电子商务B2B目前主要以传统线下模式完成交易，支付方式主要是信用卡、银行转账，如西联汇款。跨境电子商务B2C主要使用线上支付方式完成交易，第三方支付工具得到了广泛应用。

美国的第三方支付系统PayPal是全球使用最广泛的跨境交易在线支付工具，拥有超过1.5亿活跃用户，支持25种货币付款交易。PayPal为我国跨境外贸电商提供外币在线支付服务已有多年，被认为是国内外贸从业者的必备支付工具。我国一批优秀的第三方支付本土企业近年来也逐步发展壮大，第三方支付前三强的支付宝、财付通和银联电子支付占据了国内市场份额的78.5%。这些第三方支付企业已陆续进军跨境支付领域。

随着全球金融危机以来外部市场需求环境的变化，我国劳动力、土地、资源能源等要素成本和资本价格的持续上升，针对中国的贸易摩擦的持续增加，我国传统的外贸竞争优势有所减弱。

五、我国跨境电子商务的发展的主要特点

1. 从市场格局来看，外贸B2C等增势迅猛，但外贸B2B仍占主导地位。

我国跨境网络零售增势迅猛。以唯品会等为代表的部分电商企业建立起独立的B2C网站，大量外贸企业利用阿里巴巴全球速卖通、敦煌网等第三方电商平台开展零售业务，大量出口服装、饰品、小家电、数码产品等日用消费品，并可实现在线交易。同时，"海淘"等跨境电子商务进口模式快速发展。外贸B2B企业主要依托阿里巴巴、环球资源网、中国制造网等电商平台进行信息展示、在线营销和线下交易，交易规模超过跨境电子商务总交易额的90%。大多数B2B贸易订单的金额较大，受支付、安全、习惯等各方面因素的制约，无法实现在线交易。在线全流程的B2B交易是否是未来的发展趋势，仍存在较大争议。

2. 跨境电子商务进口快速增长，但出口规模远大于进口规模。

近年来，我国的跨境电子商务进口快速增长，涌现出一批活跃的进口 B2C 电商平台，“海淘”、海外代购等购物方式流行，化妆品、护肤品、奢侈品、新潮服装、电子消费品、食品和保健品等进口量增长迅猛，但随着中国的世界工厂地位不断加强，跨境电子商务的出口规模远大于进口规模，尤其是外贸 B2B 主要以出口为主。随着我国跨境电子商务政策制度环境的逐步完善，在电子商务服务企业的带动下，跨境电子商务将进一步发挥中国制造的产品优势，促进“中国制造”向“中国营销”和“中国创造”加速转变。

3. 跨境电子商务的发展带动了电商平台的蓬勃发展。

目前，境内的电商平台企业已超过 5 000 家。其中，阿里巴巴（包括阿里巴巴国际站、全球速卖通）、敦煌网、环球资源网、中国制造等电商平台占据了较大市场份额。

4. 跨境电子商务的参与企业比例偏低，增长潜力巨大。

通过各类平台开展跨境电子商务的境内企业已超过 20 万家，但在我国约 500 万家外贸企业中所占的比例仍微乎其微。越来越多的中小外贸企业意识到跨境电子商务带来的更广阔的市场空间和利润空间，但面临跨境电子商务起步阶段的网店搭建、市场推广、跨境物流等门槛，再加上对交易安全的担忧，大多数企业望而却步。随着跨境电子商务的不断发展，政策制度环境的不断完善，中小企业外贸综合服务的不断发展，有望看到越来越多的中小企业进入这一领域。

5. 跨境电子商务的发展带动了跨境物流服务和支付服务的快速发展。

6. 跨境电子商务的发展仍面临一系列挑战，包括通关、跨国物流、交易安全、跨境支付等。

六、我国跨境电子商务发展的政策环境

随着我国跨境电子商务的快速发展，一些制约发展的矛盾和问题逐步显现，为此国务院和有关部门陆续出台了一系列鼓励政策、管理办法和标准规范等，跨境电子商务发展的政策环境不断优化。

1. 2016 年以前的跨境电子商务的相关政策。

2012 年 3 月，工业和信息化部发布了《电子商务“十二五”发展规划》，明确提出重点发展跨境电子商务。

2012 年 3 月，商务部出台了《关于利用电子商务平台开展对外贸易的若干意见》，要求重视电子商务对对外贸易的作用。

2013 年 1 月，工业和信息化部出台了《关于推进物流信息化工作的指导意见》，指出要加快物流信息化建设，进一步推进跨境电子商务发展。

2013 年 7 月 24 日，国务院明确提出支持外贸综合服务企业为中小民营企业出口提供融资、通关、退税等服务，并首次定义了外贸综合服务行业，这有利于解决出口融资、通关、退税等问题。

2013 年 8 月，国务院办公厅转发商务部等部门关于实施支持跨境电子商务零售出口有关政策意见的通知，明确了七条支持措施，包括确定电子商务出口经营主体、建立电子商务出口新型海关监管模式、建立电子商务出口检验模式、支持电子商务出口企业正常收结汇、

鼓励银行和支付机构为跨境电子商务提供支付服务、实施适应电子商务出口的税收政策和建立电子商务出口信用体系等。

2013 年 9 月，国家外汇管理局宣布，支付宝、财付通等 17 家第三方支付企业成为首批获得跨境电子商务外汇支付业务试点资格的企业。试点支付机构为客户集中办理收付汇和结售汇业务，货物贸易单笔交易金额不得超过等值 1 万美元，留学教育、航空机票和酒店项下单笔交易金额不得超过等值 5 万美元。目前该试点已扩大至北京、上海、深圳、重庆、杭州 5 个城市，涉及企业共 22 家。试点地区、试点业务品种、试点的资金上限等将来有望进一步扩大。

2013 年 12 月 30 日，财政部和国家税务总局又出台了《关于跨境电子商务零售出口税收政策的通知》（财税［2013］96 号），规定了电子商务出口企业出口货物适用增值税、消费税退（免）税政策的条件。

2014 年 1 月 29 日，海关总署出台《关于增列海关监管方式代码的公告》（海关总署公告［2014］12 号），增列海关监管方式代码“9610”，全称“跨境贸易电子商务”，简称“电子商务”，适用于境内个人或电子商务企业通过电子商务交易平台实现交易，并采用“清单核放、汇总申报”模式办理通关手续的电子商务零售进出口商品。

2014 年 5 月，国务院办公厅印发了《关于支持外贸稳定增长的若干意见》，再次重申，要出台跨境电子商务贸易便利化措施，鼓励企业在海外设立批发展示中心、商品市场、专卖店、“海外仓”等各类国际营销网络。

2014 年 7 月 1 日，海关总署在东莞启动了跨境电子商务通关服务平台试点工作。该平台可满足海关跨境电子商务零售出口新型监管模式，实现电子口岸与电商企业、相关政府部门的信息共享，帮助跨境电商企业实现阳光化通关，更快速、便捷地进行结汇退税。这将有助于解决传统监管模式下，跨境电商交易商品一般通过商业快递公司、邮政包裹等物流方式由物流公司负责报关出口，企业无法出具一般贸易通关单、办理结汇退税，交易额无法纳入海关进出口贸易统计的问题。

2014 年 7 月 23 日，海关总署出台了《关于跨境贸易电子商务进出境货物、物品有关监管事宜的公告》，要求电子商务企业或个人通过经海关认可并且与海关联网的电子商务交易平台实现跨境交易进出境货物、物品的，按照公告接受海关监管。

2014 年 7 月 30 日，海关总署又出台《关于增列海关监管方式代码的公告》（海关总署总告［2014］57 号），增列海关监管方式代码“1210”，全称“保税跨境贸易电子商务”，简称“保税电商”。

海关总署在 2014 年 3 月，针对上海、杭州、宁波、郑州、广州、重庆六个地方的保税区试行保税进口模式的情形，出台了《海关总署关于跨境贸易电子商务服务试点网购保税进口模式有关问题的通知》，对保税进口模式的商品范围、购买金额和数量、征税、企业管理等制定了相应的条文。

2015 年 1 月 20 日国家外汇管理局发布《支付机构跨境外汇支付业务试点指导意见》，在全国范围内开展部分支付机构跨境外汇支付业务试点，允许支付机构为跨境电子商务交易双方提供外汇资金收付及结售汇服务。

2. 2016 年相关跨境电子商务政策密集出台（见表 1 - 2）。

表 1-2　　2016 年相关跨境电子商务政策

时　间	相关政策
2016. 3. 24	财关税（2016）18 号《关于跨境电子商务零售进口税收政策的通知》
2016. 4. 6	财政部、发展改革委、工业和信息化部、农业部、商务部、海关总署、国家税务总局、质检总局、食品药品监管总局、濒管办、密码局联合公告 2016 年第 40 号《关于公布跨境电子商务零售进口商品清单的公告》
2016. 4. 6	海关总署公告 2016 年第 26 号《关于跨境电子商务零售进出口商品有关监管事宜的公告》
2016. 4. 15	海关总署公告 2016 年第 47 号《关于公布跨境电子商务零售进口商品清单（第二批）的公告》
2016. 4. 13 ~ 2016. 4. 15	财政部关税司三个说明
2016. 4. 18	《海关总署办公厅关于执行跨境电商税收新政有关事宜的通知》
2016. 5. 15	质检总局《关于执行跨境电商零售进口通关单政策的说明》
2016. 5. 24	海关总署办公厅《关于执行跨境电商零售进口新的监管要求有关事宜的通知》
2016. 5. 25	财政部关税司过渡期监管措施说明
2016. 7. 7	海关总署《关税司、加贸司关于明确跨境电商进口商品完税价格有关问题的通知》
2016. 10. 13	海关总署公告 2016 年第 57 号《关于跨境电子商务进口统一版信息化系统企业统一接入事宜的公告》
2016. 11. 15	商务部关于延长跨境电商零售进口监管过渡期的谈话
2016. 12. 5	海关总署公告 2016 年第 75 号《关于增列海关监管方式代码的公告》
2016. 12. 20	《电子商务法草案》

七、跨境电子商务市场的发展趋势

2016 年是中国跨境电商的转折年。因为激烈的价格战和同质化竞争，传统跨境电商的经营模式和增长模式受到严峻考验。中国跨境电商行业开始进入盘整期。以草根创业和价格战为特色的第一波跨境电商发展期已经过去，未来一段时期可能迎来第二波跨境电商热潮，即传统企业和品牌商的觉醒和爆发。这也是顺应中国企业走出国门，中国制造走向中国创造的发展大趋势。在这种大背景下，中国跨境电商还将呈现如下发展趋势呢。

1. 强弱分化，平台间竞争加剧

目前中国跨境电商行业呈现两极分化的马太效应。强者愈强，弱者愈弱。2016 年全国各大电商依然获得了高速增长。有不少跨境电商获得超过 300% 的增长，销售额高达几十亿。这在很多人看来是不可思议的。但另一方面，中小卖家却不尽如人意。无论是销售额还是利润，都远远不及往年。

2. 物流发展增快

随着我国进口跨境电商政策发展，保税进口模式出现并进一步完善。相比直邮物流模式，消费者物流体验得到提升。但现有物流模式仍有待于进一步优化。加强境内保税仓建设，提升境内物流水平，为用户提供更为快捷的物流服务及更为方便的物流追踪服务，是提升消费者满意度的重要方式。对于境外发货模式，物流耗时较长之外，难以进行物流追踪也是海淘用户痛点，有待平台进一步提升物流能力，优化物流信息沟通。

3. 整合分销趋势明显

从2015下半年开始，整合分销成为中国跨境电商新亮点。各种整合分销项目陆续登台亮相。整合分销是跨境电商发展到一定时期的产物。跨境电商发展到一定规模，不再像以前那么零散，就会出现为提高效率更为专业分工的分销系统。但是整合分销还是存在不少的问题，比如谁都可以卖，同质化竞争不可避免。其次，销售无计划性会导致库存积压，某些产品甚至会变成死货。这和定产定销相比，风险很大。

4. 政策红利消失监管进一步规范化

2015年，通过降低进口关税，提升通关效率等方式，中国进口跨境电商抓住政策红利期快速发展。2016年5月，中国进口电商免税时代终结，随即进口跨境电商新政进入过渡期，后延长至2017年底。中国跨境电商政策红利逐步消失，未来相关部门在税收、清关、支付等方面将进一步走向规范化。中国进口跨境电商平台需提升用户体验、创新盈利模式，增强政策适应能力及自身抗风险能力。

5. 资本搅动跨境电商

通过新三板等资本市场，跨境电商实现从商品运作到资本运作的重大转变。在充足的资金支持下，不仅可以安全渡过目前比较困难的局面，更能进一步强化产品、渠道、团队和IT等方面优势，拉高门槛，实现更高的发展战略目标。另外，跨境电商通过资本市场，将会更加进退自如，获得更多发展选择。

学习任务1.5　跨境电子商务人才岗位分析

一、人才需求分析

随着跨境电商行业的不断发展，跨境电商企业销售的产品品类和销售市场更加多元化，企业对电商人才的要求也不断提高。行业普遍认为企业招聘跨境电商人才时更多倾向于选择国际贸易和电子商务等相关专业的人士。

目前不仅财经类和综合类的院校开设有国际贸易专业，理工类院校、师范类院校以及农、林等其他类院校也大都设立了国际贸易专业。一些院校的英语专业中也开设了国际贸易及国际商务方向。

现在设立国际贸易专业和电子商务专业的学校，每年向企业输送大量的国际贸易专业和电子商务专业的学生数量可观。但是，由于兼具国际贸易和电子商务特征的跨境电子商务企业对人才的综合性需求较强，单一的专业无法满足企业对人才的需求，因而业界很难招到合适的跨境电商人才。

根据市场调研，跨境电商企业对人才的需求在于以下结论（以下资料摘自阿里巴巴研究院）。

1. 现有企业选择跨境电商人才最多的倾向还是国际贸易专业，但是企业更多希望跨境电商人才来源于聘用复合性学科人才（如图 1－2、图 1－3）；

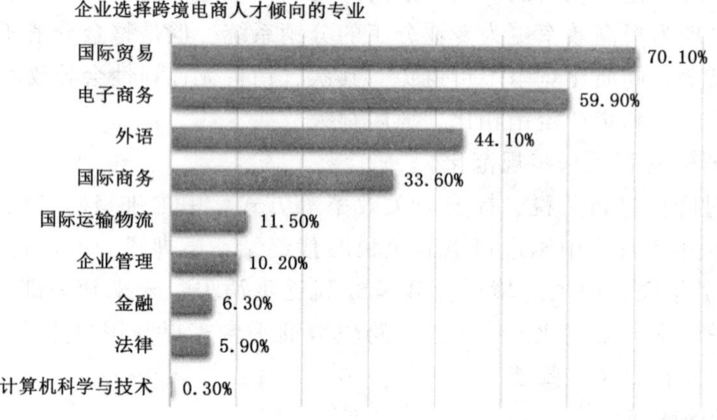

图 1－2 跨境电子商务人才倾向

虽然跨境电子商务兼具国际贸易和电子商务的特点，但是跨境电商发展的核心是国际贸易，只是随着时代的发展，与电子商务结合出现了新特征。所以国际贸易专业的学生更能满足企业的要求。

2. 跨境电商企业更多缺乏业务岗位的人才（如图 1－4）；

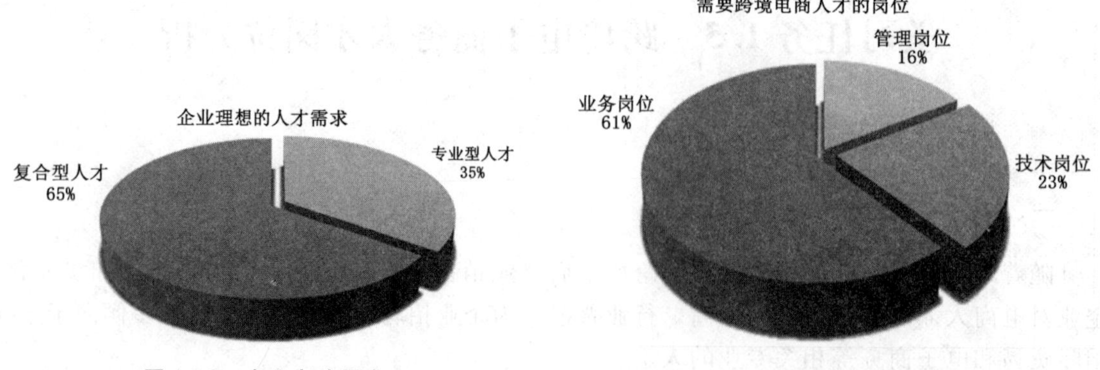

图 1－3 企业人才需求 **图 1－4 跨境电子商务岗位需求**

3. 企业认为，专科和本科人才就可以了，最缺本科人才（如图1－5）；

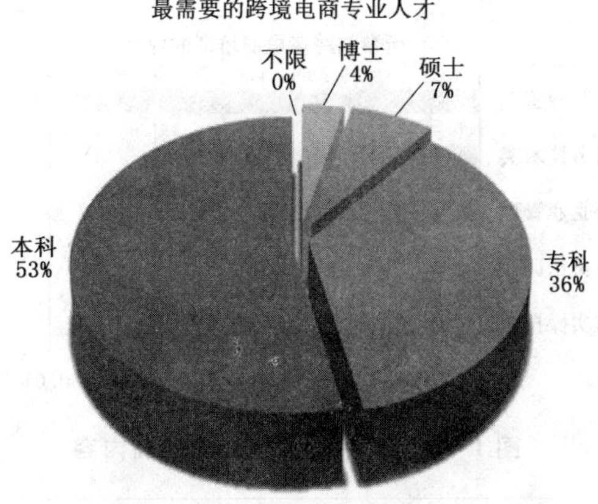

图1－5 跨境电子商务人才需求

4. 毕业生解决问题的能力不强，专业知识不扎实，知识面窄，视野不够宽（如图1－6）；

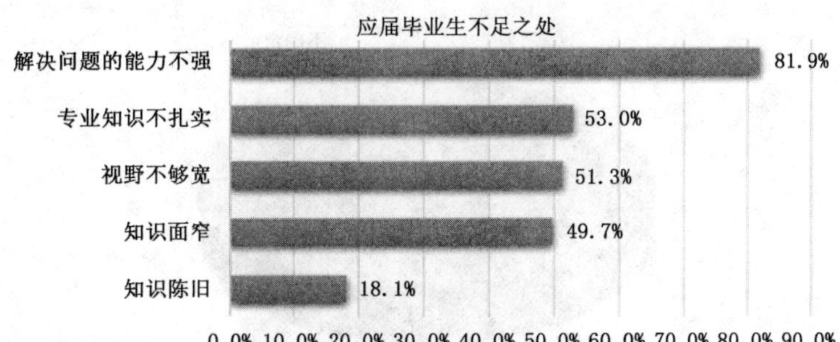

图1－6 毕业生的不足之处

5. 有意愿从事跨境电商工作的人士多数没有参与过培训，绝大多数愿意接受培训。但是倾向于平台、企业自己或商业机构，不太相信政府和大学的培训（如图1－7）。这说明大学中跨境电商专业的教学跟不上现在变化很快的技术和市场。

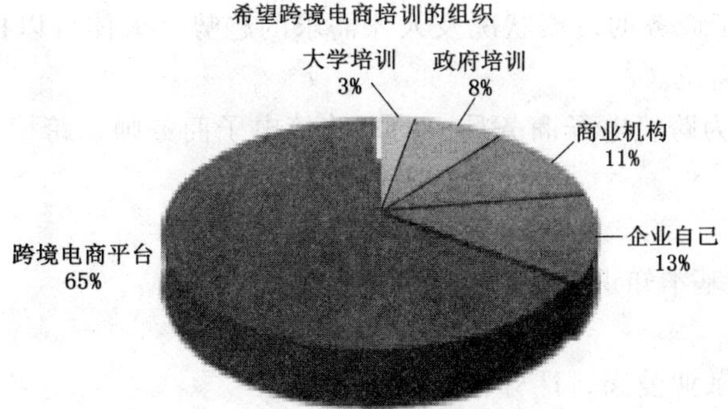

图1－7 跨境电子商务培训组织

企业期望培训的内容，按重要度排第一的是互联网营销，第二是电子商务技术类，第三是电商企业管理类（见图1-8）。

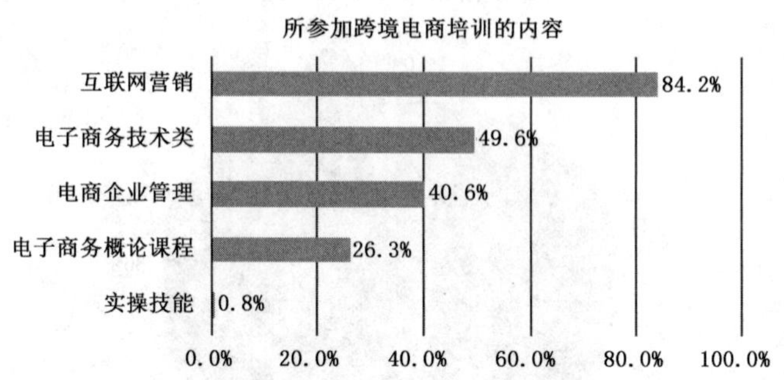

图1-8 跨境电子商务的培训内容

6. 企业普遍认为，跨境电商人才存在严重缺口。绝大多数人认为跨境电商人才缺口严重（85.9%），其中招到的人不能按要求完成工作任务的情况占比为82.4%。见图1-9。

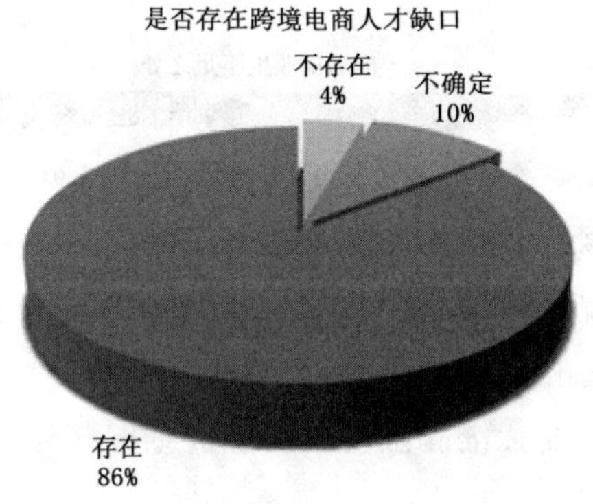

图1-9 跨境电子商务人才缺口

二、跨境电子商务岗位及应具备的知识分析

目前对跨境电子商务的岗位细分还比较模糊，而且由于角度不同得出的结论也有所差异，结合当前跨境电子商务的发展状况及人才需求的趋势，大体可以把跨境电子商务的岗位划分为三个层次六个岗位。

1. 三个层次分别为跨境电子商务员、助理跨境电子商务师、跨境电子商务师；

2. 基本要求：

2.1 职业道德

2.1.1 职业道德基本知识

2.1.2 职业守则

（1）遵纪守法，敬业爱岗，严守保密制度。

（2）实事求是，工作认真，精研业务，尽职尽责，具有团队精神。

2.2 基础知识

2.2.1 计算机与网络应用知识
计算机网络（因特网）应用基础知识
2.2.2 电子商务基础知识
（1）电子商务的概念、分类、现状与特点
（2）电子商务基本业务流程
2.2.3 网络营销基础知识
（1）网络营销的主要方法
（2）网络商务信息的收集与整理
2.2.4 电子文件基础知识
（1）电子支付的概念
（2）电子支付流程
（3）电子支付工具
2.2.5 电子商务安全基础知识
（1）计算机安全使用知识
（2）电子商务安全管理制度
2.2.6 国际贸易实务知识
（1）国际贸易方式
（2）国际贸易惯例
（3）国际贸易合同的主要条款
（4）交易磋商、合同订立和合同履行知识
2.2.7 国际结算知识
（1）票据知识
（2）汇付知识
（3）托收知识
（4）信用证知识
2.2.8 国际贸易单证知识
（1）商业单据知识
（2）货运单据知识
（3）政府监管单据知识
（4）其他单据知识
2.2.9 电子口岸、报关、报检知识
（1）电子口岸知识
（2）报关、报检知识
3. 作业要求：
3.1 跨境电子商务员（见表1-3）

表 1-3 **跨境电子商务员作业要求**

职业功能	工作内容	技能要求	专业知识要求
一、网店开设与维护	（一）在第三方电子商务平台上开设网店	1. 能够进行网店开设申请 2. 能够配置网店布局 3. 能够配置网店功能模块 4. 能够配置网店风格主题 5. 能够进行商品和信息录入 6. 能够配置支付方式	1. 典型电子商务平台 2. 网店功能结构知识 3. 网上支付及电子支付知识
	（二）网店维护	1. 能够调整网店布局 2. 能够增删网店功能模块 3. 能够修改网店风格	网店功能结构知识
二、商务信息处理	（一）网络信息收集整理	1. 能够使用网络检索工具采集信息 2. 能够使用网络问答、论坛、RSS、邮件订阅等信息交流工具搜索信息 3. 能使搜索符合要求的相关网站、论坛、博客 4. 能够对网络信息进行分类整理	1. 搜索引擎使用方法 2. 网络问答、论坛、RSS、邮件订阅等工具的使用方法 3. 论坛、博客相关知识
	（二）商品信息操作	1. 能够进行商品信息的发布 2. 能够进行商品信息的撤销 3. 能对商品信息进行更新和维护	1. 网络信息发布方法 2. 网络广告发布方法 3. 常用的产品发布平台和信息发布平台 4. 商品分类知识
	（三）商务信息发布	1. 能够按照要求在网站上发布、维护和撤销商务信息 2. 能够按照要求在外部网站、论坛、博客、SNS 上发布商务信息	1. 网络信息发布方法 2. 论坛、博客相关知识
三、客户服务	（一）售前咨询	1. 能够完成商品信息、价格方面的售前咨询 2. 能够完成商品交付方面的售前咨询 3. 能够完成商品服务保障方面的售前咨询 4. 能够完成支付方面的售前咨询	1. 网上留言板、即时通信工具、电子邮件、短信使用技巧 2. 电话咨询服务技巧 3. 网络成交技巧

续表

职业功能	工作内容	技能要求	专业知识要求
三、客户服务	（二）订单操作	1. 能够录入和生成订单 2. 能够进行订单信息的审核 3. 能够进行订单信息的变更 4. 能够进行订单状态查询	1. 网上购物知识 2. 网上单证知识 3. 常用的订单操作平台和物流平台
	（三）支付操作	1. 能够使用电子支付工具或第三方支付平台完成电子支付 2. 能够指导客户完成支付 3. 能够使用网上支付平台、网上银行等进行网店账务查询	1. 信用卡、借记卡、电子支票等使用知识 2. 网上银行知识 3. 密码设置和使用的基本安全知识
	（四）配送操作	1. 能够完成商品配送方式的选择 2. 能够填写、打印出货单、配货单、快递单等 3. 能够进行商品配送状态查询	1. 物流基础知识 2. 物流单证填制知识
	（五）售后服务	1. 能够在线进行客户常见问题的解答 2. 能够记录和整理客服相关信息 3. 能够按照要求进行客户回访	1. 售后服务规范 2. 售后服务技巧 3. 电子商务法律知识 4. 消费者权益法律知识
四、跨境作业操作	（一）报关报检	1. 能够完成出口商品的报关报检 2. 能够完成进口商品的报关报检	1. 国际贸易惯例、法律法规 2. 报关报检的法律法规、规定
	（二）出口退税资料整理	1. 能够收集出口退税资料 2. 能够整理出口退税资料	1. 出口退税的法律法规、规定

3.2 助理跨境电子商务师（见表1－4）

表1－4　助理跨境电子商务师作业要求

职业功能	工作内容	技能要求	专业知识要求
一、网店搭建与管理	（一）店铺管理	1. 能够使用网上商店生成工具开设网上商店 2. 能够进行网店信息内容的撰写和维护 3. 能够对网店信息进行存储和管理 4. 能够对网站经营数据进行统计	1. 电子商务网站结构知识 2. 电子商务网站业务流程 3. 常用网上商店生成系统 4. 网站信息安全管理知识 5. 网站数据统计知识

续表

职业功能	工作内容	技能要求	专业知识要求
一、网店搭建与管理	（二）商品信息管理	1. 能够编辑商品信息 2. 能够配置商品的属性、类别及附加信息 3. 能够使用商品发布模板进行商品陈列	1. 商品学知识 2. 商品信息模板知识及常用的模板工具 3. 消费心理学 4. 网页编写知识
	（三）配送管理	1. 能够进行在库商品信息查询 2. 能够进行商品出入库、电子配货、电子检货、发货、交付操作	1. 商品储存及盘点知识 2. 配送管理知识
	（四）客户服务管理	1. 能够处理客户投诉反馈 2. 能够进行异常订单（退换货等）的处理 3. 能够整理客户常见问题解答 4. 能够对客户服务信息数据进行统计整理	1. 客户服务知识 2. 数据统计知识
二、网络营销	（一）网络市场调研	1. 能够制作、发布、回收网络调研问卷 2. 能够对回收问卷进行统计整理	1. 网络市场调研方法与步骤 2. 用 EXCEL 统计调研问卷的方法 3. 统计分析知识
	（二）网络广告的发布与管理	1. 能够在目标网站、网站联盟上发布网络广告 2. 能够进行交换链接 3. 能够将网站或商品信息登录到搜索引擎上 4. 能够跟踪和统计网络推广给网站带来的流量和销量	1. 网站推广知识 2. 网络广告知识 3. 交换链接知识 4. 搜索引擎优化知识
	（三）网络促销	1. 能够设置赠品和礼品 2. 能够组合捆绑销售的商品 3. 能够设置限时优惠活动 4. 能够发起团购优惠活动 5. 能够配置积分规则	1. 网络促销方式 2. 网络促销知识 3. 消费心理学知识 4. 典型电子商务平台的促销功能模块 5. 市场营销知识

续表

职业功能	工作内容	技能要求	专业知识要求
二、网络营销	（四）群发推广	1. 能够按照要求群发电子邮件 2. 能够按照要求群发短信 3. 能够进行客户数据的基本处理	1. 电子邮件群发平台与方法 2. 电子邮件的文案与设计基础 3. 短信营销的知识和方法 4. 使用 EXCEL 管理客户数据
	（五）网络软文推广	1. 能够按照要求撰写简单的软文 2. 能够在论坛、博客和 SNS 等上发布、管理软文 3. 能够及时回复访客留言	1. 软文推广知识的方法 2. 新闻、软文及广告的撰写知识 3. 典型博客、论坛和 SNS 平台的后台管理
三、网上交易	（一）网上采购	1. 能够在网上收集商品信息 2. 能够在网上发布商品采购信息 3. 能够对采购信息进行分类处理 4. 能够编制网上采购合同的主要条款	1. 网络采购流程 2. 网络采购管理规范 3. 采购合同知识 4. 招投标知识
	（二）电子合同处理	1. 能够按照电子合同操作流程进行操作 2. 能够进行电子合同的身份认证和电子签名的操作	1. 身份认证操作过程 2. 电子签名基础知识 3. 电子合同操作和规范
	（三）网上支付	1. 能够选择网上支付工具 2. 能够进行网上支付	1. 电子支付工具知识 2. 电子支付的安全协议
四、跨境作业运营	（一）报关报检	1. 能够完成出口商品的报关报检 2. 能够完成进口商品的报关报检 3. 能够处理保税货物的物品的销售	1. 国际贸易惯例、法律法规 2. 报关报检的法律法规、规定
	（二）出口退税资料整理汇总	1. 能够收集出口退税资料 2. 能够整理出口退税资料 3. 能够汇总出口退税资料	出口退税的法律法规、规定
	（三）外汇管理	1. 能够用人民币支付货款 2. 能够用外币支付货款	外汇管理的法律法规、规定

3.3 跨境电子商务师（见表 1-5）

表 1－5　　跨境电子商务师作业要求

职业功能	工作内容	技能要求	专业知识要求
一、电子商务网站功能内容设计	（一）网站功能设计	1. 能够进行网站栏目设计 2. 能够进行网站布局设计 3. 能够进行交易流程设计	1. 商务网站功能模块设计知识 2. 商务网站栏目设计知识 3. 网上交易流程知识
	（二）网站内容设计	1. 能够制订信息管理方法 2. 能够进行网站内容的组织	1. 商品分类及展示知识 2. 信息发布系统知识 3. 网站信息管理法律法规知识
二、网络营销	（一）网络推广	1. 能够撰写营销文案和组织实施电子邮件营销 2. 能够撰写营销短信和组织实施短信营销 3. 能够制订网络广告（CPC/CPS/CPA等）投放方案 4. 能够制订搜索引擎关键字（SEM）营销方案 5. 能够制订网络社区（SNS）营销方案 6. 能够根据经营数据分析，制定网络营销和网站优化方案	1. 电子邮件营销基础 2. 短信营销 3. 搜索引擎优化（SEO）基础 4. 国内主要网站联盟与合作模式 5. 整合营销基础知识 6. 网络流量统计知识
	（二）网络促销	1. 能够选择网络促销形式 2. 能够设计网络促销方案 3. 能够选择网络促销渠道 4. 能够制定网络促销预算	1. 网络促销方式 2. 网络促销知识 3. 消费心理学知识 4. 产品策划知识
	（三）产品策划	1. 能够选择网站的主销产品，赠品和捆绑销售产品 2. 能够编写产品的销售文案	1. 产品策划知识 2. 产品介绍文案写作 3. 促进产品成交的展示方法
三、电子商务网站运营管理	（一）经营数据分析	1. 能够进行访问行为数据的整理和分析 2. 能够进行消费者数据的整理和分析 3. 能够进行消费行为数据的整理和分析 4. 能够进行商品数据的整理和分析	1. 购物网站的经营数据知识 2. 主要数据分析方法

续表

职业功能	工作内容	技能要求	专业知识要求
三、电子商务网站运营管理	（二）会员推广	1. 能够制订网站会员管理制度和积分奖励计划 2. 能够制订会员推广方案	1. CRM 基础知识 2. 会员级别与积分管理知识 3. 维护老客户的方法
	（三）客户服务管理	1. 能够制订网站客户服务工作流程 2. 能够制订客户营销计划 3. 能够设计和执行客户服务满意度调查 4. 能够进行异常状况的处理	1. 网络客户服务知识 2. 客户关系管理知识 3. 消费心理学知识
	（四）物流管理	1. 能够进行库存管理 2. 能够设计物流配送的流程 3. 能够选择和管理物流外包服务商	1. 物流配送流程设计方法 2. 产品供应管理知识 3. 外包物流商的监管方法和管理规范
	（五）网站安全管理	1. 能够制订网站安全管理策略 2. 能够制定运营数据安全管理策略 3. 能够制订交易安全管理策略 4. 能够制定信息内容的审核和筛选规范	1. 电子商务安全技术知识 2. 网络安全和电子商务交易安全的管理知识 3. 电子商务相关法律、法规基础知识 4. 网络信息管理法律法规
四、跨境作业管理与策划	（一）报关报检	1. 能够管理与策划出口商品的报关报检 2. 能够管理与策划进口商品的报关报检 3. 能够管理与策划保税货物的物品的销售	1. 国际贸易惯例、法律法规 2. 报关报检的法律法规、规定
	（二）出口退税资料整理汇总	1. 能够汇总出口退税资料 2. 能够管理出口退税资料	出口退税的法律法规、规定
	（三）外汇管理	能够合理使用、调度人民币支付货款或外币支付货款	外汇管理的法律法规、规定

4. 六个岗位的细分。

经过一定时间的沉淀，跨境电子商务的发展趋于稳定，岗位细分越来越明朗，无论从企业需求还是院校培养，对岗位的细分结果比较相近，结合以上对跨境电子商务人才需求、市场分析、人才层次分析，我们认为跨境电子商务岗位可以细分为如下的六个方面（见图1－10）：

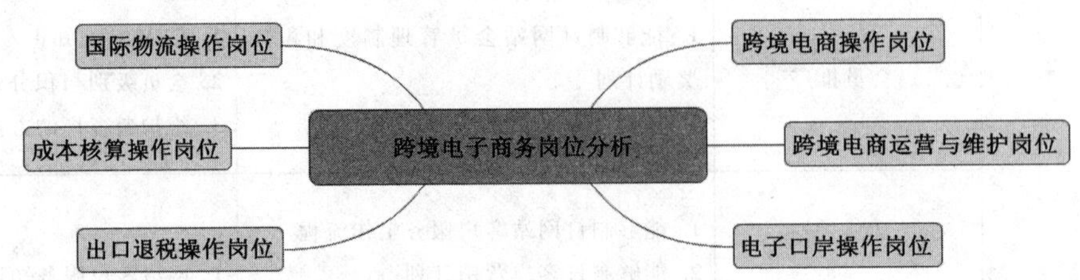

图1－10 跨境电子商务岗位细分

4.1 跨境电子商务操作岗位（见表1－6）

表1－6 **跨境电子商务操作岗位**

岗位设置	能力要求	知识技能	实操技能
1. 跨境电子商务操作岗位	1.1 网络营销	1. 网络促销方式 2. 网络促销知识 3. 消费心理学知识 4. 产品策划知识	1. 能够选择网络促销形式 2. 能够设计网络促销方案 3. 能够选择网络促销渠道 4. 能够制定网络促销预算
	1.2 网上交易	1. 网上采购 2. 电子合同处理 3. 网上支付	1. 能够在网上收集商品信息 2. 能够在网上发布商品采购信息 3. 能够对采购信息进行分类处理 4. 能够编制网上采购合同的主要条款 5. 能够按照电子合同操作流程进行操作 6. 能够进行电子合同的身份认证和电子签名的操作 7. 能够选择网上支付工具 8. 能够进行网上支付
	1.3 跨境作业管理与策划	国际贸易惯例、法律法规	
	1.4 客户服务与订单处理	1. 网络客户服务知识 2. 客户关系管理知识 3. 消费心理学知识 4. 买家下单与付款 5. 线上发货 6. 备货 7. 收款	1. 能够制订网站客户服务工作流程 2. 能够制订客户营销计划 3. 能够设计和执行客户服务满意度调查 4. 能够进行异常状况的处理

4.2 跨境电商运营与维护岗位（见表1-7）

表1-7 跨境电商运营与维护岗位

岗位设置	能力要求	知识技能	实操技能
2. 跨境电商运营与维护岗位	2.1 网店搭建与管理	1. 电子商务网站结构知识 2. 电子商务网站业务流程 3. 常用网上商店生成系统 4. 网站信息安全管理知识 5. 网站数据统计知识	1. 能够进行网站栏目设计 2. 能够进行网站布局设计 3. 能够进行交易流程设计
	2.2 网站功能内容设计与开发	1. 商务网站功能模块设计知识 2. 商务网站栏目设计知识 3. 网上交易流程知识	1. 能够制订信息管理方法 2. 能够进行网站内容的组织
	2.3 网络推广与促销	1. 网络促销方式 2. 网络促销知识 3. 消费心理学知识 4. 典型电子商务平台的促销功能模块 5. 市场营销知识	1. 能够撰写营销文案和组织实施电子邮件营销 2. 能够撰写营销短信和组织实施短信营销 3. 能够制订网络广告（CPC/CPS/CPA 等）投放方案 4. 能够制订搜索引擎关键字（SEM）营销方案 5. 能够制订网络社区（SNS）营销方案 6. 能够根据经营数据分析，制定网络营销和网站优化方案
	2.4 O2O运营	1. 电子邮件营销基础 2. 短信营销 3. 搜索引擎优化（SEO）基础 4. 国内主要网站联盟与合作模式 5. 整合营销基础知识 6. 网络流量统计知识	

4.3 电子口岸操作岗位（见表1-8）

表1-8 电子口岸操作岗位

岗位设置	能力要求	知识技能	实操技能
3. 电子口岸操作岗位	3.1 报检报关操作	1. 国际贸易惯例、法律法规 2. 报关报检的法律法规、规定	1. 能够管理与策划出口商品的报关报检 2. 能够管理与策划进口商品的报关报检 3. 能够管理与策划保税货物的物品的销售
	3.2 舱单操作	1. 海运进口 2. 海运出口 3. 舱单运配与装载 4. 提（运）单操作	
	3.3 电子账册与内销征税	1. 电子账册管理 2. 电子账册报关申报与数据报核 3. 内销征税联系单 4. 内销征税报关单申报	
	3.4 跟单运营	1. 采购业务 2. 生产加工业务 3. 销售物流业务	

4.4 出口退税岗位（见表1-9）

表1-9 出口退税岗位

岗位设置	能力要求	知识技能	实操技能
4. 出口退税操作岗位	4.1 进口付汇	外汇管理的法律法规、规定	能够合理使用、调度人民币支付货款或外币支付货款
	4.2 出口收汇		
	4.3 进口增值税	进口增值税相关法规	
	4.4 出口退税	出口退税的法律法规、规定	1. 能够收集出口退税资料 2. 能够整理出口退税资料 3. 能够汇总出口退税资料

4.5 成本核算岗位（见表1－10）

表1－10　　成本核算岗位

岗位设置	能力要求	知识技能	实操技能
5. 成本核算操作岗位	5.1 进口成本核算	1. 进口货物进销存环节成本分析 2. 利润分析 3. 税费分析	
	5.2 出口成本核算	1. 出口货物进销存环节成本分析 2. 利润分析 3. 税费分析	
	5.3 进出口价格规划	1. 贸易术语 2. D组贸易术语 3. 综合价格转换与规划	
	5.4 税费筹划	1. 进出口税费常识 2. 进出口税费设计	

4.6 国际物流操作岗位（见表1－11）

表1－11　　国际物流操作岗位

岗位设置	能力要求	知识技能	实操技能
6. 国际物流操作岗位	6.1 物流仓储与配送规划	1. 物流配送流程设计方法 2. 产品供应管理知识 3. 外包物流商的监管方法和管理规范	1. 物流配送流程设计方法 2. 产品供应管理知识 3. 外包物流商的监管方法和管理规范
	6.2 海外仓运作	1. 海外仓储的基础知识 2. 虚拟仓的运营 3. 地缘环境分析	
	6.3 航线规划与运营	1. 通用海陆空航线常识 2. 航线综合规划	
	6.4 供应链规划与运营	1. 跨境电商供应链分析 2. 跨境电商供应链规划 3. 跨境电商供应链运营	

【知识导图】

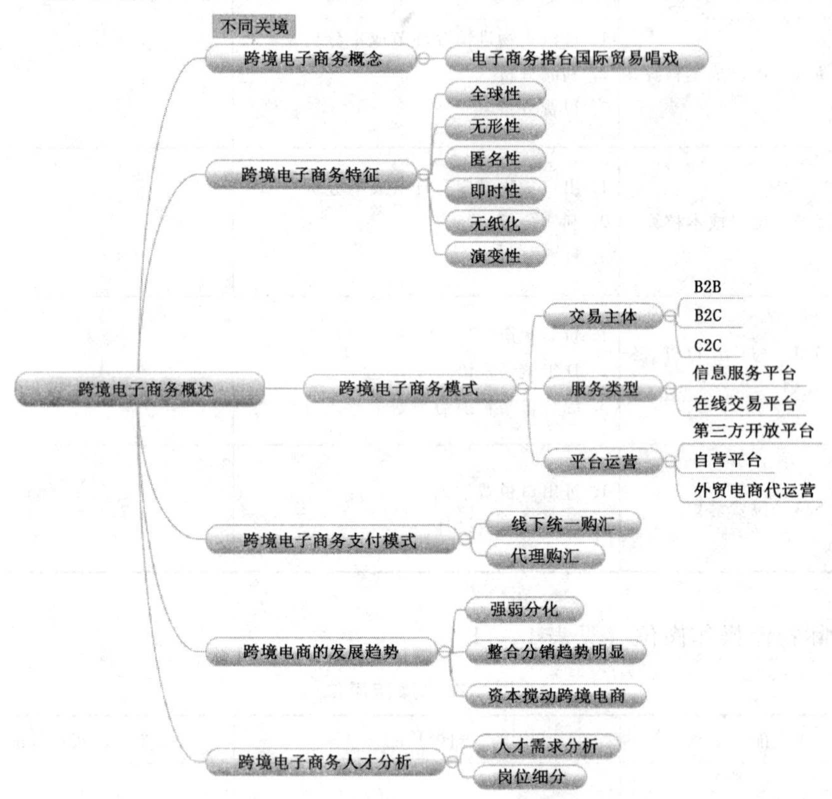

【教学资源】

链接：央财传媒在线教育：http：//edu. cfeph. com. cn/

【同步测试】

链接：央财传媒在线教育：http：//edu. cfeph. com. cn/

【授课视频】

链接：商务部商务培训网

http：//training. mofcom. gov. cn/jsp/sites/ketang. jsp？le_id = 113603&bd_id = 12000

项目2　跨境电子商务交易流程

学习任务2.1　跨境电子商务选品
学习任务2.2　跨境电子商务国际市场调研
学习任务2.3　跨境电子商务平台的选择
学习任务2.4　跨境电子商务产品定价
学习任务2.5　跨境电子商务（B2B）网上交易磋商
学习任务2.6　跨境电子商务（B2B）合同的签订
学习任务2.7　跨境电子商务（B2B）电子合同的履行
学习任务2.8　跨境电子商务结算与结汇
学习任务2.9　跨境电子商务（B2C）交易流程

【学习目标】

知识目标

目标1：跨境电子商务交易前如何选品
目标2：跨境电子商务交易产品如何定价
目标3：跨境电子商务如何结算与结汇

能力目标

目标1：国际市场调研与客户如何开发
目标2：跨境电子商务交易平台如何选择
目标3：跨境电子商务（B2B）交易过程
目标4：跨境电子商务（B2C）交易流程

跨境电子商务的客户服务流程与传统电商或者传统贸易流程基本相似，关键是跨境电子商务客户群体更加多样化、服务需求更加立体化、相关支持更加全面化。总体而言，跨境电子商务的客户服务在数据分析、人性化方面更具特色，更能体现“互联网+”的特点。

学习任务 2.1　跨境电子商务选品

跨境电子商务选品

跨境电子商务选品是指在把握网站定位的前提下，研究需要开发产品所处行业的出口情况，获得对供需市场的整体认识；借助数据分析工具，进一步把握目标市场的消费规律，最终结合供应商市场，进行有目的产品开发。产品选择的合适与否是直接影响到跨境电子商务贸易成功的首要问题。

一、跨境电子商务选品概要

从市场角色关系看，选品即选品人员从供应市场中选择适合目标市场需求的产品。从这个角度看，选品人员必须一方面把握用户需求，另一方面，要从众多供应市场中选出质量、价格和外观最符合目标市场需求的产品。成功的选品，最终应实现供应商、客户、选品人员三者共赢的结果。从用户需求的角度看，选品要满足用户对某种效用的需求，比如给生活带来方便、满足虚荣心、消除痛苦等。从产品的角度看，选出的产品应为在外观、质量和价格等方面符合目标用户需求的产品。由于需求和供应处于不断变化之中，因而选品也是一个无休止的过程。

适合开展跨境电子商务的产品需要同时具备以下几个条件：

1. 市场潜力大、利润较高，具有快速消费品的特性。
2. 产品体积较小、重量较轻、易于包装，不易破碎。
3. 便于操作、不需要组装、安装的产品
4. 不需要售后服务、或售后服务简单的产品。
5. 有自己独特的产品设计、包装设计。
6. 产品不得违反平台和目的国的法律法规，特别是盗版或者违禁品。这种产品不仅赚不了钱，甚至需要付出法律代价。

二、跨境电子商务选品的行业动态分析

跨境电子商务选品行业动态分析是从行业的角度研究品类，每个品类，都是建立在中国制造的产品面向国外出口的整个行业背景下。了解中国出口贸易中该品类的市场规模和国家分布，对于认识品类的运作空间和方向，有较大的指导意义。了解某个品类的出口贸易情况，主要有以下3种途径：

1. 第三方研究机构或贸易平台发布的行业或区域市场调查报告。

第三方研究机构或贸易平台具备独立的行业研究团队，这些机构具备全球化的研究视角和资源，因此，他们发布的研究报告，往往可以给我们带来较系统的行业信息。例如：中国制造网行业分析报告、敦煌网行业视频教程等。

2. 行业展会。

行业展会是行业中供应商为了展示新产品和技术、拓展渠道、促进销售、传播品牌而进行的一种宣传活动。参加展会，可以获得行业最新动态和企业动向。例如：深圳会展中心展会、中国行业展会等。

3. 出口贸易公司或工厂。

跨境电子商务专员在开发产品时，需要与供应商进行直接的沟通。资质较老的供应商，对所在行业的出口情况和市场分布都很清楚，通过他们，产品专员可以获得较多有价值的市场信息。需要注意的是，产品专员需要掌握一定的行业知识，再与供应商进行沟通，否则容易被“忽悠”。

三、跨境电子商务选品数据分析

电子商务是在信息技术化和互联网发展的背景下迅速兴起的行业，因此，懂得快速利用互联网获取有价值的商务信息是当今电子商务人士必须具备的生存技能。

数据分析是通过对各个业务节点业务数据的提取、分析及监控，让数据作为管理者决策、员工执行的有效依据，作为业务运营中的一个统一尺度和标准。一切以数据说话，一切以结果说话，即是数据分析在实际工作中应用的体现。以数据来源看，数据分为外部数据和内部数据。外部数据是指企业以外的其他公司、市场等产生的数据。内部数据是指企业内部经营过程中产生的数据信息。要想做出科学、正确的决策，需要对内外部数据进行充分的调研和分析。

1. 外部数据分析。

外部数据分析是指灵活综合运用各个外部分析工具，全面掌握品类选型的数据依据。例如：通过Google Trends工具（http：//www. google. com/trends）分析品类的周期性特点，把握产品开发先机；借助KeywordSpy（http：//www. keywordspy. com/）工具发现品类搜索热度和品类关键词，同时借助Alexa（http：//alexa. chinaz. com/）工具，选择出至少3家该品类中以该市场作为主要目标市场的竞争对手网站，作为对目标市场产品品相分析和选择的参考。

2. 内部数据分析。

内部数据是已上架的产品产生的销售信息，是我们作为选品成功与否的验证，也可用于

以后选品方向的指导。通过平台分析工具获得对已上架产品的销售信息（流量、转化率、跳出率、客单价等），分析哪些产品销售好，整体动销率如何，从选品成功和失败的产品中逐步积累选品经验，结合外部数据，一步步成为选品高手。

学习任务 2.2 跨境电子商务国际市场调研

国际市场调研

国际市场调研指跨境电子商务进出口商所进行的以相关国内外客户（顾客）的信息为中心的调查研究活动。

概念解读

该活动最主要目的是确定合适跨境电子商务的产品后，能正确把握产品的国际市场动态。具体包括：现有客户由哪些人或组织构成？潜在市场顾客由哪些人或组织构成？这些客户需要购买哪些产品或服务？为什么购买？何时何地以及如何购买？

由于跨境电子商务打破了原滞后不变的传统对外贸易渠道，其市场需求特性变得比较特殊，表现在：全球性的发展；及时性的信息传输；寻求不同体验的消费感受（新鲜感、异域感）的体现性；颠覆性地打破原有的垄断渠道和价格盲区。因此，跨境电子商务对国际市场调研有了一些新的要求。

一、跨境电子商务国际市场调研的内容

1. 国别（地区）调研。

通过国别（地区）调研，主要是为了达到贯彻国别政策，选择适宜的市场，创造有利条件，建立跨境电子商务贸易关系。具体有：①一般概况调研。包括人口、面积、气候、函电文字、通用语言、电子商务的普及情况，电子商务平台的使用情况等。②政治情况调研。包括政治制度、对外政策以及与我国的关系等。③经济情况调研。包括主要物产资源、工农业生产、财政金融、就业状况、收入状况、使用电商购物的人群特性等。④对外贸易情况调研。包括主要进出口商品贸易额、进出口贸易的主要国别地区，对外贸易政策，海关税率和商检措施，海关对于邮件、小包、快递类的管制措施，民法和商法以及与我国进行贸易的情

况等。⑤运输条件调研。包括邮政包裹、商业快递的选择和使用情况，清关能力等。

2. 商品市场调研。

通过商品市场调研，摸清适销市场，使跨境电子商务商品销售在有利的条件下进行。具体有：①市场适销商品调研。包括品种、规格、用料、颜色、包装、商标、运费等。②市场竞争情况调研。包括市场容量、供货主要来源、主要生产者、主要竞争者、主要消费对象等。③市场消费特点调研。包括消费水平、质量要求、消费习惯、销售季节、产品销售周期、商品供求价格变动规律等。

3. 目标人群调研。

通过目标人群调研，就要了解目标人群的消费特点，了解目标人群的品牌，以及这些品牌在该市场的占有率，同时也需要了解竞争对手是如何布局他们的同类商品线。同时结合目标人群的特性，做好第三方平台或独立平台的选择，在选品方面就要立足于第三方平台或者独立平台的目标人群的需求以及购物习惯。如出口跨境电子商务方面，eBay 在 3C 类电子产品、家居类上销量较好，亚马逊在品牌服饰上优势明显，速卖通在新兴市场国家销量增长较快等。

二、国际市场调研的步骤

国际市场调研的步骤主要包括：明确调研目标；制定调研计划；执行调研计划；分析、解释调研结果并撰写调研报告。

1. 确定调研目标。

国际市场调研的第一个步骤是确定调研目标。这一步骤看似简单，实际上很复杂，而且对整个调研及至以后的决策都是至关重要的。例如，一个时期内企业在某国的销售额直线下降，原因可能有很多，如产品包装不符合目标国消费者要求、服务水平达不到目标国所需、广告媒介选择失当，这些因素都可能引起企业产品在该国的销售额下降。如果导致企业销售额下降的真正原因是广告媒介选择失当，而调研人员却误以为是服务水平达不到目标国所需，就会使后面的各步骤调研工作误入歧途，并可能导致错误的企业决策，给企业带来更严重的损失。

2. 制定调研计划。

国际市场调研过程的第二个步骤是制定市场调研计划。首先要确定市场调研需要哪些信息，然后再确定信息的来源。如果企业已发现导致销售额下降的原因是广告媒介选择失当，于是企业打算调研，确定决策。所需要的信息包括：①顾客对广告的需求是否已发生变化？②市场国的政治、经济、文化等因素是否已发生变化？变化趋势如何？③本企业在该国市场上的广告策略为什么有不适合顾客需求特点和该国经营习俗之处？④主要竞争对手的营销、产品、平台策略如何？有何值得借鉴之处？⑤本企业应采用哪些全新的广告媒介来提高竞争力并保持较高的市场占有率等。

一般来说，市场调研人员取得信息的来源一是二手资料；二是原始资料。二手资料是指经别人搜集、整理过的资料，通常是已经发表过的。原始资料则是指调研人员通过发放问卷、面谈等方式搜集到的一手资料。搜集二手资料的过程叫作案头调研，搜集第一手资料的过程叫作实地调研。

3. 执行调研计划。

执行调研计划主要包括搜集、处理和分析数据资料等工作。搜集资料的过程，可由企业内部的调研人员完成，也可委托企业外部的国内外专业调研公司完成。然而没有经过处理的资料是杂乱无章的，况且从不同来源得到的资料按照不同的统计方法计算，其时效性和准确性也不同，有些甚至是彼此矛盾的。例如在北欧诸国，啤酒被列为酒精性饮料，而在地中海沿岸国家，啤酒算作饮料。因此，只有对搜集到的资料进行加工和处理，才能使其具有可比性并作为决策依据。信息处理过程主要包括分类、核对、换算、调整、编校等步骤。之后，调研人员还要用统计技术对经过处理的信息进行分析，以便对营销决策提供依据。

4. 解释并报告调研结果。

市场调研的最后一步是对调研结果做出解释和说明，得出结论，向管理部门提交调研报告。调研报告不能只是一系列的统计数据和高深的统计公式，应当附有简明扼要的结果及说明，应对以后的企业决策活动提出建议。

三、收集国际市场行情资料的途径

1. 利用互联网、跨境电子商务平台和手机是收集国际市场行情资料最主要的途径。尤其是利用主要的跨境电子商务平台，通过关键字检索，可以快速了解到该品类商品在该平台上的销售情况以及相关国际商场行情。

2. 利用国外的推销网和客户渠道，通过各项业务活动收集和积累有关国际市场行情的资料。

3. 利用国内外综合的和各种专业的交易会，有目的地开展调查研究。

4. 通过出口推销、考察小组，结合业务需要进行实地调查，收集当地市场以及其他有关国际市场行情方面的资料。

5. 利用参加各种国际性交易会的机会，有针对性地收集有关动态资料，进行调查研究。

6. 与国际经济组织，国外商业情报机构、研究机构、咨询公司、数据库建立经常联系，获得有关资料。

7. 通过驻外商务机构和企业收集有关资料。

8. 与国内企业和科技单位发展多种形式的联系，获得有关的资料。

学习任务 2.3 跨境电子商务平台的选择

跨境电子商务平台，是跨境电子商务进出口商实现跨境电子商务销售的主要渠道。跨境电子商务进出口商可以通过搭建店铺将商品铺货到各大跨境电子商务平台。出口如：阿里巴巴国际站、亚马逊、速卖通、eBay、Wish、敦煌等。进口如：天猫国际、淘宝全球购、苏宁云商海外购等。这些跨境电子商务平台各有特点。

一、主流跨境电子商务平台分析

目前，中国跨境出口 B2C 模式所选择的跨境电子商务平台主要是速卖通、Amazon、eBay、Wish、敦煌网等。

1. 阿里全球速卖通（Aliexpress）。

速卖通作为阿里巴巴国际化的重要战略产品，自 2010 年 4 月上线以来发展较快，已成为全球最活跃的跨境平台之一，并依靠阿里巴巴庞大的会员基础，成为目前全球产品品类最丰富的平台之一。

速卖通的特点是价格比较敏感，低价策略比较明显，这也跟阿里巴巴导入淘宝卖家客户策略有关，很多人现在做速卖通的策略类似于前几年的淘宝店铺。速卖通的侧重点在新兴市场，特别是俄罗斯和巴西市场。

作为阿里系列的平台产品，速卖通整个页面操作中英文版简单整洁，非常适合新人上手。另外，阿里巴巴一直有非常好的社区和客户培训传统，通过社区和阿里的培训，跨境新人可以通过速卖通快速入门。

2. 亚马逊（Amazon）。

作为全球电子商务鼻祖，亚马逊对于电子商务的影响力是巨大的，中国外贸人选择跨境 B2C 平台首先认识的也是亚马逊，那时候也还没有速卖通等其他新兴平台。

亚马逊对于卖家的要求比较高，比如对产品品质、品牌等方面的要求，手续也比速卖通等平台复杂。新人注册亚马逊账号以后，需要开设美国、英国等国家的后期收款银行账号。对于成熟的亚马逊卖家，需要先注册一家美国公司或者找一家美国代理公司，然后申请联邦税号。

3. eBay。

eBay 类似于国内的淘宝，虽然 eBay 在中国市场上与淘宝竞争失利，但对于从事国际零售的外贸人来说，eBay 的潜力还是巨大的，因为 eBay 的核心市场在比较成熟的美国和欧洲市场，是相对于亚马逊，eBay 的开店手续不是特别麻烦，但 eBay 有一个非常严重的问题：规则严重偏向买家，如果产品售后问题严重的话，卖家很容易担负责任。

做 eBay 最核心的问题是付款方式的选择。大家一般选择的 PayPal 也有一定的风险：买卖争议时，eBay 最终会偏向买家，容易导致卖家损失惨重。

eBay 成功的关键是选品。其主要市场是美国和欧洲，市场调研的方法包括：总体研究一下整个市场的行情，结合自己的供应链特点深入分析；对欧美市场的文化、人口、消费习惯、消费水平等方面进行研究，选择潜力产品；找一些 eBay 的热销产品，对其产品渠道、产品价格仔细研究，分析自己的优势；研究热销产品的市场优势和未来销售潜力；对产品在欧美市场的利润率和持续性做深入考虑。

4. Wish。

Wish 是这几年刚刚兴起的基于 App 的跨境平台，主要靠价廉物美吸引客户，在美国市场有非常高的人气，核心品类包括服装、珠宝、手机、礼品等，大部分都是从中国发货。Wish 的主要吸引力是价格便宜，同时因为 Wish 平台独特的推荐方式（智能推送技术，为

App 客户推送他们喜欢的产品，真正做到点对点的推送，客户下单率非常高），产品品质往往还不错，这也是它短短几年发展起来的核心因素。

Wish 平台 97% 的订单量来自移动端，App 日均下载量稳定在 10 万，峰值时冲到 20 万。就目前的移动互联网优势来看，Wish 未来的潜力非常巨大，其核心竞争力在于私人定制模式下的销售。Wish 另一个优点是它一次显示的产品数量比较少，客户体验感好，节省客户时间。通过精准营销，卖家短期内可以获得销售额的暴增。

5. 敦煌网。

敦煌网同时具备零售和小额批发销售功能，主营家居、电子、服装和饰品等，直接向欧美地区的大小采购商供货，主要卖家是中国的中小企业。它最大的特点在于采取佣金制，免注册费，以“为成功付费”的方式打破以往的传统电子商务的“会员收费”模式，既减小企业风险，又节省了企业不必要的开支。然而，与前四大平台相比，敦煌网在访问流量、转化率等方面存在一定的劣势。

二、跨境电子商务平台的选择

在跨境电子商务业务发展初期，应选择一个平台集中资源投入，切记广撒网模式。跨境新人往往简单地认为在主流的跨境电子商务平台全部上架开店，机会最大，收益也会最大。然而跨境新人因为经验、资源、精力有限，因而专注永远比广撒网更有效率。

1. 根据目标市场选择。

根据已确定的目标市场作出选择。如将欧美地区作为主要市场，则优先选择亚马逊、eBay、Wish 这些在欧美地区的影响力较大的平台，客流量较多，有利于企业快速开发欧美市场。而速卖通则主营俄罗斯、巴西以及亚洲等次发达地区。

2. 根据产品的特性选择。

几大平台对于产品的特性有着不同的要求。速卖通平台适合产品特点符合新兴市场的卖家，因为平台价格竞争激烈，通常要求产品有供应链优势、最好是工厂直接销售，否则往往不具备产品竞争力。而亚马逊、eBay 则重视产品的品牌、品质等方面。选择做亚马逊最好有比较好的供应商合作资源，供应商品质需要非常稳定，最好有较强的研发能力和自有品牌优势。eBay 对产品的上线审核周期较长，对于产品的质量和售后服务要求很高，一旦遇到投诉，很容易受到关店处理。Wish 则结合其移动端智能推送的销售特点，适合物美价廉、外观时尚的产品的卖家选择。

3. 根据平台的入驻规则选择。

在几大主流平台中，敦煌网由于免注册费，没有入驻门槛，适合入门跨境电子商务卖家开展尝试。速卖通和 Wish 的门槛也较低，而亚马逊和 eBay 的规则比较复杂，入驻门槛较高，开店比较复杂，并且有非常严格的审核制度，如果违规或者不了解规则，不仅会有封店铺的风险，甚至会有法律上的风险。亚马逊需要一台电脑专门登陆亚马逊账号。这对于亚马逊的店铺政策和运营后期都非常重要。一台电脑只能登陆一个账号，不然会跟规则有冲突，用座机验证新用户注册最好。而且选择亚马逊需要一张美国的银行卡。亚马逊店铺产生的销售额是全部保存在亚马逊自身的账户系统中，要想把钱提出来，必须持有美国本土银行卡。

学习任务2.4 跨境电子商务产品定价

选择好产品品类和跨境电子商务平台后，该考虑如何对产品进行产品定价。定价对跨境电子商务销售来说非常关键，也是店铺赢利的核心策略。

一、供应商的价格基础

在跨境平台商品定价之前首先应该清楚地了解供应商的价格水平是不是具备优势，供应商是否具备优质的产品品质、产品研发能力、良好的电商服务意识，这样才可能拥有足够的利润空间去做运营和推广。例如跨境入门卖家利用阿里巴巴1688批发市场寻找供应商，首先进入1688店铺进入“企业档案”栏查看这家企业的性质是工厂还是贸易商，了解注册资本和成立时间等信息，也可以参考下类似淘宝天猫评分系统。建议选择长期外贸出口的工厂，因为一般来说长期外贸出口价格具备很大的市场优势。对供应商的市场调研可以利用1688作出简单比较。也可以进入天猫输入产品关键词了解国内市场的零售价格水平。最好的策略是在天猫找到一家销售火爆的店铺，购买一个需要经营产品的样品，与你的供应商的产品品质作比较。如果品质相差不多，价格水平在同类供应商价格处于中等偏下的水平，供应商又有非常好的服务意识，则可以选择。阿里巴巴1688还有一些低于行业价格的小供应商（个人），此类供应商不建议选择，因为后期如果跨境电子商务店铺业务扩大，个人供应商在产品的稳定可靠和服务意识上面都无法跟上销售的要求。

二、跨境电子商务产品成本核算

跨境电子商务店铺的核心目的需要赢利，所以要正确核算真正的产品成本，这也是之后开展产品定价策略的基础。商品的实际成本一般会由以下几部分组成：

1. 进货成本。

进货成本是指从国内供应商的采购成本。一般包括工厂进价、国内快递成本。

2. 跨境电子商务平台成本。

跨境电子商务平台成本是指基于跨境电子商务平台运营、向跨境电子商务平台支付的相关费用。一般包括推广成本、平台年费和活动扣点。其中核心是推广成本，例如阿里巴巴速卖通平台的P4P项目推广。如果卖家资金实力不雄厚，对于商品的推广投入成本更应该谨慎并且有非常详细的预算，一般资金投入建议是（工厂进价+国际物流成本）×（10%～35%），不建议超过40%，否则店铺运营压力非常大，本质上会长期处于亏损阶段。

3. 跨境物流成本。

跨境物流成本是商品实际成本的重要组成部分，会根据跨境物流模式的不同有所不同。

在跨境物流费用的报价上，产品标价里面通常会写上 FREE SHIPPING。这样的标价方式比较吸引客户。

4. 售后维护成本。

售后维护成本是销售商品后发生退货、换货以及破损率从而发生的费用。很多中小跨境卖家通过中国境内发货，线长点多周期长，经常会出现一些产品破损、丢件甚至客户退货退款的纠纷事件，成本投入往往比较高，因而在核算成本的时候应该把这个成本明确地核算进去。核实的比例一般是（进货成本 + 跨境物流成本 + 推广成本）×（3% ~18%），如果超过这个比例建议放弃。选择跨境品类的时候应该选择适合国际物流、标准化强，并且不容易发生消费纠纷的品类。

5. 其他成本。

其他成本还包括包装成本、人工成本等。

三、跨境电子商务产品定价策略

1. 折扣定价策略。

平台店铺的搜索排名直接影响店铺产品的销售量，是店铺运营成功与否的关键因素。价格因素往往跟平台的搜索排名有很大的关联，以跨境平台阿里巴巴速卖通为说明，目前阿里巴巴搜索排名影响最大的 2 大因素是销售量评价和产品关键词。利用跨境电子商务平台的促销功能，设置折扣价格是常见的定价策略，折扣价格并不是长期打折，折扣的目的是吸引消费者，一般是在标价的基础上选择一定的折扣，把利润成本全部标在“上架价格”中，或者“包邮”往往容易吸引客户。也可以定期做一些优惠活动，比如买就送、参与平台的一些活动推广等。销售量越高，价格越优化，跨境平台的排名就越有优势。

2. 引流型定价策略。

对于新跨境店铺，首先要做的是引流。策略是在速卖通等跨境平台找到行业价格水平，比如 10 家跨境卖家价格的平均值，再把商品上架价格标为平均值 -15% 的价格。这样会出现亏损，但是这样的标价格结合一定的 P4P 推广很容易给店铺吸引来比较高的客流量。可以和折扣定价策略组合使用，后期等客流量上来以后，通过调整折扣的方式，再把价格调回到正常水平。

3. 中性定价策略。

中性定价策略针对跨境电子商务店铺商品组合中，利润率处于经营正常水平的常规产品。一般价格核算策略是：商品实际成本 + 目标利润率。目前阿里巴巴速卖通等平台的利润率普遍越来越低，一般控制在 15% ~20% 之间。

4. 赢利款式的定价格策略。

赢利产品的调价能力，也就是对于这款产品的溢价能力，是定价策略中最核心的部分。对确定的利润产品，应该在产品品质和供应商供应链能力做好把控，品质要稳定，供应商的供应能力（包括库存研发）应该完善并且持续性强。

跨境电子商务平台店铺的优质赢利产品必须具备下面几个特性：

(1) 行业竞争不充分密集。进入跨境电子商务平台调研，查询这个阶段有多少竞争对手销售同款式的产品，评价排名是不是具备优势，一般来说同类供应商越密集，价格定价越低，溢价能力越弱。

（2）商品的差异化特征。跨境电子商务商品在照片、产品描述具备差异化，在功能、属性方面有自己的特点。以女装为例，如果在拍摄产品照片时聘请国外的专业模特，溢价能力就会提高。船模上刻字，给客户提供个性化、差异化的服务，产品溢价能力也会大大提高。

（3）营销推广测试新款。将产品推广至 P4P 直通车或者 Facebook 等作营销推广，完成产品链接成交、收藏，购物车数据越多，溢价能力越会提高。

（4）客户的品牌印象。品牌和高档仅仅是客户一个感觉，客户会从店铺装修、店铺设计、图片美工、描述等细节感觉这个店铺的专业度和产品的档次，所以一定要在店铺的设计和定位上下足功夫，做好文章。店铺的设计越专业，产品溢价能力越强。

（5）抓住时间消费的季节性，比如春节、圣诞节、情人节、季节性越强的产品，商品的溢价能力越高。

（6）销售量和好评率。这点最为明显也最为直接。如果店铺销售量高，好评率客户满意度高，产品溢价格能力自然越来越高，最终做出品牌并培育出一批成熟忠实的客户。

四、跨境电子商务平台的价格调研

要在越来越多跨境同行中取得订单，价格应该有比较明显的优势，因而定期做价格市场调研是每个跨境电子商务运营者重点要做的事情。只有进行充分的市场调研，做到知己知彼，不断地自我调整，才可以具备真正的竞争优势。对于产品市场调研，一般要清晰地了解到下面几个核心点：

1. 产品价格。

首先进入常规的跨境电子商务平台，比如速卖通、敦煌网、eBay 等，选择这个产品的产品类目，选择前面 10 页的产品价格，通过计算做出一个平均价格水平调研，对比自己的价格看是不是具备优势。中等偏下的价格水平最适合市场竞争力。

2. 市场竞争度。

进入速卖通、亚马逊、eBay 等跨境平台，从下面几个维度思考竞争同行。第一，竞争者的数量，如果数量太多那价格策略只会越来越低。第二，地区的分布，关注一下竞争对手店铺的地区分布，同一个地区的竞争者越多溢价能力越差。最后还应该仔细分析一下核心竞争对手的实力，比如店铺的综合能力、品类、营销推广能力等，实力竞争对手越多，价格后期溢价能力也越少。

3. 店铺商品的差异化。

差异化意味着溢价能力的提升，所以在店铺经营的过程中应注重自己的个性化和差异化，无论从产品拍摄、产品店铺设计、产品的包装都要有自己的个性化特色，拒绝同质化和千篇一律的重复。

学习任务 2.5　跨境电子商务（B2B）网上交易磋商

一、网上即时通信和电子商务模式

1. 即时通信和即时通信软件。

即时通信软件是通过即时通信技术来实现在线聊天、交流的软件。

通过即时通信（Instant Messaging，IM）功能，可以知道贸易伙伴、亲友是否正在线上，并与他们即时通信。

典型的即时通信软件包括以下几种。

（1）CQ 英文版：全球使用率最高的即时通信软件。

（2）移动飞信：中国移动提供的可同时在计算机和手机上使用，能实现消息、短信、语音等多种沟通方式的综合通信服务。

（3）Skype：以较高的声音质量和网络电话为特点，而且配套中、英、日文翻译组件，可以直接实现中、英、日自动翻译聊天，轻松与外商聊天。

（4）MSN：微软 LIVE 平台的即时通信软件，在外贸等商务办公领域广泛使用，配合照片管理器，日志离线 Writer，以及 Live Mail 客户端。

（5）阿里旺旺：阿里巴巴为买卖商家推出的软件。

（6）腾讯 QQ：国内用户数量最多，不过国外客户极少使用，多用 MSN。

（7）百度 Hi：百度 2008 年推出的一款集文字消息、音视频通话、文件传输等功能为一体的即时通信软件。

2. 电子商务模式。

B2B，是 Business to Business 的简称（“2”的英文发音与“to”相同），即商家（泛指企业）对商家的电子商务。B2B 是指进行电子商务交易的供需双方都是商家（或企业、公司），他们利用 Internet 技术或各种商务网络平台，完成商务交易的过程。这些过程包括：寻找买卖商家、发布供求信息、订货及确认订货、支付过程及票据的签发传送和接收、确定配送方案并监控配送过程等。B2B 模式是当前电子商务模式中份额最大，也是最具操作性、最容易成功的模式。

B2C 是 Business to Customer 的缩写，其中文简称为“商对客”，也就是直接面向消费者销售产品和服务商业零售模式。这种形式的电子商务一般以网络零售业为主，主要借助于互联网开展在线销售活动，即网上商店，消费者通过网络在网上购物。

电子商务的发展过程中还有 C2C（Custom to Custom）、C2B（Custom to Business）等模式。

二、交易洽商的概述

1. 交易洽商的形式。

交易洽商是指买卖双方以一定的方式并通过一定的程序就交易的货物及各项交易条件进行协商，最后达成协议的整个过程。

交易洽商既是商务活动又是法律行为，是一项政策性、策略性和技术性的工作，从事此项工作的人员必须具备良好的专业素质和业务水平。交易洽商是进出口合同成立的基础，是国际货物买卖过程中不可缺少的环节，同时也是国际货物贸易的当事人了解国际市场行情、确定经营战略的重要渠道。

交易洽商的形式主要有以下两种。

（1）口头洽商（Desk Negotiation）。口头洽商是指在谈判桌上面对面地谈判。例如参加各种洽谈会、交易会、贸易小组出访，邀请客户来访等，或通过国际长途电话进行的交易磋商。口头洽商有利于了解对方的诚意和态度，以便采取相应的对策，达到预期的目的。对于内容复杂、交易数额巨大的交易更为适合。

（2）书面洽商（Letter Negotiation）。书面洽商是指通过信件、电传、电报、电子邮件、EDI等通信方式来洽谈交易。这种洽商方式简便易行，费用比口头洽商低廉，是日常业务中的通常做法。

通过洽商，双方对交易条件达成协议后，即可制作正式书面合同。

2. 交易洽商的内容。

交易洽商的内容一般可以分为两部分。一部分为主要交易条件，包括货物的品质、数量、包装、价格、运输、保险、支付等，这是买卖合同所不可缺少的条件，买卖双方必须就上述交易条件取得一致意见。另一部分是一般交易条件，指进出口商为货物拟订的对每笔交易都适用的交易条件，包括货物的检验、争议、索赔、仲裁和不可抗力等。这些条件虽然不是合同所不可缺少的内容，但是为了提高合同的质量，买卖双方在交易洽商时不能忽视。

在目前的进出口业务中，为简化交易洽商的程序，加速洽商的进程，进出口商往往在正式洽商交易之前，先与对方就一般交易条件达成协议。在合同中规定的一般交易条件通常包括索赔、仲裁和不可抗力等条款，有些还包括商品检验、品质数量公差、保险、货运单据种类份数，以及开证注意事项等内容。

三、询盘、发盘、还盘和接受

洽商交易一般包含4个环节，即询盘、发盘、还盘和接受。其中，发盘和接受是保证合同成立的两个基本要素，也是交易洽商环节中必不可少的。

（一）询盘（Inquiry）

询盘也称询价，指交易的一方为出售或购买某种商品，以书面或口头形式向对方询问买卖该项商品的各种交易条件的表示。询盘的内容可涉及价格、规格、品质、数量、包装、装运及索取样品等。询盘只是一种愿意进行交易的表示，没有法律上的约束，也不是交易洽商的必经步骤，但往往是交易的起点，故不应忽视，应做到有询必复，不失时机地做出反应。

在国际贸易业务中，有时一方发出的询盘表达了与对方进行交易的愿望，希望对方接到询盘后及时发出有效的发盘，以便考虑接受与否。有时询盘只是想探询一下市价，询问的对象也不限于一人，发出询价的一方希望对方开出估价单。这种估价单不具备发盘的条件，所报出的价格也仅供参考。

询盘不是每笔交易必经的程序，如交易双方彼此都了解情况，不需要向对方探询成交条件或交易的可能性，则不必使用询盘，可直接向对方做出发盘。

（二）发盘（Offer）

在国际贸易实务中，发盘也称发价、报盘、报价，法律上称之为“要约”。发盘可以是应对方询盘的要求发出，也可以在没有询价的情况下，直接向对方发出。发盘一般由卖方发出，但也可以由买方发出，称为递盘。

1. 发盘的定义及具备的条件。

《联合国国际货物销售合同公约》（以下简称《公约》）第 14 条第 1 款对发盘的解释为：“向一个或一个以上特定的人提出的订立合同的建议，如果十分确定并且表明发盘人在得到接受时承受约束的意旨，即构成发盘。一个建议如果写明货物并且明示或暗示地规定数量和价格或规定如何确定数量和价格，即为十分确定。”由此，可以看出发盘的构成必须具备下列 4 个条件。

（1）向一个或一个以上的特定人提出。“特定的”是指在发盘中指明个人的姓名或企业的名称。发盘必须指定可以表示接受的受盘人，受盘人可以是一个，也可以指定多个，但不能是空泛的。例如，一方在报刊杂志或电视中做商业广告，即使内容明确完整，因为没有特定的受盘人，也不能构成有效的发盘，只能是邀请发盘，即询盘。另外，向国外客户广泛寄送样品、目录、价目单等，只是为了吸引对方订货，不能构成对寄发人的约束。

（2）表明订立合同的意思。发盘必须表明严肃的订约意思，即发盘应该表明发盘人在得到接受时，将按发盘条件承担与受盘人订立合同的法律责任。这种意思可以用发盘、递盘等术语加以表明，也可不使用类似的术语和语句，而按照当时洽商情形，或当事人之间以往的业务交往情况或双方已经认可的习惯做法来确定。

（3）发盘内容必须十分确定。《公约》对于“十分确定”的解释是，在发盘中明确货物，规定数量和价格。

发盘内容的确定性包括 3 个方面要素：①应标明货物的名称；②应明示或默示地规定货物的数量或确定货物数量的方法；③应明示或默示地规定货物的价格或确定货物价格的方法。

（4）送达受盘人。发盘于送达受盘人时生效。如果发盘人用信件或电报向受盘人发盘，信件或电报在传递中丢失，以致受盘人未能收到，则此发盘无效。我们这里的“送达”是指将发盘通知特定的受盘人，或将发盘通知送交到特定受盘人的营业场所或惯常居住地。

上述 4 个条件，是《公约》对发盘的基本要求，也可称为构成发盘的 4 个要素。

2. 发盘的具体内容。

一项发盘，通常包含商品的品质、数量、包装、价格、交货、付款 6 个主要方面的交易条件。《公约》第14条规定“一个建议如果表明货物并且明示或暗示地规定数量和价格或规定如何确定数量和价格，即为十分确定”。如此来看，一项发盘只要包含商品的名称、数量、价格这3个条件，就算完整。

3. 发盘的撰写。

发盘因撰写情况或背景不同，在内容、要求上也有所不同。但从总的情况看，其结构一般包括下列内容。

（1）感谢对方来函，明确答复对方来函询问事项，如 Thank you for your inquiry for…。

（2）阐明交易的条件（品名、规格、数量、包装、价格、装运、支付、保险等），如 For the Butterfly Brand sewing machine, the best price is USD 79.00 perset FOB Tianjin。

（3）声明发盘有效期或约束条件，如 In reply we would like to offer, subject to your reply reaching us before…。

（4）鼓励对方订货，如 We hope that you place a trial order with us。

4. 发盘的有效期。

发盘的有效期即发盘人受约束和供受盘人对发盘做出接受的期限。一种是在发盘中明确规定受盘人接受的有效期限；另一种是在发盘中没有明确规定具体的有效期限，而根据惯例在合理时间内有效。各国法律对于发盘的有效期规定不一样。一般情况下，对于口头发盘，除发盘人发盘时另有声明外，受盘人只有当场表示接受方为有效。以函电形式磋商的，发盘中的有效期限可以采取以下方式。

（1）发盘可以明确规定一段接受期间。例如，“发盘有效期为7天”（This offer is valid for 7 days）。采用这种方式，有关时间的计算按《公约》的规定，这个期限应从电报交发时刻或信上载明的发信日期起算。如果信上未载明发信日期，则从发盘送达受盘人时起算。如果期限的最后一天在受盘人营业地是正式假日或非营业日，则应顺延至下一个营业日。

（2）发盘可以规定最迟接受期限。例如，“发盘限定我方时间5日复到”（Offer subject reply reaching us 5th our time）。

通常规定有效期应明确截止日期。例如，“发盘限3月3日复到”（Offer subject reply here 3th March）；“发盘限20日复到我方”（Offer subject reply reaching us 20th）；“发盘有效至星期四我方时间”（Offer valid until Thursday our time）。

（3）发盘在传达到受盘人时生效。《公约》的这一规定，对发盘人来讲具有非常重要的意义。这种意义主要表现在发盘的撤回和撤销上。

5. 发盘的撤回和撤销。

发盘在未被送达受盘人之前，如发盘人改变主意或情况发生变化，这就必然会产生发盘的撤回和撤销的问题。在法律上，“撤回”和“撤销”属于两个不同的概念。

（1）发盘的撤回（Withdrawal），指在发盘送达受盘人之前，将其撤回，以阻止其生效。如果发盘还未到达受盘人，说明发盘尚未生效，对发盘人没有约束力，那么发盘人可以将其撤回，使该发盘不能生效。《公约》第15条第2款规定：“一项发盘，即使是不可撤销的，也可以撤回，如果撤回的通知在发盘到达受盘人之前或同时到达受盘人”。也就是说，根据《公约》的规定，发盘可以撤回，其条件是发盘人撤回的通知必须在受盘人发出接受通知之前传达到受盘人。在贸易活动中，发盘人如果发现发盘中内容有误或市场行情有变，可争取在发盘到达受盘人之前，立即以更快速的通信方式撤回该发盘。反之，如果发盘的通知已先于撤回通知到达受盘人，发盘即已生效，对发盘人产生约束力。这时发盘人不得撤回该发盘。

（2）发盘的撤销（Revocation），指发盘生效之后将发盘取消，使其失去效力。各国法律对发盘能否被撤销解释不一。《公约》第16条规定：“（1）在未订立合同之前，发盘得予撤销，如果撤销通知于受盘人发出接受通知之前送达受盘人。（2）但在下列情况下，发盘不得撤销：（a）发盘中注明了有效期，或以其他方式表示发盘是不可撤销的；（b）受盘人有理由信赖该发盘是不可撤销的，并且已本着对该发盘的信赖行事。”

我国目前对外贸易中关于发盘撤销也是依此原则办理的。

6. 发盘的终止。

发盘终止指发盘失去效力。发盘终止有以下情况。

（1）因受盘人拒绝而失效；若受盘人在拒绝后又在有效期内表示接受，发盘人也不再受其约束。

（2）因发盘人有效撤回或撤销自己的发盘而失效。

（3）因规定的接受期限已满而失效。

（4）因“合理期限”已过而失效。

（5）因政府禁令而失效。比如政府突然颁布禁止进出口该发盘中的商品的法令。

（6）因在发盘接受前，双方当事人丧失了行为能力，如死亡，或法人破产。

交易中，不论哪种原因导致发盘终止，此后发盘人均不再受其发盘的约束。

（三）还盘（Offer Counter）

受盘人在接到发盘后，不能完全同意发盘的内容，为了进一步磋商交易，对发盘提出修改意见，用口头或书面形式表示出来，就构成还盘（Offer Counter）。

还盘的形式各有不同，有的明确使用“还盘”字样；有的虽不使用“还盘”，但在内容中表示出对发盘的修改也构成还盘。根据《公约》的规定，受盘人对货物的价格、支付、品质、数量、交货时间与地点、一方当事人对另一方当事人的赔偿责任范围或解决争端的办法等条件提出添加或更改，均视为实质性变更发盘条件。所以只要从实质上变更发盘的内容，即构成还盘。例如，“你21日电价太高，还盘20英镑，限7日复。”“你12日电如承兑交单我接受16日复到。”“你2日电接受仲裁地点在日本。”“你5日电难接受。”

还盘是对发盘的拒绝。还盘一经做出，原发盘即失去效力，发盘人不再受其约束。

（四）接受

1. 接受的含义及其应具备的条件。

接受（Acceptance）是交易的一方在接到对方的发盘或还盘后，以声明或行为向对方表示同意。法律上将接受称作承诺。接受和发盘一样，既属于商业行为，又属于法律行为。

一方的要约或反要约经过另一方接受，交易即告达成，合同即告订立，合同双方均应承担各自的义务。表示接受，一般用“接受”、“同意”、“确认”等术语。

在《公约》中也对接受问题做了较明确的规定。根据《公约》的解释，构成有效的接受要具备以下4个条件。

（1）接受必须是由受盘人做出。其他人对发盘表示同意，不能构成接受。这一条件与发盘的条件是相呼应的。发盘必须向特定的人发出，即表示发盘人愿意按发盘的条件与受盘人订立合同，但并不表示他愿意按这些条件与任何人订立合同。因此，接受也只能由受盘人做出，才具有效力。

（2）受盘人表示接受。要采取声明的方式即以口头或书面的声明向发盘人明确表示出来。另外，还可以用行为表示接受。按照《公约》第18条规定："缄默或不作为本身不等于接受。"表示的方式大都采用口头或书面声明的方式，但也可以根据发盘人的要求或双方当事人之间已经确立的习惯做法做出，如发运货物或支付货款，才能算接受。

（3）接受的内容要与发盘的内容相符。就是说，接受应是无条件的。但在实际业务中，常有这种情况，受盘人在答复中使用了接受的字眼，但已对发盘的内容做了增加、限制或修改。这在法律上称为有条件的接受，不能成为有效的接受，而属于还盘。

例如，"接受，但以我方认可样品为准"，"接受，只要价格包含5%的佣金"，"接受，如果9月份装运"等，都不能构成接受，而只能是以接受的形式出现还盘。

（4）接受的通知要在发盘的有效期内送达发盘人才能生效。发盘中通常都规定了有效期。这一期限有双重意义：一方面，它约束发盘人，使发盘人承担义务，在有效期内不能任意撤销或修改发盘的内容，过期则不再受其约束；另一方面，发盘人规定有效期，也是约束受盘人，只有在有效期内做出接受，才有法律效力。

2. 逾期接受。

在国际贸易中，由于各种原因，导致受盘的接受通知有时晚于发盘人规定的有效期送达，这在法律上称为"逾期接受"或叫"迟到的接受"。对于这种迟到的接受，发盘人不受其约束，不具法律效力。但也有例外的情况，《公约》第21条规定，逾期接受在下列两种情况下仍具有效力：

（1）如果发盘人毫不迟延地用口头或书面的形式将此种意思通知受盘人，认为该项逾期接受可以有效，愿意承受逾期接受的约束，合同仍可于接受通知送达发盘人时成立。

（2）如果载有逾期接受的信件或其他书面文件表明，它在传递正常的情况下是能够及时送达发盘人的，那么这项逾期接受仍具有接受的效力，除非发盘人毫不迟延地用口头或书面方式通知受盘人，他认为发盘已经失效。

接受的最后一天如果恰逢星期天或节假日，则此项接受可顺延至下一个工作日，对于这时表示的接受，按照《公约》的规定，应该视为有效，除非发盘人毫不延迟地以口头或书面形式反对此项接受的有效性。

3. 接受的撤回。

接受的撤回是指受盘人在该接受未生效前收回接受的行为。在接受的撤回问题上，《公约》采取了大陆法送达生效的原则。《公约》第22条规定："如果撤回通知于接受原发盘应生效之前或同时送达发盘人，接受得予撤回。"由此可见，如果由于事先考虑不周，或对市场行情的变化不能及时有效地把握，受盘人发出接受通知之后可以撤回其接受，只要撤回通知在接受到达受盘人之前到达发盘人，或二者同时到达即可。但在英美法系国家，法律规定接受生效采用的是投邮生效原则，即接受一经投邮立即生效，合同就此成立，所以不存在接受的撤回问题。

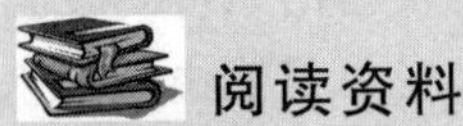 阅读资料

利用函电进行跨境电子商务交易磋商的流程

一、建立业务关系（to establish business relations）

进出口业务关系的建立主要是通过信函，电传及电子邮件完成，以上是国际货物买卖磋商的主要载体。无论是何种形式，目的都是为了有效传递商务信息。因此，函电应简洁、明晰、完整，体现成熟的业务思维。一封建交函电应包括以下内容：

※信息来源，即如何获得对方资料；

※致函目的，一般应为打算扩大交易地区，建立长期业务关系，拓宽产品销路等；

※公司自述，对自身公司性质，业务范围，宗旨，优势等做介绍；

※产品介绍，推荐性介绍和较为笼统的介绍，并随附目录、报价单、样品等以供参考；

※结尾，希望对方给予回应，或立即采取行动；

※语气要友好，礼貌。

China National Food Stuffs
Imp. &Exp. Corp. , Dalian Branch
19 Ren' min Road
ZhongShan District
Dalian/China
June. 1, 2014

ABC TRADING Co. Ltd.
6 AKALAHOMA AVENUE
Osaka, Japan.
Dear Sirs,

Through the courtesy of our Commercial Counselor's Office in Japan, we notice that you are interested in doing business with us.

Our lines are mainly exp. & imp. of foodstuffs. We wish to establish business relations by some practical transactions. To give you a general idea for your reference, we are enclosing a catalogue and a price list for your information. We would appreciate receiving your specific enquiries.

We look forward to receiving your good news.

Yours faithfully,
(signature)

二、询盘（enquiry）

询盘是交易一方向另一方通过口头或函电方式发出的，想购买或想出售某项商品的一种表示，是买卖双方磋商交易的开始。它有时只说明所要买卖商品的范围，目的是要对方进一步介绍情况，有时还指定具体的商品，甚至连数量、包装、交货期都明确提出，要求对方报价或递价。

询盘对询盘人没有约束力，但我们在询盘时仍要注意策略。一是询盘的对象既不能过窄，也不能过宽。过窄难于了解国外市场情况，过宽则会引起市场价格波动。二是询盘的内容既要能使客户进行工作，提供报盘资料，又要防止过早透露采购数量、价格等意图，被客户摸到底细。在书面洽谈的交易方式中，询盘还应注明编号以加速国外复电、复函的传递，并说明应报货价的种类和价格条件，并且对于商品品种、规格、型号、技术要求务尽其详，以免进口商品不符合要求。询盘的函电，应以简明切题和礼貌诚恳为原则，以求对方能够很高兴地迅速做出报盘反应。

ABC. Trade Co.

Add.：6 AKALAHOMA AVENUE，OSAKA，JAPAN

June. 3，2014

Dear Sirs,

We are pleased to note from your fax of June 1 that as exporters of foodstuffs, you are interested in establishing business relations with us, which is also our desire.

At present, we are in the market for superior white sugar, and shall be glad to receive your best quotations for them, with indications of packing, for Aug. shipment, CIF Osaka.

We await your early reply.

Yours faithfully,

(signature)

三、发盘（offer）

发盘是交易一方向另一方就某项商品的出售或购买，愿意按一定交易条件和贸易方式成交订约的表示。一个有效的发盘其内容必须明确，发盘提出的重要交易条件必须完备，发盘所表明的态度应是终局的。发盘的交易条件可采用分条列项的形式写出，这样看来醒目清楚，值得提倡。

（一）审核发盘

我们在收到国外客户针对我方询盘所发来的报盘或发盘后，应进行审核和比价工作。审核的要点是：

1. 审核报盘的种类。国外来盘是实盘还是虚盘，如属实盘，就不要错失良机，应在有效期内答复。

2. 审核报盘的内容。商品的规格、数量是否符合用货部门的要求，所报价格条件和所使用货币能否被我方接受等。

3. 交货期限是否符合用货部门生产上的需要，以及其他应审核的内容。

比价是指对国外来的几个发盘，认真研究对比，如对商品品质、数量、包装、交货条件相同等的发盘进行价格比较，对各种不同交易条件的发盘进行综合分析比较，将同一商品过去的成交价与现行的实施价相比较；同时，还要注意不同品质的差价，不同成交数量的差价，不同销售季节的差价以及汇率的变化。

（二）发盘函电的内容

进出口商通常会在两种情况下发盘，一是直接向客户发盘，二是收到客户询盘后做出答复。由于场景不同，两者的拟写技巧也有所区别。前者要多考虑发盘的完整性和吸引力；后者则要注意针对性，必须以对方感兴趣或符合对方要求的商品货号为中心，做到有的放矢。完整准确地拟写发盘函可以避免争议，有利于缩短交易磋商时间，尽快达成协议。一封规范的发盘函应包括如下几方面：

1. 若是在收到询盘后的发盘，我们通常需要在新的开头表示感谢。

2. 准确阐明各项主要交易条件：一般包括品名规格、价格、数量、包装、装运、付款、保险等要件；或针对询盘中提出的其他问题作具体回复。

3. 声明此发盘的有效期及其他约束条件。目的是为了防止日后的争议，并催促对方早下订单。

4. 鼓励对方订货并保证供货满意。

5. 在适当的情况下，可以对产品的优点作进一步的阐述和强调。

由于发盘是具有法律约束力的，所以需特别注意其准确性和完整性。

June. 6，2014

Re：SWC Sugar

Dear Sirs,

We have received your letter of June 3, asking us to offer you the RWC Sugar has received our immediate attention. We are pleased to be told that there are very brisk demands for our products in Japan.

In compliance with your request, we are making you the following offer subject to our final confirmation.

Commodity：Dalian Superior White Crystal Sugar.

Packing：To be packed in new gunny bag of 100 kgs each.

Quantity：100M/T.

Price：U. S. dollars one hundred and twenty （US $ 1000. 00） per m. t. CIF Osaka.

Payment：By irrevocable L/C payable by draft at sight.

Shipment：in Aug. 2014

We hope the above will be acceptable to you and await with interest your early order. Our offer remains effective until June 30，2014.

Yours faithfully,

(signature)

四、还盘（Counter – offer）

还盘是对原发盘的否定和重新修改。通俗地讲，就是买卖交易中你来我往的讨价还价过程，其中包括降低价格、改变支付方式、改变交货期等，交易可以多次还盘与反还盘。

在经过对数个发盘的审核和比价之后，就可以有针对性的还盘。还盘是指受盘人收到发盘后，经过比价，对发盘的内容不同意或不完全同意。为了进一步洽商交易，面向发盘入提出修改建议或新的限制性条件的口头或书面表示。在我国的进口业务中，我方一经还盘，原发盘即失去效力，发盘人不再受其约束，一项还盘等于是受盘人向原发盘人提出的一项新的发盘。还盘可以是还价，也可以是改变其他交易条件，如改变支付条件、改变贸易术语、提高佣金和折扣等，使各种交易条件对我方更有利。

一封完整的还盘应包括以下内容：

1. 确认对方来函，礼节性地感谢对方来函，并简洁地表明我方对来函的总体态度。

2. 强调发盘条件的合理性并列明理由，如出口可强调符合市场价格、品质优良、利润已降至最低、原料上涨、人工成本提升等，进口可强调订货量大、付款条件优惠等。

3. 提出我方条件，并催促订单、发货。请使用具有说服力的语言，如数量折扣、优惠的付款方式、较早的交货期等吸引订货或发货。若不能接受对方的条件，则推荐其他替代品，寻求新的商机或委婉暂停交易，保持客户关系。

June 8, 2014

Dear Sirs,

We have received your offer of today with thanks.

In reply , we very much regret to state that we find your price rather high and out of line with the prevailing market level.

Information indicates that very good SWC Sugar is available in our market from several European manufacturers, all of them are at prices from 10% ~15% below yours. So if you should reduce your price by 5% , we might come to terms.

As the market is declining, we hope you will consider our counter – offer most favourably and inform us at your earliest convenience.

We are looking forward to your early reply.

Yours sincerely,

(signature)

June 11, 2014

Dare Sirs

Re: SWC Sugar

We learn from your fax of today that our price is found to be on the high side.

We very much regret to say that there is no possibility of our cutting the price by 5%. In those days, we have received a crowd of inquiries from buyers in other directions and expect to close business at something near our level. At present, we cannot see our way to entertain your counter - offer.

If later on you can see any chance to do better, please let us know.

We assure you that your enquiries will receive our immediate attention.

Yours truly,
(signature)

五、接受(acceptance)

接受是交易的一方通过口头或函电方式,无条件地同意对方在发盘或还盘中所提的交易条件和按此订立合同的一种表示。接受生效的时间,也是合同成立的时间,双方就须分别履行所承担的责任和义务。

June 16, 2014

Dear Sirs,

We have received your fax of June 11, 2014.

After due consideration, we have pleasure in confirming the following offer and accepting it:

1. Commodity: Dalian Superior White Crystal Sugar

2. Packing: To be packed in new gunny bag of 100 kgs each.

Quantity: 100M/T

Price: U. S. dollars one hundred and twenty (US $ 1 000.00) per m. t. CIF Osaka.

Payment: By irrevocable L/C payable by draft at sight.

Shipment: in Aug. 2014.

Please send us a contract and thank you for your cooperation.

Yours sincerely,
(signature)

六、签订书面合同(to sign the contract)

签订书面合同是进出口磋商的最后环节;它的订立标志着买卖双方磋商交易阶段的结束。邮寄合同的函,一般要先说明制作合同的依据,即双方磋商中关键函电的内容,其次说明所寄合同编号及份数,提醒对方仔细审阅合同条款,如发现问题及时提出,最后退回一份归档。

June 17, 2014

Dear Sirs,

With reference to our exchanged faxes, we come to a deal on SWC Sugar of 100 m. t. at the price of US $ 1 000 per M/T. CIF Osaka for shipment in Aug.. We are enclosing two copies of contract No. 14AAY1015. If it's agreeable, please sign and return one of them for our file.

Encl.: Contract No. 04AAY1015 in duplicate.

Yours sincerely,

(signature)

学习任务2.6 跨境电子商务（B2B）合同的签订

对于跨境电子商务的交易双方而言，合同的形成、签订、履行大多是通过第三方交易平台形成的，合同形成的基本步骤为：

1. 通过互联网寻找客户，经过交易磋商形成初步交易协议，按照相关规则完成交易前的准备。

2. 根据国际贸易的相关规则及第三方交易平台的规则，形成基于网络的基本合同，要求条款内容全面具体。

3. 根据与客户最终达成的交易条件，做出仔细的出口合同核算，其中包括总成交金额、实际总成本、实际国内费用、总海运费、总保费、总佣金、总利润额和利润率等。

一、跨境电子商务合同的形式

根据联合国国际贸易法委员会《电子商务示范法》、世界各国颁布的电子交易法，及我国《合同法》的有关规定，跨境电子商务合同可以界定为：合同是双方或多方当事人之间通过电子信息网络以电子的形式达成的设立、变更、终止财产性民事权利义务关系的协议。可以看出跨境电子商务是以电子形式订立的合同，是在网络条件下当事人为了实现一定的目的，通过数据电文、电子邮件等形式签订的明确双方权利义务关系的一种电子协议。

1. 跨境电子商务合同的基本特征。

（1）一种民事法律行为。跨境电子商务合同这种民事法律行为是双方或者是多方民事主体的法律行为，当事人之间以电子的方式设立、变更、终止财产性民事权利义务为目的。

（2）交易主体虚拟和广泛。跨境电子商务合同的交易主体可以是地球上任何自然人和法人及其相关组织，因而需要一系列的配套措施，如建立信用制度，让交易双方在交易前知道对方的资信状况。在世界经济全球化的今天，信用权益必将成为一种无形财产。

（3）技术化、标准化。跨境电子商务合同的整个交易过程都需要一系列的国际国内技术标准予以规范，如：电子签名、电子认证等。这些具体的标准是跨境电子商务合同存在的基础。

（4）合同订立电子化。我国《合同法》规定合同的订立需要有要约和承诺这两个过程，跨境电子商务合同同样也需要具备这些要件，可以用电子形式完成。通过输入符合预先设定程序的相关信息，计算机就可以自动做出相应的意思表示。

（5）合同中的意思表示电子化。意思表示的电子化，是指在合同订立的过程中通过相关的电子方式表达自己的意愿的一种行为，这种行为的表现方式是通过电子化形式实现的。《电子商务示范法》中将电子化的意思表示称之为“数据电文”。

2. 跨境电子商务合同订立与成立。

跨境电子商务合同的订立是指缔约人做出意思表示并达成合意的行为和过程。跨境电子商务合同的成立是指当事人之间就合同的主要条款达成一致的意见。

合同的成立与合同的订立是两个不同的概念，两者既有联系又有区别。

合同订立包括缔约各方自接触、协商、达成协议前讨价还价的整个过程和静态协议，是交易行为的法律运作。

合同的成立需要具备相应的要件：

（1）订约人的主体是双方或者是多方当事人，合同的主体是合同关系的当事人，他们是实际享受合同权利并承担合同义务的人。

（2）合同成立的根本标志在于合同当事人就合同的主要条款达成一致意见。

（3）合同的成立应该具备要约和承诺两个阶段，《中华人民共和国合同法》（下称《合同法》）第十三条规定：“当事人订立合同，采取要约、承诺方式。”

3. 跨境电子商务合同的分类。

根据跨境电子商务合同主体的不同，跨境电子商务合同可分为：商业机构之间的跨境电子商务合同（Business to Business 模式）；用户之间的跨境电子商务合同（Consumer to Consumer 模式）；商业机构与用户之间的模式（Business to Consumer 模式）。

跨境电子商务合同作为合同的一种，也可以按照传统合同的分类方式进行划分，但基于其特殊性，还可以将其分为以下几种类型：

（1）从跨境电子商务合同订立的具体方式的角度，可分为利用电子数据交换订立的合同和利用电子邮件订立的合同。

（2）从跨境电子商务合同标的物的属性的角度，可分为网络服务合同、软件授权合同和需要物流配送的合同等。

（3）从跨境电子商务合同当事人的性质的角度，可分为电子代理人订立的合同和合同当事人亲自订立的合同。

（4）从跨境电子商务合同当事人之间的关系的角度，可分为 B－C 合同，即企业与个人在电子商务活动中所形成的合同；B－B 合同，即企业之间从事电子商务活动所形成的合同；B－G 合同，即企业与政府进行电子商务活动所形成的合同。

4. 跨境电子商务合同成立时间与地点。

跨境电子商务合同成立时间，是指跨境电子商务合同开始对当事人产生法律约束力的时间。在一般情况下跨境电子商务合同的成立时间就是跨境电子商务合同的生效时间，合同成立的时间是对双方当事人产生法律效力的时间。一般认为收件人收到数据电文的时间即为到达生效的时间。联合国《电子商务示范法》第15条和《合同法》第16条的规定基本相同。如收件人为接收数据电文而指定了某一信息系统，则该数据电文进入该特定系统的时间，视为收到时间。如收件人没有指定某一特定信息系统，则数据电文进入收件人的任一信息系统的时间为收到时间。对于“进入”，则一项数据电文进入某一信息系统，其时间应是在该信息系统内可投入处理的时间，而不管收件人是否检查或者是否阅读传送的信息内容。

跨境电子商务合同的成立地点，是指跨境电子商务合同成立的地方。确定跨境电子商务合同成立的地点涉及到发生合同纠纷后由何地、何级法院管辖及其适用法律问题。我国《合同法》第34条规定，承诺生效的地点为合同成立的地点，采用电子意思表示形式订立合同的收件人的主要营业地为合同成立的地点，没有主要营业地的，其经常居住地为合同成立的地点，当事人另有约定的从其约定。之所以这样规定，主要是因为电子交易中收件人接收或者检索数据电文的信息系统经常与收件人不在同一管辖区内，上述规定确保了收件人与视为收件地点的所在地有着某种合理的联系，可以说我国《合同法》这一规定充分考虑了电子商务不同于普遍交易的特殊性。

5. 跨境电子商务合同的合法性与监管。

（1）跨境电子商务合同的合法性。《合同法》第二条规定本法所称合同是平等主体的自然人、法人、其他组织之间设立、变更、终止民事权利义务关系的协议。按照电子商务交易对象分类，电子商务可分为四类：即商业对商业（B2B），商业对消费者（B2C），商业对政府机构（B2G），消费者对政府机构（C2G）。例如政府机构可将采购办公用品清单在因特网上发布，企业以电子化方式回应，经过选择确定供方，与之达成跨境电子商务合同。再如：政府机构可实施电子政府计划，利用因特网为企业提供纳税、办理电子营业执照、出口配额招标、进出口许可证申领等服务。消费者对政府的电子商务是在个人与政府机构之间进行的。例如对个人社会福利基金的发放以及个人纳税交费等。

上述电子商务活动无论属于哪一类，其实质都是属于平等民事主体的自然人、法人、其他组织之间设立、变更、终止民事权利义务关系的行为，都是合同契约关系。因此，这些电子商务活动的主体都必然要受到《合同法》的调整。

（2）跨境电子商务合同的监管。网上广告、网上购物、网上合同、网上支付等新型网络交易活动给工商行政管理机关提出了新的要求。工商行政管理机关是国家主管市场监督管理和有关行政执法的职能部门，其监管的市场是社会主义市场经济下的大市场，对跨境电子商务合同进行监督管理责无旁贷，该项职能是由法律所赋予的。工商部门对跨境电子商务合同监管能促进网络市场交易的公平性、安全性、经济性，能有效地保护消费者和经营者的合法权益，能减少合同争议和违法合同，提高合同的履约率，维护市场交易安全，促进经济的发展。

二、跨境电子商务合同中的主要内容

1. 标的物条款（Subject Matter Clause）又称为商品条款，订明货物名称、品质、规格、数量、包装等。

(1) 货物的品质规格条款。货物的品质规格是指商品所具有的内在质量与外观形态。在国际贸易中，商品的品质首先应符合合同的要求，对于某些由国家制定了品质标准的商品，如某些食品、药物，其品质还必须符合有关国家的规定。品质条款的主要内容是品名、规格等。

(2) 货物的数量条款。数量是指用一定的度量衡制度表示出的商品的重量、个数、长度、面积、容积等的量。数量条款的主要内容是交货数量、计量单位与计量方法。

(3) 货物的包装条款。包装是指为了有效地保护商品的数量完整和质量要求，把货物装进适当的容器。

包装条款的主要内容有：包装方式、规格、包装材料和运输标志。

2. 价格条款（Price Clause）规定货物的单价和总价、计价货币等。通常用国际通用的价格术语表达。

价格是指每一计量单位的货值。

价格条款的主要内容有：每一计量单位的价格金额、计价货币、指定交货地点、贸易术语与商品的作价方法等。

在国际货物买卖中，价格是个十分敏感的问题。合同价格条款中应注意正确表示计价货币的名称，如“元”要写明日元、美元、港元还是人民币。贸易术语的选择要和合同中的其他条款保持一致。例如 FOB、CIF、CFR 贸易术语不但代表货物的价格构成，而且确定了买卖双方责任、风险和费用。当双方发生争议时，法院通常先以双方选择的贸易术语决定合同的性质，然后确定双方的权利义务。在美国及其他国家法院的判例中，都有因在 CIF 合同中包含了与 CIF 合同性质相抵触致使合同被宣判无效的情况。

3. 装运条款（Transportation Clause）根据价格条件订明运输方式、装运地（港）与目的地（港）、装卸时间、装卸费用的计算和负担等。

装运是指把货物装上运输工具。在一般情况下，装运与交货是两个概念。但在 FOB、CIF 和 CFR 合同中，卖方只要按合同规定把货物装上船，取得提单就算履行了交货义务。提单签发的时间和地点即为交货时间和地点。所以“装运”一词常被“交货”概念代替。装运条件也被称作交货条件。装运港和目的港是贸易术语和合同中不可缺少的部分，决定着买卖双方的责任、费用与风险的划分。所以要按不同的贸易术语的要求注明装运港和目的港。合同中如定有选择港，则应定明增加的运费、附加费用应当由谁承担。为避免重名港口，应注明港口所处国家或地区。对于一次成交量大的合同，或装卸、运输条件差的港口，应在合同中订明“允许分批装运”或“允许转船”。

4. 保险条款（Insurance Clause）订明由买方或卖方负责投保。如为卖方投保，具体订明险别和保险加成。保险条款的主要内容包括确定投保人及支付保险费，投保险别和保险金额。

在国际货物买卖中，大部分是 FOB、CIF 和 CFR 合同，故保险责任与费用的分担由当事人选择的贸易术语决定。在 CFR 中，买方自行投保，自付费用；而在 CIF 合同中是由卖方替买方投保并把支付的保险费加在货价上，因此投保何种险别以及买方有何特殊要求都应在合同中定明。对于买方的特殊要求，卖方还要事先征得保险公司的同意，以免陷入被动。

卖方在替买方投保后应把保险单及时转让给买方。转让保险单的行为实质是转让风险的行为，买方日后可凭保险单向保险公司索赔。如果卖方不履行这一义务，则货物遭受损失的风险仍由卖方承担。此外，双方应在合同中定明所采用的保险条款名称。如是采用中国人民保险公司海洋运输货物保险条款，还是伦敦保险业协会的协会货物条款以及其制定或修订日期、投保险别及保险费率等。

5. 支付条款（Payment Clause）订明付款时间、付款方式、付款所使用的货币或票据。支付条款的主要内容包括支付手段、支付方式、支付时间和地点。

（1）支付手段。有货币和汇票，主要是汇票。在国际货物买卖中，汇票是出口方（卖方）向进口方（买方）开立的，要求买方在一定时间内向卖方无条件支付一定金额的书面命令。出口方或持票人向进口方或其指定银行要求付款。

（2）支付方式可分为两类三种：①双方不由银行提供信用，但通过银行代为办理，如直接付款和托收；②在银行提供信用，从银行得到信用保证和资金周转的便利，如信用证。

无论采用哪种方式，都应考虑交易地区的贸易法令和习惯。

（3）交付时间与地点。支付时间不但涉及利息问题，而且对买卖双方尽快实现各自的利益有重大关系。通常按交货（交单）与付款先后，可分为预付款、即期付款与延期付款。预付款是在交货或交单前支付部分或全部货款：即期付款是在交货或交单时付款；延期付款是在交货或交单后的规定时间付款或分期付款。付款人或其指定银行所在地即为付款地点。

6. 商检条款（Inspection Clause）订明进出口货物检验的时间、地点、方法和标准，以及检验机构。声明商检机构签发的品质证明和数量证明是结算货款的重要依据，并在商检条款中写明以买方或卖方的商检证书为最后依据。订约时最好争取以我方的商检证书为准。

7. 免责条款（Exemption Clause）又称不可抗力条款（Force Majeure Clause）。为避免日后发生不必要的纠纷，合同中应订明不可抗力的范围及后果的处理。不可抗力条款可分为概括式、列举式或综合式（同时采用概括和列举式）。我国目前进出口合同的不可抗力条款大多采用后一种方式。

8. 索赔条款（Claim Clause）在国际贸易中经常发生货物的品质、规格、数量、重量、包装、运输、保险与合同规定不符的情况，从而导致索赔和理赔的问题。因此合同中应订明索赔的依据、期限、赔偿方法和金额等。

9. 法律适用条款（Applicable Law Clause）也叫准据法条款。根据国际私法通行的"意思自治"原则（Autonomy of Will），合同双方当事人可以选择合同所适用的法律。我国对外贸易企业在拟订合同时，多采用中国法律。

10. 仲裁条款（Arbitration Clause）规定仲裁地点、机构、仲裁程序、裁决的效力以及仲裁费用等方面内容。一般来说裁决是一次性的、终局的，对双方都有约束力，订有仲裁协议的双方，不得向法院起诉。但在下列情况下，裁决可由法院宣布无效：①双方没有达成仲裁协议；②不属于提交仲裁的事项；③仲裁庭组成不当；④仲裁员无资格；⑤仲裁员行为不当；⑥裁决做出后发现了新的事实和证据；⑦裁决是根据伪证做出的等。

11. 备注（Remarks）。以上条款只是国际货物买卖合同的基本内容，当事人可根据货物的性质、交易量的大小等因素自由协商而定。

12. 约尾（End）。

约尾是合同的结尾部分，这部分包括对合同文字效力的规定、合同份数的说明、适用法律条款的规定及双方的签字，必要时可加上附件作为合同不可分割的一部分。一般列明合同的份数，是否为正本（Original），使用的文字及生效的时间（有时这一部分也在约首订明），最后双方签字盖章（signature）。

学习任务 2.7 跨境电子商务（B2B）电子合同的履行

一、跨境进口合同的履行

进口合同依法订立后，买卖双方都应本着重合同、守信用的原则，严格履行约定的义务。根据《联合国国际货物销售合同公约》规定，买方的主要义务是支付货物的价款和收取货物。为了确保进口合同的履行，买方还应随时注意卖方履约情况，并及时督促卖方按约定条件履行交付货物、有关单据并转移货物所有权的义务。

我国进口业务中，大多数是采用 FOB 价格条件成交，少数商品交易采用 CIF 价格条件成交，并且绝大多数是采用即期信用证支付方式。按 FOB 即期信用证支付条件签订的进口合同，其履行的一般程序包括开立信用证、租船订舱、办理货运保险、审单付款、进口报关、报验与检验提取与拨交货物和办理索赔等。

在跨境电子商务平台运作进口业务，大多通过第三方平台提供的相关外汇担保业务进行成交，但是大额跨境电子商务业务仍然是通过信用证方式来成交。

1. 开立信用证。

买方开立信用证是履行合同的前提条件，因此签订进口合同后，应按合同规定办理开证手续。如合同规定在收到卖方货物备妥通知或在卖方确定装运期后开证，买方应在接到上述通知后及时开证；如合同规定在卖方领到出口许可证或支付履约保证金后开证，买方应在收到对方已领到许可证的通知或银行转知履约保证金已收讫后开证。买方向银行办理开证手续时，必须按合同内容填写开证申请书，银行则按开证申请书内容开立信用证，因此信用证内容是以合同为依据开立的，它与合同内容应当一致。如品质、规格、数量、价格、交货期、装货期、装运条件及装运单据等，应以合同为依据，并在信用证中一一做出规定。

信用证的开证时间应按合同规定办理。如合同规定在卖方确定交货期后开证，买方则应在接到卖方上述通知后开证；如合同规定在卖方领到出口许可证或支付履约保证金后开证，则买方应在收到卖方已领到许可证的通知或银行转知保证金已收后开证。

卖方收到信用证后，如要求展延装运期、信用证有效期与变更装运港口等，经买方同意，即可向开证银行办理改证手续。

2. 国际物流业务。

进口货物按 FOB 贸易术语成交时，由买方安排运输相关业务。小额跨境贸易大多以国际快递的方式进行，对于大额跨境贸易，我国大部分进口货物是委托中国对外贸易运输公司、中国租船公司或其他运输代理机构代办运输，也有的直接向中国远洋运输公司或其他办理国际货运的实际承运人办理托运手续。由于进口货物大多通过海洋运输并按 FOB 条件成交，故做好租船订舱工作很重要。如合同规定卖方在交货前一定时间内应向买方发出货物备妥通知（如合同未要求卖方发出货物备妥通知，则在交货期前 45 天），则买方在接到该通知后应及时办理租船订舱手续。若卖方未及时发出该项通知，买方应及时催促卖方办理。若进口货物数量不大，但批次较多，为了节省时间和简化手续，也可事先委托卖方代为洽订舱位。

卖方装船后，按照国际贸易惯例，应用电报向对方发出装船通知，以便对方办理保险和接货等项手续。

按 CIF 和 CFR 条件进口的货物由卖方负责租船订舱和安排装运。在此情况下，买方也应及时与卖方联系，以掌握对方备货与装运动态。

当买方办妥租船订舱手续后，为了防止船、货脱节的情况发生，买方应及时催促卖方做好备货装船工作，特别是对于数量大或重要的进口货物，更要催促卖方按时装船发货。必要时，可请买方驻外机构就地协助了解和督促卖方履约，或派员前往出口地点检验督促，以利于接运工作的顺利进行。

3. 办理货运保险。

凡按 FOB 或 CFR 价格条件成交的进口合同，货物保险由我方办理。我方接到卖方的装运通知后，应及时将船名、提单号、开航日期、装运港、目的港以及货物的名称和数量等内容通知有关保险公司，按预约保险合同规定对货物承担自动承保的责任。保险公司对预约保险的责任一般是从货物在国外装运港装上海轮起生效，到卸货港转运单据载明的国内目的地收货人仓库终止。保险公司将外贸公司送交的海运进口装船通知书或结算凭证汇总后，按季度或月份向外贸公司收取保险费。在买方没有与保险公司签订预约保险合同的情况下，进口货物就得逐笔投保。买方接到卖方的发货通知后就应立即向保险公司办理投保手续。否则，若货物在投保前的运输途中发生损失，保险公司不负赔偿责任。

4. 审单付款。

货物装船后，卖方即凭提单等有关单据向当地银行议付货款。议付行寄来单据后，经银行审核无误即通知买方付款赎单。如银行审单时发现单证不符或单单不符，应分不同情况进行处理。例如，拒付货款；相符部分付款，不符部分拒付；货到检验合格后再付款；凭卖方或议付行出具担保付款；在付款的同时提出保留索赔权。审单付款是进口履约程序中的重要环节，它关系到卖方提供单据的有效性，直接影响到买方的及时、顺利收货。

5. 进口报关。

买方付款赎单后，进口货物运抵目的港，进口货物收货人或其代理人开始进口报关。进口报关指进口收货人或其代理人应在海关规定的期限内，向海关提交进口货物报关单及有关货物单据，办理申报手续。海关以申报单据为依据，对进口货物进行实际核对和检查，以确保货物合法进口。经海关查验无误后，进口货物的纳税人应在规定时间内缴纳关税和其他税费，以取得海关对货物的放行。

6. 报验与检验。

进口报验是指有些进口货物要向商检局申请检验，以判明进口商品的规格、质量、数量、技术性能等是否符合国家规定或订货合同的规定。进口货物的收货人在向检验检疫机构申请检验时，要正确填写进口货物报验单，并提供合同和有关单证与资料。买方为了在规定时效内对外提出索赔，凡属下列情况的货物，均应在卸货口岸就地报验：

（1）合同写明须在卸货港检验的货物。

（2）合同规定货到检验合格后付款的货物。

（3）合同规定的索赔期限很短的货物。

（4）货物卸离海轮时已发现残损、短少或有异状或提货不着等。

凡属法定检验的进口货物到达后，用户或接运货物的单位必须向卸货口岸或到达站的检验检疫机构登记，检验检疫机构在报关单上加盖“已接受登记”的印章，海关即凭此印章验放。如合同有约定，则检验在约定地点进行；如没有约定，则在卸货口岸、到达站或检验检疫机构指定的地点进行。如卸货时发现残损、短少，必须及时检验。凡需要结合安装调试的机电、仪器产品和成套设备，可酌情在收货人所在地进行检验。

法定检验的进口货物经登记后，收货人即应在规定的时间和地点，持买卖合同、发票、装箱单和货运单等有关单证向检验检疫机构报验。检验检疫机构对已报验的货物，应在索赔期限内检验完毕，并出具相应的检验检疫证书。

非法定检验的进口货物，如合同规定由检验检疫机构检验的，应按规定办理报验和检验；如合同未规定由检验检疫机构检验，但卸货口岸已发现有残、损、短缺情况，应及时向口岸检验检疫机构申请检验出证。其他情况下，由收货人按合同规定验收。

7. 提取与拨交货物。

进口货物的报关、纳税等手续办完后，即可在报关口岸按规定提取货物或拨交货物。在进口货物卸货时，港务局也应该进行核对。如发现货物短少即填制短缺报告交船方签认，并向船方提出保留索赔权声明；如发现货物残损，即将货物存放于海关指定仓库，由保险公司会同当地检验检疫机构出具检验证明，以便在有效索赔期内对外索赔。如用货单位在卸货口岸附近，则就近拨交货物；如用货单位不在卸货地区，则委托货运代理将货物转运内地，并拨交给用货单位。

8. 办理索赔。

在履行进口合同过程中，往往因卖方未按期交货，或货到后发现品质、数量和包装等方面有问题，致使买方遭受损失，而需向有关责任方提出索赔。根据造成损失原因的不同，进口索赔主要有3个方面。

（1）向卖方索赔。凡属下列情况者，均可向卖方索赔：货物品质、规格与合同规定不符；原装数量不足；包装不良致使货物受损；未按期交货或根本不交货等。

（2）向承运人索赔。凡属下列情况者，均可向承运人索赔：货物数量少于提单所载数量；提单为清洁提单，而货物残损且属承运人过失所致的；货物所受的损失，根据租船合约有关条款应由船方负责等。

（3）向保险公司索赔。凡属下列情况者，均可向保险公司索赔：由于自然灾害、意外事故或运输中其他事故的发生致使货物遭受损失，并且属于投保险别承保责任以内的；凡承运人不予赔偿或赔偿金额不足抵补损失的部分，并且属于承保范围之内的。办理索赔时，应注意如下几个问题。

①索赔证据。首先，应制备索赔清单，随附商检局签发的检验证书、发票、装箱单、提单副本。其次，对不同的索赔对象要另附其他有关证件。向卖方索赔时，如果是属于FOB价格或CFR价格成交的合同，还要随附保险单一份；向承运人索赔时，还应另附由船长及港务理货员签证的理货报告及船长签证的短缺或残损证明；向保险公司索赔时，还应另附保险公司与买方的联合检验报告等。

②索赔金额。索赔金额应适当确定，除包括受损商品价值外，还应加上有关费用，如商品检验费、装卸费、银行手续费、仓租、利息等。索赔金额究竟多少，其中应包括哪些费用，应视具体情况而定。

③索赔期限。向责任方提出索赔，应在规定的期限内提出，过期提出索赔无效。在买卖合同中，一般都规定了索赔期限，如向卖方索赔，则应在规定期限内提出。如合同未规定索赔期限，按《联合国国际货物销售合同公约》规定，买方向卖方声称货物不符合合同规定的时限，是买方实际收到货物之日起两年；向船公司索赔的时限，按《海牙规则》的规定，是货物到达目的港交货后一年；向保险公司索赔的时限，按《中国人民保险公司海洋运输货物保险条款》的规定，为货物在卸货港全部卸离海轮后两年。

④卖方的理赔和补救。进口货物发生损失，除属于承运人和保险公司的索赔责任外，如属于卖方必须承担的责任，应直接向卖方要求索赔，防止卖方制造借口来推卸责任。除此之外，买卖双方还可以根据具体情况采取一些其他补救办法：由买方给予卖方一段合理时间，让卖方继续履行其义务；降低价格；交付替代货物；进行修理。

综上所述，履行进口合同需要经过各种工作环节，其中有些基本环节是不可缺少的。应当指出，履行进口合同的环节及其工作内容，主要取决于合同的类别及交易双方约定的支付条件。例如，在履行凭信用证付款的FOB进口合同时，上述许多业务环节都是很重要的，甚至是不可缺少的，但是在履行凭其他付款方式和其他贸易术语成交的进口合同时，其工作环节有所区别。在采用汇付或托收的情况下，就不存在买方开证的工作环节；在履行CFR进口合同时，则买方不负责租船订舱，此项工作由卖方办理；在履行CIF进口合同时，买方不仅不承担货物从装运港到目的港的运输任务，而且不负责办理货运投保手续，此项工作由卖方按约定条件代为办理。

二、跨境出口合同的履行

目前跨境电子商务出口业务有买方按照相关跨境电子商务合同及第三方平台的规则组织出境业务的执行。在我国传统出口贸易中，除大宗交易有时采用FOB条件成交外，多数采用CIF与CFR条件成交，并采用即期信用证付款。履行此类出口合同，涉及面广、工作环节多、手续繁杂，且影响履约的因素很多。履行出口合同的程序，一般包括备货和报验、催证、审证和改证、订舱和装运、制单结汇等诸多环节。在这些环节中，又以货（备货）、证（催证、审证、改证）、船（订舱）、款（制单结汇）4个环节最为重要，这4个环节之间有着密不可分的内在联系。为提高履约率，各出口企业必须加强同有关部门的协作与配合，力求把各项工作做得精确细致，尽量避免出现脱节情况，做到环环相扣、井然有序，防止出现有货无证、有证无货、有货无船、有船无货、单证不符或违反装运期等情况，以免影响合同的履行和安全收汇。

1. 备货和报验。

为了保证按时、按质、按量交付约定的货物，在订立合同之后，卖方必须及时落实货源，备妥应交的货物，并做好出口货物的报验工作。

（1）备货。备货工作内要包括出口部门及时与生产加工单位或供应部门安排货物的生产、加工、收购和催交，认真核对应交货物的品质、规格、数量和包装、刷唛等工作。在备货工作中，应注意以下几个方面的问题：

①货物的品质、规格必须与出口合同的规定一致。凡是凭规格等文字说明达成的合同，交付货物的品质必须与合同规定的规格等文字说明相符；凡是凭样品达成的合同，则必须与样品相符。若既凭文字说明，又凭样品达成的合同，则两者均须相符。

②货物的数量必须符合出口合同和信用证的规定。货物的数量是国际货物买卖合同中的主要交货条件之一。按约定数量交货，是卖方的重要义务。备货的数量应适当留有余地，以备装运时可能发生的调换和适应舱容之用。此外，还要注意合同规定采用何种度量衡制度和计量方法，如按重量计量而合同中未写明采用何种方法计算重量的，则按惯例以净重计重。

③货物的包装必须符合出口合同的规定和运输的要求。在备货过程中，对货物的内、外包装和装潢，必须认真核对，一方面使之符合合同的规定；另一方面达到保护商品和适应运输的要求。如果发现包装不良或破损情况，应及时进行修整或换装，以免在装运时取不到清洁提单，造成收汇困难。在货物备齐以后，还应视需要和合同或信用证规定刷写包装和运输标志。

④货物备妥的时间应严格按照出口合同以及信用证上规定的装运期限，同时结合船期进行安排，以利于船货衔接。为防止意外，一般应适当留有余地。

⑤凡合同规定收到买方信用证后若干天内装运货物的，为保证按时履约，防止被动，应督促买方按照合同规定期限开出信用证。同时，出口方收到信用证后必须立即审核，确认后及时安排生产。

（2）报验。凡属法定检验的出口货物，必须根据国家有关进出口商品检验检疫方面的法规，在规定的时间和地点向检验检疫机构报验。经检验检疫合格后，由检验检疫机构发给检验证书，海关才予以放行，否则不得出口。

申请报验须填写出口报验申请单，并附上合同和信用证副本等有关资料，供商检局发证时参考。出口报验申请单的内容一般包括品名、数量（或重量）、规格、包装、产地等项目。出口单位在检验合格取得检验证书后，务必在有效期内运出货物。关于商品检验证书的有效期，一般货物是发证日期起2个月内有效；鲜果、鲜蛋类为2～3个星期内有效；动植物检疫证书20天内有效；鲜活商品证书14天内有效。如果超过有效期装运出口，应向检验检疫机构申请展期，由检验检疫机构复验合格后，才能出口。商检部门根据情况进行抽验换证，报验后发现申报检验单内容有误需要更正时，应填写更改申请书，并阐明理由。

2. 催证、审证和改证。

在出口合同中买卖双方约定采用信用证支付货款时，一般都有催证、审证和改证等工作，这3项工作是互相联系的不同业务环节。

（1）催证。催证就是催促买方按照合同规定及时地开立信用证，并送达卖方，使卖方按时将出口货物装船出运。如果是按信用证付款条件成交时，买方按约定时间开证是卖方履行合同的前提条件，否则卖方无法安排生产和组织货源。在实际业务中，由于市场行情发生变化或买方资金短缺等种种原因，买方往往会拖延，这时卖方应及时催促对方迅速开证。如经催促对方仍不履行，应向对方提出保留索赔权的声明。

（2）审证。当买方开出信用证后，卖方应根据买卖合同内容审查信用证，称为审证。一般而言，信用证依据合同开立，因而信用证内容应该与买卖合同条款保持一致。但在实际业务中，由于种种原因，如工作的疏忽、电文传递错误、贸易习惯不同、市场行情发生变化或买方有意利用开证的主动权加列一些对其有利的条款，常出现开立的信用证条款与合同规定不符，或在信用证中加列一些实际上无法满足信用证付款条件的“软条款”等情况。为了确保安全收汇和合同顺利履行，避免造成不应有的损失，应对信用证进行认真审核。审核信用证是银行和进出口公司的共同责任，但各自审证的侧重点不同。银行负责审查开证行的资信能力、付款责任、索汇路线和信用证的真伪等方面的内容，而进出口公司则重审查信用证的内容与原订合同是否一致。在审证时应注意下列问题。

①开证银行。开证银行的政治背景和资金情况与我方安全收汇有非常密切的关系，并且涉及国家的有关政策问题。所以凡是政策规定不与之进行经贸往来的国家的银行开来的信用证，均应拒绝接受，并请客户另行委托其他我方允许往来的银行开证。对资信差的开证银行，可采取适当措施。例如，要求适当银行加保兑；加列电报索汇条款；分批出运、分批收汇等，以保证我方收汇安全。

②信用证的性质。信用证的性质和开证银行所承担的责任是否明确具体，直接关系到我出口货物能否安全收汇。所以来证必须注明为“不可撤销”，并且在证内写明“开证银行保证付款”的字句。另外，要注意信用证内不得有限制性条款或其他保留条件。

③信用证金额及其采用的货币。信用证金额应与合同金额一致。如合同有溢短装条款，则信用证金额还应包括溢短装部分的金额。信用证采用的货币应与合同规定的货币一致。信用证金额中单价与总值必须填写正确，大、小写并用。

④信用证应表明受国际商会最新出版的《跟单信用证统一惯例》（UPC600）的约束。

⑤信用证中应载明所使用的贸易术语，并与买卖合同的规定一致。

⑥有关货物的记载。注意信用证中对品名、数量或重量、规格、包装和单价等项内容的记载是否与合同的规定相符，有无附加特殊条款。如发现信用证与合同规定不符，应酌情做决定接受或修改。

⑦有关装运期、信用证有效期和到期地点的规定。按惯例，一切信用证都必须规定一个交单付款、承兑或议付的到期日，未规定到期日的信用证不能使用。通常信用证中规定的到期日是指受益人最迟向出口地银行交单议付的日期。如信用证规定的是在国外交单的到期日，由于寄单费时且有延误的风险，一般应提请修改。否则，就必须提前交单，以防逾期。装运期必须与合同规定一致，如来证太晚，无法按期装运，应及时申请国外买方延展装运期限。信用证有效期与装运期应有合理的间隔，以便在装运货物后有足够的时间办理制单结汇工作。信用证有效期与装运期规定在同一天的，称为双到期。应当指出，双到期是不合理

的，受益人是否就此提出修改，应视具体情况而定。

⑧单据。对信用证要求提供的单据种类、份数及填制方法等，要仔细审查。如发现有不适当的规定和要求，应酌情处理。

⑨保险。对信用证中有关保险金额和险别等项内容，必须认真审核。如果发现与合同规定不符，应根据国家政策和中国人民保险公司有关规定加以处理。

⑩其他特殊条款。审查信用证中有无与合同规定不符的其他特殊条款。如发现有对我方不利的附加特殊条款，一般不宜接受。如对我方无不利之处，而且也能办到，可酌情灵活掌握。

（3）改证。在审证过程中如发现信用证内容与合同规定不符，应区别问题的性质，分别同有关部门研究，妥善予以处理。一般来说，如发现有不能接受的条款，应及时提请开证申请人修改。在同一信用证上如有多处需要修改的，应当一次提出，尽量避免多次提出，否则不仅增加双方的手续和费用，而且会对外造成不良影响。对不可撤销信用证中任何条款的修改，都必须在有关当事人全部同意后才能生效，这是各国银行的惯例。应当指出，对来证不符合合同规定的各种情况，还要进行具体分析，不一定坚持全都办理改证手续。只要来证内容不违反政策原则和不影响安全顺利收汇，即可酌情灵活处理。

3. 订舱装运及组织国际物流。

（1）租船和订舱。按 CIF 或 CFR 条件成交时，租船、订舱由我方负责，而我方可将此项工作委托给中国对外贸易运输公司办理。出口货物数量较大，需要整船载运的，可由外运公司办理租船手续；如出口货物数量不大，不需整船装运的，可由外运公司代为洽订班轮或租订部分舱位运输。其程序如下：

①外运公司每月编印出口船期表分发各进出口公司。在表内列明航线、船名、国籍、抵港日期、截止收单期、预计装运日期和停挂港口的名称等项内容，供各进出口公司委托订舱时参考。

②各进出口公司如货证齐全，即可办理托运手续。根据信用证和合同的有关运输条款，将货物名称、件数、装运港、装运日期等写在托运单（Booking Note，B/N）上，作为订舱的依据，在截止收单期以前送交外运公司。

③外运公司在收到托运单后，会同中国外轮代理公司，根据配载原则，结合货物性质、数量、装运港和目的港等情况安排船只和舱位。然后，由外轮代理公司签发装货单（Shipping Order，S/O），作为通知船方收货装船的凭证。

④船到港后，外运公司到仓库提取货物送到码头，经海关查验放行后，凭装船单装船。

⑤装船完毕，由船长或大副签发大副收据（Mate's Receipt），载明收到货物的详细情况。托运人则凭大副收据向外轮代理公司交付运费后，换取正式提单。

（2）报关。报关是指货物装运前向海关办理申报手续。各进出口公司须填写出口货物报关单，连同其他必要的单证，如装货单、合同副本或信用证副本、发票、装箱单、商检证、出口许可证等交海关申报。货物经海关检验货、证、单相符无误，并在装货单上加盖放行章后，即可放行装船。

目前，我国的出口企业在办理报关时，既可以自行办理报关手续，又可以通过专业的报关经纪行或国际货运代理公司来办理。

（3）投保。按照 CIF 贸易术语成交的出口合同，在装船前须由我进出口公司及时向保险公司办理投保手续，填制投保单。出口商品的投保手续一般都是逐笔办理的。投保人投保时，应将货物名称、保额、运输路线、运输工具、开航日期、投保险别等一一列明。保险公司接受投保后，即签发保险单或保险凭证。

（4）发出装船通知。货物装船后，在信用证规定的时间内，卖方应及时向买方发出装船通知。若按 FOB 或 CFR 价成交，卖方向买方发出装船通知，以便买方及时办理进口投保手续及做好接货准备。如果由于卖方未及时或未发出装船通知，对方未能办理保险，一旦货物遭受损失，卖方将承担责任。若按 CIF 价成交，卖方在装完船并取得提单后，也应及时向买方发出装船通知，以便买方了解装运情况和进行接货前的准备。

（5）对于小额跨境业务来讲，可以通过跨境电子商务第三方平台提供的国际物流服务及卖家自己组织国际快递业务完成交货任务。

4. 制单结汇。

出口货物装运之后，出口商即应按信用证要求缮制单据，并在信用证规定的交单有效期内，向有关银行办理议付、结汇手续。

为了确保安全、迅速收汇，缮制单据时必须做到“正确、完整、及时、简明、整洁”。①正确是指单据内容必须正确，既要符合信用证的要求，又要能真实反映货物的实际情况，且各单据的内容不能相互矛盾。②完整是指单据份数应符合信用证的规定，不能短少。单据本身的内容应当完备，不能出现项目短缺情况。③及时是指制单应及时，以免错过交单日期或信用证有效期。④简明是指单据内容应按信用证要求和国际惯例填写，力求简明，切勿加列不必要的内容。⑤整洁是指单据的布局要美观大方，缮写或打印的字迹要清楚醒目，不宜轻易更改，尤其对金额、件数和重量等，更不宜改动。

5. 出口退税。

出口货物退税，简称出口退税，指对出口商品已征收的国内税部分或全部退还给出口商的一种措施。其基本含义是指对出口货物退还其在国内生产和流通环节实际缴纳的产品税、增值税、营业税和特别消费税。出口退税（Export Rebates）制度，是一个国家税收的重要组成部分。出口退税主要是通过退还出口货物的国内已纳税款来平衡国内产品的税收负担，使本国产品以不含税成本进入国际市场，与国外产品在同等条件下进行竞争，从而增强竞争能力，扩大出口创汇。

学习任务 2.8　跨境电子商务结算与结汇

一、跨境电子商务结算

随着跨境电子商务市场的不断扩大，也对物流、平台、结算、支付等环节产生更高的要求，部分影响发展的矛盾因素逐步显现。

1. 跨境支付概念。

跨境支付是指通过一定的结算工具和支付系统对于因贸易或投资发生的资金实现两个或两个以上国家或地区之间的转移行为。

第三方跨境支付平台是指具有一定信誉和实力，且独立于商户和银行为境内外的消费者提供有限服务的支付机构。2012 年至 2013 年，中国网民在境内电商网站使用中，最常使用第三方支付平台的为 75.5%；在转汇款渠道方面，中国网民使用过第三方支付平台的比例为 82.2%。2015 年中国跨境电商交易额 5.4 万亿元人民币，同比增长 28.57%。2020 年我国第三方跨境支付市场规模将达到 197.9 亿元，接近 200 亿元。

2. 跨境支付的内涵。

《中华人民共和国电子商务示范法》对电子商务的定义，是指依靠电子手段履行或进行部分或全部的电子商务活动。“电子”的定义是，具有磁的、电的、电磁的、光学的、数字的、无线的技术。主流上认同其是一种以 Internet 网上交易和电子数据交换为主体内容的商业形式。

3. 跨境支付的分类。

跨境支付场景主要分布在跨境网络消费、跨境转账汇款和境外线下消费。其中，跨境转账汇款途径主要包括第三方支付平台、商业银行和专业汇款公司三种。

境外线下消费途径主要有信用卡刷卡、借记卡刷卡、外币现金和人民币现金；跨境网络消费途径较多，有第三方支付平台、网银线上支付、信用卡在线支付、电子汇款、移动手机支付和固定电话支付。

二、主流跨境电子商务平台结汇方式

1. 亚马逊。

亚马逊平台的结算与结汇由以下五种方式组成：

（1）Payoneer 俗称 P 卡，目前是 Amazon 收款类官方唯一的合作伙伴，有美元、欧元和英镑三种币种的账户，所有币种均支持多平台店铺，个人和公司身份均可申请。另外，Payoneer 现在分有卡和无卡账户 2 种，有卡账户管理费每年 29.95 美元，无卡账户则不需要年费。Payoneer 转账无汇损，提现到国内约 1 ~ 2 个工作日，结汇无限制。

收费标准：

入账：Payoneer

美元入账收 1% 手续费，累积入账 20 万美元则入账免费；欧元和英镑入账无需手续费，免费入账。

提现：人民币结汇和外币电汇收取 1% ~ 2% 手续费，1 ~ 2 天到账。新用户提现费为 2%，随着累计入账的金额增加而减少，最低可降到 1%（累计入账 300 万美元）。有卡用户也可以选择使用 Payoneer 卡片在 ATM 取现或消费，但万事达卡国际组织会收取汇损，建议在急需资金或境外旅游时使用。

（2）Worldfirst 俗称 WF 账户，是一家注册于英国的顶级国际汇款公司，在英国、美国、澳洲、新加坡、中国香港有办公室，提供 24 小时中文电话服务。个人或公司身份均可申请。

提现时 WF 会自行打到卖家绑定的法人私人账户或者对公银行卡里。

收费标准：

①无年费，没有提款额度限制。

美国账户：一次性转款 1 000 美元以下每笔 30 美元；1 000 美元以上免手续费。

英国账户：一次性转款 500 英镑以下每笔 10 英镑；500 英镑以上免手续费。

欧元账户：一次性转款 500 欧元以下每笔 10 欧元；500 欧元以上免手续费。

加元账户：一次性转款 1 000 加元以下每笔 30 加元；1 000 加元以上免手续费。

②汇损：每次转款汇损在 1% ~2.5%，转款金额越大越优惠。

（3）美国银行卡。申请美国银行卡需要先注册美国公司，国际转款手续费是 45 美元，无汇损。不过金额过大时，有可能会面临美国银行机构的监管。

（4）Currencie Direct。CD 卡是欧洲顶级金融管理集团 AZIBO 旗下的一家货币兑换公司，现有英镑、欧元和美金银行账户，个人和公司身份均可申请。如果账户长时间没有使用或者没有达到指定的交易金额，都需要额外费用。

收费标准：

CD 账户办理完成后无须缴纳月费和年费，欧洲收款优势较大，汇损在 1% ~1.5%。提款无额度限制，卖家可在后台绑定国内银行卡进行提款。

（5）香港账户转账结汇。

如果用香港当地的银行收款就只能收港元，因此再转成人民币就有两次汇损。亚马逊后台货币转换时一般会扣除 3% ~3.5% 的汇率损失，因此不是很建议使用。

2. 速卖通。

在全球速卖通平台，卖家需要设置两个收款账户：人民币收款账户和美元收款账户。

买家通过信用卡支付时，根据国际支付渠道不同，款项会以美元或人民币的形式进入到国际支付宝账户，然后分别美元提现和人民币提现。

买家通过 T/T 银行汇款支付时，款项将以美元的形式放款到客户的国际支付宝账户。也就是说，买家采用不同的支付方式，其货款将打入卖家不同的收款账户。

需要注意的是，速卖通绑定支付宝和银行卡就可以提现。提现人民币到支付宝是不收手续费用的，但美金是要收取 15 美元手续费用。另外，可以提现美元的账号的银行卡才可绑定。

3. eBay。

目前在 eBay 的收款方式主要是 PayPal，PayPal 目前提现的方式比较繁杂，主要有：

（1）提现到国内的银行卡有 35 美元的 paypal 提现费加 12 美元银行中转费

（2）提现到香港离岸账户有 2.5% 的货币转换费。

（3）支票。提现支票是 5 美元的手续费，托收费由银行收取，通常费用在 60 元人民币左右。主要城市估计 10 天左右到，托收 1 个月左右。存在寄丢的风险。

4. Wish。

目前 Wish 平台的收款主要有三种方式。

（1）Payoneer。2014 年，Wish 与 Payoneer 达成了合作。Wish 的放款政策几经调整，但一旦放款，Payoneer 账户能在两小时内收到，且没有入账费。提款到国内 1 ~2 个工作日，无结汇限制；提款费用为1% ~2%，并根据在Payoneer的累积入账额自动下调。

（2）易联支付（PayEco）。

在2014年与PayPal“拆伙”之后，Wish也是积极地寻找其他合作伙伴，易联支付就是其中一员。易联支付直接用人民币结款，款项可直接到国内账户，因此使用易联支付无须PayEco账户，但需要一个中国的银行账号。5 ~10个工作日能入账，时间长短取决于银行处理流程。

（3）Bill. com。如果卖家选择使用Bill. com，就必须输入姓名、企业名称、邮政地址、邮件、手机号码等信息。当Wish平台收到款项时，Bill. com将会发邮件提醒。Bill. com既可以提供电子转账也可以提供支票。不过要注意的是，Bill的电子转账服务对象仅限于美国境内的个人。一般处理时间是3 ~5个工作日，每笔收取费用0. 49美元；美国或国际纸质支票则需5 ~21个工作日不等，每笔收取费用1. 49美元。

5. 敦煌网。

敦煌网平台收款只需一张银行卡就可以了。卖家可根据自身经营的需要设置人民币银行账户和美元银行账户，或者只设置其中一个币种的账户，这并不影响进行提现。并且，大陆发行的储蓄卡（借记卡）一般都是默认多币种的，具体选择哪家银行，卖家可以自行查询手续费，或者向银行咨询。

需要注意的是，平台要求卖家在设置人民币账户时，输入的银行账号必须与平台身份认证的姓名一致。部分姓名中包含繁体字的卖家，需要跟开户银行确认银行的户名具体是怎么保存的。因为大部分银行系统是不支持户名为繁体字的，所以如果平台的身份认证姓名为繁体字，而银行为简体字，会导致卖家提现时出现“户名与账号不符”，导致提现失败。

三、跨境电子商务（B2B）信用证项下结汇的主要单据

信用证项下结汇的单据很多，其中主要有下列几种。

1. 汇票（Bill of Exchange，Draft，B/E）。

汇票一般开具一式两份，两份具有同等效力，其中一份付讫，另一份则自动失效。汇票内容应按信用证规定填写。

（1）付款人。采用信用证方式时，汇票的付款人应按信用证规定填写。如来证未规定付款人名称，则认为是开证行。

（2）受款人。除个别来证另有规定外，汇票的受款人应为议付行或托收行，即中国银行。

（3）出票依据。采用信用证方式时，应按来证规定的文句填写。如信用证内没有规定具体文句，可在汇票上注明开证行的名称、地点、信用证号码及开证日期。

2. 发票（Invoice）。发票种类很多，通常指的是商业发票。此外，还有其他发票，如海关发票、领事发票和厂商发票等。

（1）商业发票（Commercial Invoice）是出口方向进口方开列的发货价目清单，是买卖双方记账的依据，也是进出口报关交税的总说明。商业发票是一笔业务的全面反映，内容包括商品的名称、规格、价格、数量、金额、包装等，同时也是进口商办理进口报关不可缺少的文件，因此商业发票是全套出口单据的核心，在单据制作过程中，其余单据均需参照商业发票缮制。商业发票没有统一格式，但主要项目基本相同，包括发票编号、开制日期、数

量、包装、单价、总价和支付方式等项内容。在制作发票时应注意以下几个问题：

① 收货人的填写，如属信用证方式，除少数信用证另有规定外，一般均应填写来证的开证申请人。

②凡属信用证方式，货物的名称、规格、数量、单价、包装等项内容的填制，必须与来证所列各项要求完全相符，不能与之抵触，以防国外银行拒付货款。

③凡属信用证方式，发票的总价不能超过信用证规定的最高金额。按照银行惯例的解释，开证银行可以拒绝接受超过信用证所许可金额的商业发票。

④如信用证内规定选港费（Optional Charge）、港口拥挤费（Port Congestion Charge）或超额保费（Additional Premium）等费用，应由买方负担，可在发票上将各项有关费用加在总价内，一并向开证银行收款。但如信用证内未做上述注明，即使合同中有此约定，也不能凭信用证支取。除非国外客户同意并经银行通知在信用证内加列上述条款，否则上述增加的费用应另制单据通过银行托收解决。

⑤如来证规定在发票内加列船名、原产地、生产企业的名称、进口许可证号码等，均可一一照办。

⑥来证和合同规定的单价含有佣金，发票上不能以"折扣"字样代替，如规定有"现金折扣"（Cash Discount）的字样，在发票上也要全名照列，不能只写"折扣"或"贸易折扣"（Trade Discount）等字样。

⑦由于各国法令或习惯不同，有的来证要求在发票上加注"证明所列内容真实无误"等证明文句时，应在不违背国家政策、法令的情况下酌情办理。

（2）海关发票（Customs Invoice）。海关发票是某些国家的海关制定的一种固定的发票格式，要求由卖方填写的单证。进口国家要求国外出口商按进口国海关规定的格式填写海关发票，主要是作为估价完税或征收差别待遇关税、反倾销税的依据。此外，也可供编制统计资料之用。

（3）领事发票（Consular Invoice）。有些进口国家要求国外出口商必须向该国海关提供该国领事签证的发票，其作用与海关发票基本相似。有些国家规定了领事发票的特定格式，也有些国家规定可在出口商的发票上由该国领事签证。各国领事签发领事发票时，均需收取一定的领事签证费。

（4）厂商发票（Manufacturer's Invoice）。它是由出口厂商所出具的以本国货币计算价格、用来证明出口国国内市场的出厂价格的发票，其作用是进口国海关可以据此估价、核税以及征收反倾销税。如国外来证要求提供厂商发票，应参照海关发票有关国内价格的填写办法处理，发票的抬头人应该是出口人。

3. 包装单据。

包装单据是发票的补充单据，它列明了信用证（或合同）中买卖双方约定的有关包装事宜的细节，便于国外买方在货物到达目的港时供海关检查和核对货物，通常可以将其有关内容加列在商业发票上，但是在信用证有明确要求时，就必须严格按信用证约定制作。

国际贸易交易中的货物，除了很少部分属于散装货物或裸装货物外，绝大多数货物都需要包装。因此，在通常情况下，包装单据是必不可少的文件之一。进口地海关验货、公证行检验、进口商核对货物时，都以包装单据为依据，从而了解包装内的具体内容，以便其接收、销售。

(1) 包装单据的种类。根据客户的要求，可以使用不同形式、种类的包装单据，如装箱单、包装说明、详细装箱单、包装提要、重量单、重量证书、磅码单、尺码单、花色搭配单等。主要包装单据有装箱单、重量单和尺码单。考虑到国际贸易结算过程中以信用证支付方式为主，因此制作的包装单据既要满足客户的要求，同时又要能够为银行所接受。

①装箱单（Packing List，Packing Slip）又称包装单，是表明出口货物的包装形式、包装内容、数量、质量、体积或件数的单据。其主要用途是作为海关、进出口商等验货的凭据及商业发票的补充。装箱单除了需要按照装箱情况详细列明商品包装的具体情况（如货号、色号、尺寸搭配、毛净重及包装的尺码）以外，其他项目内容的填写与发票相同。

②重量单（Weight List，Weight Note）是出口商在装运时必须向进口商提供的一种按照装货重量（Shipping Weight）成交的证明文件，它证明所装货物的重量与合同规定相符，货到目的港有缺时出口商不负责任。若按照卸货重量（Delivered Weight）成交的货物缺重量时，进口商必须提供重量证明书，才可向出口商、轮船公司或保险公司提出索赔。

重量单上所反映的内容除了装箱单上的内容以外，需要尽量清楚地表明商品每箱毛、净重及总重量的情况，供买方安排运输、存仓时参考。

③尺码单（Measurement List）是一种偏重于说明货物每件的尺码和总尺码的包装单据，它是在装箱单的基础上再重点说明每件、每种规格项目的尺码和总尺码，如果包装内不是统一尺码的货物，则应逐一加以说明。

(2) 包装单据的内容。包装单并无固定的格式和内容，由出口商根据货物的种类和进口商的要求仿照商业发票的大体格式来制作，出口商制作的包装单格式不尽相同，但基本栏目内容相似，主要包括以下几项：

①单据名称。

②编号/商业发票号。

③出单日期。

④出口商名称和地址。

⑤买方名称和地址。

⑥唛头及件数。

⑦品名和规格。

⑧数量。

⑨毛重。

⑩净重。

⑪尺码。

⑫签章。

4. 提单（Bill of Lading）是各种单据中最重要的单据，是确定承运人和托运人双方权利与义务、责任与豁免的依据。各船公司所印制的提单格式各不相同，但其内容大同小异，其中包括：承运人、托运人、收货人、通知人的名称、船名、装卸港名称、有关货物和运费的记载，以及签发提单的日期、地点及份数等。

(1) 海运提单的作用。

①货物收据。海运提单是承运人签发给托运人的收据，确认承运人已收到提单所列货物并已装船，或者承运人已接管了货物，已代装船。

②运输契约证明。海运提单是托运人与承运人的运输契约证明。承运人之所以为托运人承运有关货物，是因为承运人和托运人之间存在一定的权利义务关系，双方权利义务关系以提单作为运输契约的凭证。

③货权凭证。海运提单是货物所有权的凭证。谁持有提单，谁就有权要求承运人交付货物，并且享有占有和处理货物的权利，提单代表了其所载明的货物。

（2）海运提单的一般内容如下：

①货物的品名、标志、包数或件数、重量或体积；

②船名；

③被通知人；

④托运人的名称；

⑤收货人的名称；

⑥装货港和在装货港接收货物的日期；

⑦卸货港；

⑧提单号码；

⑨提单的签发日期、地点和份数；

⑩运费和费用。

5. 保险单（Insurance Policy）。按CIF条件成交时，出口商应代为投保并提供保险单，保险单的内容应与有关单据的内容衔接。例如，保险险别与保险金额应与信用证的规定相符；保险单上的船名、装运港、目的港、大约开航日期以及有关货物的记载，应与提单内容相符；保险单的签发日期不得晚于提单日期；保险单上的金额，一般应相当于发票金额加成10%。

（1）保险单的种类。

①大保单。保险单俗称大保单，指正式的保险单，也简称“保单”，主要与小保单对应。

②小保单。保险凭证俗称小保单。保险凭证是保险人签发给投保人的，表明其已接受投保人投保的证明文件，是一种简化的保险单。保险凭证上不载明保单背面保险条款，其余内容与大保单完全相同。凡保险凭证上没有列明的内容均以同类的大保单为准。小保单的法律效力与大保单相同，但不能作为对保险人提出诉讼的依据，因此在国际市场上使用不多。在实务中，小保单一般由保险人签发，也可由保险经纪人作为预约保险单代为签发。

③预约保单。预约保险单是指保险人或保险经纪人以承保条形式签发的，承保被保险人在一定时期内发运的以C组术语出口的或以F组术语进口的货物运输保险单。它载明保险货物的范围、承保险别、保险费率、每批运输货物的最高保险金额及保险费的计算办法。凡属预约保险单规定范围内的货物，一经起运，保险合同即自动按预约保险单上的承保条件生效，但要求投保人必须向保险人对每批货物运输发出起运通知书，也就是将每批货物的名称、数量、保险金额、运输工具的种类和名称、航程起讫点、开航或起运日期等通知保险人，保险人据此签发正式的保险单证。

④联合凭证，也称联合发票（Combined Certificate），是一种比保险凭证更为简化的保险

单据。这是发票与保险单相结合的一种保单形式。

⑤批单。批单是指承保人对其已经开立的保险单进行修改、补充后出立的凭证。

(2) 保险单的一般内容。

保险单必须明确、完整地记载有关保险双方的权利和义务，保单上主要载有保险人和被保险人的名称、保险标的、保险金额、保险费、保险期限、赔偿或给付的责任范围及其他规定事项。保险单根据投保人的申请，由保险人签署，交由被保险人收执，保险单是被保险人在保险标的遭受意外事故发生损失时，向保险人索赔的主要凭证，同时也是保险人收取保险费的依据。

6. 产地证明书（Certificate of Origin）。产地证明书是一种证明货物原产地或制造地的证件。不用海关发票或领事发票的国家，要求提供产地证明，以便确定对货物应征收的税率。有的国家限制从某个国家或地区进口货物，因而要求以产地证明书来证明货物的来源。

产地证明书没有固定格式，内容没有统一规定。一般列明发票号、信用证号、货物名称、数量或重量，并注明哪国出产或制造。

产地证明书一般由出口地的公证行或工商团体签发。在我国可由国家出入境质量监督检验检疫总局或各地贸易促进委员会签发。

7. 普惠制单据（Generalized System of Preferences Documents）。这种单据是给惠国的进口海关给受惠国减免关税的依据。目前，已有新西兰、加拿大、日本、欧盟等 40 个国家和地区给予我国普惠制待遇。对这些国家和地区的出口货物，须提供普惠制单据，作为进口国海关减免关税的依据。填制单据时务必将单据中的有关内容填写正确，并符合各个项目的要求。一旦填错，就可能丧失享受普惠制待遇的机会。

8. 检验证书（Inspection Certificate）。各种检验证书分别用以证明货物的品质、数量、重量和卫生条件。在我国这类证书一般由检验检疫机构出具。如合同或信用证无特别规定，也可以依据不同情况，由进出口公司或生产企业出具。但应注意，证书的名称及所列项目或检验结果，应与合同及信用证规定相同。

四、跨境电子商务（B2B）信用证项下结汇

出口货物装运之后，出口企业即应按照信用证的规定，正确缮制各种单据。在信用证规定的交单有效期内，递交银行办理议付结汇手续。

信用证条件下制单结汇的三种做法

在信用证付款条件下，我国目前出口商在银行可以办理出口结汇的做法主要有三种：收妥结汇、押汇和定期结汇。不同的银行，其具体的结汇做法不一样。即使是同一个银行，针对不同的客户信誉度，以及不同的交易金额等情况，所采用的结汇方式也有所不同。现将我国常见的三种结汇方式简单介绍如下：

1. 收妥结汇。

收妥结汇又称收妥付款，是指信用证议付行收到出口企业的出口单据后，经审查无误，将单据寄交国外付款行索取货款的结汇做法。这种方式下，议付行都是待收到付款行的货款后，即从国外付款行收到该行账户的贷记通知书（Credit Note）时，才按当日外汇牌价，按照出口企业的指示，将货款折成人民币拨入出口企业的账户。

2. 押汇。

押汇又称买单结汇，是指议付行在审单无误情况下，按信用证条款贴现受益人（出口公司）的汇票或者以一定的折扣买入信用证项下的货运单据，从票面金额中扣除从议付日到估计收到票款之日的利息，将余款按议付日外汇牌价折成人民币，拨给出口企业。

议付行向受益人垫付资金、买入跟单汇票后，即成为汇票持有人，可凭票向付款行索取票款。银行之所以做出口押汇，是为了给出口企业提供资金融通的便利，这有利于加速出口企业的资金周转。

3. 定期结汇。

定期结汇是指议付行根据向国外付款行索偿所需时间，预先确定一个固定的结汇期限，并与出口企业约定该期限到期后，无论是否已经收到国外付款行的货款，都主动将票款金额折成人民币拨交出口企业。

实践表明，由议付银行议付结汇是一种广为使用且行之有效的结汇方式。按《跟单信用证统一惯例》的规定，银行如仅审核单据，而不付出对价，不能构成议付。在信用证付款条件下推广议付结汇方式，有利于发展我国的出口贸易。

学习任务2.9　跨境电子商务（B2C）交易流程

一、企业备案和准备

企业在备案时需准备的表格如下：

1. 企业备案表。
2. 商品备案。
3. 报国检局的商品备案申请表。
4. 《海关 HS 编码》、《行邮税号及税率》。

二、商品备案操作

1. 海关系统。

将商品备案表发送至海关跨境系统，及时检查海关审批进度。海关审批通过后，将海关商品备案号留存；如审核未通过，则通过查看“商品备案数据回执”，查找原因及时修正，再次申报。

2. 国检系统。

通过电子口岸“跨境电子商务系统”向国检局办理“商品备案”申请流程，涉及需要补充纸质资料的商品，必须把国检所需要的补充资料电子版以电子邮件形式发国检指定邮箱。系统审批通过后，准备纸质申请资料，纸质资料按申报日期列明编号，并加盖公司公章后归档保管，以备国检检查。

三、质量安全责任自负声明

为简化流程，经国检局同意，在商品备案阶段，按照国检要求，在每一批次备案商品申请资料中必须包括以公司名义填写并报公司审批同意的《个人自用物品质量安全责任自负声明书》，其中明确“已提示个人消费者对跨境电商采购进口物品的质量安全责任自负、一旦发现质量安全问题必须及时主动向检验检疫机构报告”。

四、交货

五、货物入保税仓报关申报

将准备好的报关资料（已盖章的报关委托书、报关单连同合同、发票、装箱单原件和提单原件）办理申报。

相关申报信息通过电子口岸向海关发送，同时提交相关资料，经海关审验无误后放行货物。

及时跟进货物申报、递单、查验、放行全过程。

货物放行后，安排协调相关保税仓库接收货物进仓。

六、货物进入保税仓

七、物品分拣包装物准备

八、个人物品入境申报过程

1. 三单信息发送。

根据电商销售平台生成的订单量，确定个人物品申报日期，由电商销售平台向海关发送订单报文、第三方支付机构向海关发送支付单报文、跨境电子商务综合服务平台向海关发送运单报文。

2. 收到海关回执。

3. 物品分拣打包。

4. 向海关系统发送进境电子清单。

5. 向海关系统发送装载单。

九、向国检系统发送跨境电子清单

十、物品运出保税区

十一、代缴行邮税

按照最新的三档行邮税号及税率代缴，于每月 10 日前向海关传送上月进出海关监管场所的电子商务货物、物品总单和明细单等数据。

十二、单证管理

整理单据，备存，为后续作业做准备。

【知识导图】

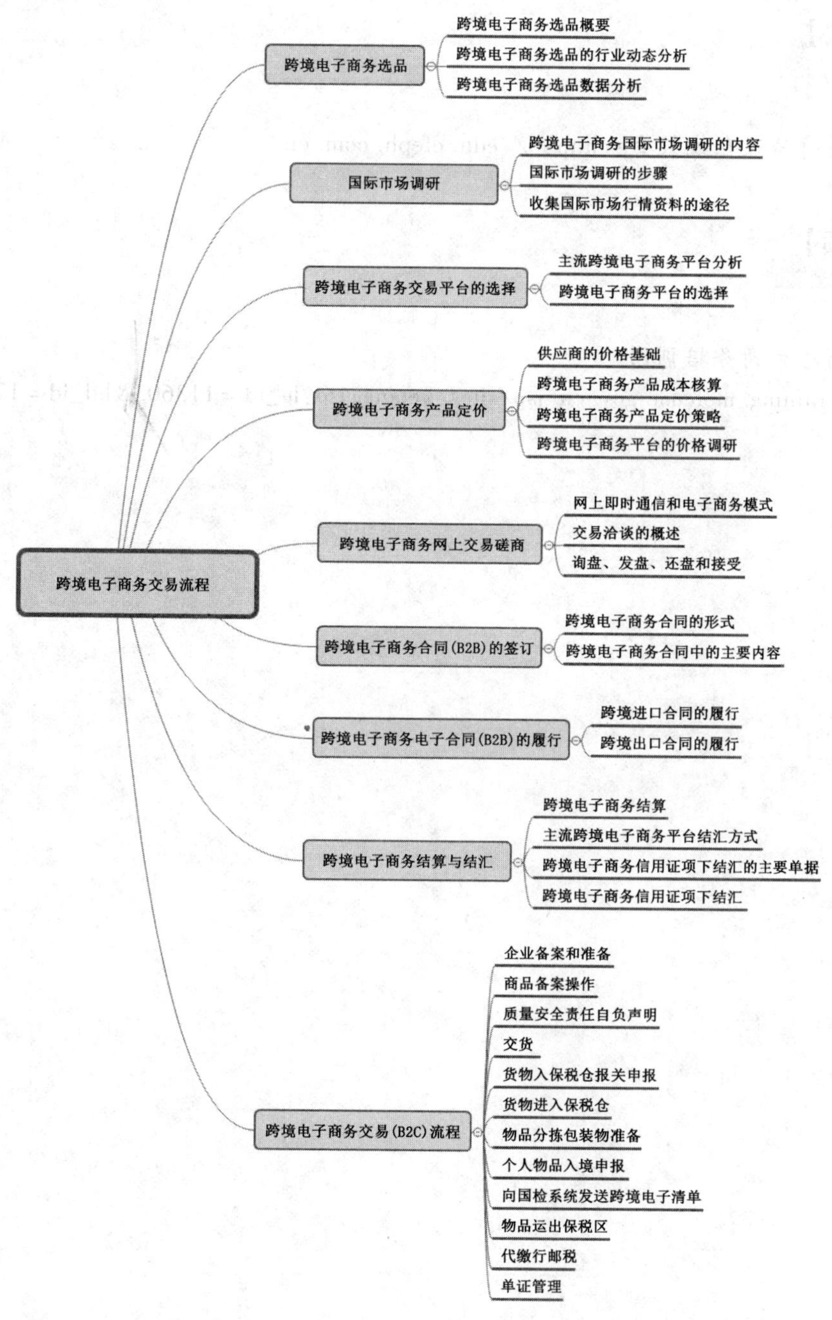

【教学资源】

链接：央财传媒在线教育：http：//edu. cfeph. com. cn/

【同步测试】

链接：央财传媒在线教育：http：//edu. cfeph. com. cn/

【授课视频】

链接：商务部商务培训网
http：//training. mofcom. gov. cn/jsp/sites/ketang. jsp?le_id = 113603&bd_id = 12000

项目3 跨境电子商务电子口岸业务

学习任务3.1 中国电子口岸概述
学习任务3.2 电子报检
学习任务3.3 舱单申报业务
学习任务3.4 报关申报业务
学习任务3.5 保税货物流转管理系统
学习任务3.6 跨境贸易电子商务通关服务平台
学习任务3.7 海关行政审批网上办理平台
学习任务3.8 电子口岸其他业务

【学习目标】

知识目标

目标1：保税货物流转管理系统
目标2：跨境贸易电子商务通关服务平台
目标3：海关行政审批网上办理平台

能力目标

目标1：舱单申报业务的办理
目标2：报关申报业务的办理

学习任务3.1 中国电子口岸概述

中国电子口岸是国家进出口统一信息平台，是国务院有关部委将分别掌管的进出口业务信息流、资金流、货物流电子底账数据集中存放的口岸公共数据中心，为各行政管理部门提供跨部门、跨行业的行政执法数据联网核查，并为企业提供与行政管理部门及中介服务机构联网办理进出口业务的门户网站。目前，中国电子口岸已经与海关、国检、国税、外管等执法部门联网，提供了海关报关、加工贸易、外汇核销单、出口退税等业务功能。中国电子口岸目前主要开发全国统一的执法功能和网上备案、数据报送企业办事业务。现在各地都在建设各自的电子口岸。

一、电子口岸建设的意义

首先，有利于增强管理部门的管理综合效能。企业只要与电信公网“一点接入”就可以透过公共数据中心在网上直接向海关、国检、外贸、外汇、工商、税务、银行等政府管理机关申办各种进出口手续，从而真正实现了政府对企业的“一站式”服务。

其次，使管理部门在进出口环节的管理更加完整和严密。管理部门实行“电子＋联网核查”的新型管理模式，根本解决业务单证弄虚作假问题，严厉打击走私、骗汇、骗税违法犯罪活动，创造公平竞争市场环境。

再者，降低贸易成本，提高贸易效率。通过中国电子口岸网上办理业务，企业既节省时间，又减少奔波劳累之苦，提高贸易效率，降低贸易成本，方便企业进出。

二、电子口岸的作用

1. 实现相关方的信息资源共享。
2. 加强政府部门与企业的业务沟通。
3. 提高对外贸易管理部门的管理能力。
4. 降低企业的贸易成本，提高企业的经营效率和效益。
5. 有利于提高对外贸易业务操作的透明度。

三、电子口岸的入网流程

在现行的“电子口岸”企业用户新入网资格审核、企业基本信息变更及办理操作员卡、报关员卡业务过程中，企业需自行到各个部门进行审批。由于各个部门办公地点分散且对外办公时间各有不同，制卡中心提供企业部门审核代办服务，并承诺在递交资料次日起第7个工作日完成审批工作（发生自然灾害、电脑网络故障等原因除外）。

1. 企业办理各项需审批业务时，可向制卡中心提出要求代办服务；

2. 制卡中心核对业务所需资料无误后收取企业资料所有原件及复印件，作录入数据及审批用，向企业发放“代办业务受理回执”（以下简称代办回执）；

3. 递交资料次日起第7个工作日，制卡中心以电话形式通知企业审批已完成，企业可凭单位证明、代办回执及领卡人身份证原件到制卡中心领取法人卡、操作员卡及相关证件原件。

四、电子口岸的目标

1. 建立现代化的管理部门联网综合管理模式，增加管理综合效能。在公共数据中心支持下，进出口环节的所有管理操作都有电子底账可查，都可以按照职能分工进行联网核查、核注、核销。

2. 利用高科技手段增强管理部门执法透明度。借助于高科技手段，使管理部门各项进出口管理作业更规范、统一、透明，各部门、各操作环节相互制约、相互监督，从机制上加强了管理部门廉政建设。

3. 便利企业，提高贸易效率，降低贸易成本。很多进出口手续在办公室通过网络就可以完成，通关效率提高，出口退税迅速，结售汇核销等手续更为便捷。

学习任务3.2 电子报检

一、电子报检的含义

电子报检是指报检人使用报检软件通过检验检疫电子业务服务平台将报检数据以电子方式传输给检验检疫机构，经检验检疫业务管理系统和检务人员处理后，将受理报检信息反馈报检人，实现远程办理出入境检验检疫报检的行为。

二、电子报检操作流程

（一）申请报检

1. 申请电子报检的报检人应具备下列条件：

（1）遵守报检的有关管理规定；

（2）已在检验检疫机构办理报检人登记备案或注册登记手续；

（3）具有经检验检疫机构培训考核合格的报检员；

（4）具备开展电子报检的软硬件条件；

（5）在国家质检总指定的机构办理电子业务开户手续。

2. 报检人在申请开展电子报检时，应提供以下资料：

（1）在检验检疫机构取得的报检人登记备案或注册证明复印件；

（2）《电子报检登记申请表》；

（3）《电子业务开户登记表》。

3. 检验检疫机构应及时对申请开展电子报检业务的报检人进行审查。经审查合格的报检人可以开展电子报检业务。

4. 如今能够进行电子报检的业务包括出境货物报检、入境货物报检、产地证书报检和出境包装报检等。

（二）报检流程

1. 报检环节。

（1）对报检数据的审核采取“先机审，后人审”的程序进行。企业发送电子报检数据，电子审单中心按计算机系统数据规范和有关要求对数据进行自动审核，对不符合要求的，反馈错误信息；符合要求的，将报检信息传输给受理报检人员。受理报检人员进行再次审核，符合规定的将成功受理报检，同时反馈报检单位和施检部门，并提示报检企业与相应的施检部门联系检验检疫事宜。

（2）出境货物受理电子报检后，报检人应按受理报检信息要求，在检验检疫机构施检时，提交报检单和随附单据。

（3）入境货物受理电子报检后，报检人应按受理报检机构的要求，在领取《入境货物通关单》时，提交报检单和随附单据。

（4）电子报检人对已发送的报检申请需更改或撤销报检时，应发更改或撤销报检申请。检验检疫机构按有关规定办理。

2. 施检环节。

报检企业接到报检成功信息后，按信息中的提示与施检部门联系检验检疫。在现场检验检疫时，持报检软件打印的报检单和全套随附单据交施检人员审核。不符合要求的，施检人员通知报检企业停止相关程序，并将不符合情况反馈受理报检部门。

3. 计收费。

计费由电子审单系统自动完成，接到施检部门转来的全套单据后，对照单据进行计费复核。报检单位逐票或按月缴纳检验检疫等有关费用。

4. 签证放行。

（1）电子报检人应确保电子报检信息真实、准确，不得发送无效报检信息。报检人发送的电子报检信息与提供的报检单及随附单据有关内容保持一致。

（2）电子报检人须在规定的报检时限内将相关出入境地货物的报检数据发送至报检地检验检疫机构。

（3）对于涉及检验检疫特殊条款和特殊要求的，电子报检人须在电子报检中同时提出。

（4）实行电子报检的报检人的名称、法定代表人、经营范围、经营地址等变更时，应及时到当地检验检疫机构办理变更登记手续。

三、推行电子报检的作用

1. 提高企业申报的成功率。实行“电子报检”后，企业在电子申报时企业端软件会有必要的提示。如所附的单据不齐全，返回的信息会明确告知所缺证单。这将有效地保证企业一次性申报的成功率；减少企业往返检验检疫机构的次数。

2. 便于企业建立业务档案。企业可以利用企业端软件的辅助功能，完善其原始资料，有利于建立完整的业务档案；同时提升企业管理水平和业务员的素质，促进企业的信息化建设。特别是对冰、冻水产品类的产品出口，以电子转单的方式为企业赢得了宝贵的时间，极大地促进了出口，也提高了产地检验检疫率。

3. 为“大通关”创造条件。实行“电子报检”后，促使企业提前报检，为提前进行风险分析、出口检验检疫前移、入境检验检疫后延、实现口岸“大通关”创造了条件。

4. 各地检验部门把推行“电子报检”作为检验检疫信息化建设的重要组成部分来抓。自实施“电子报检”以来，运行平稳，减少了工作交叉，提高了工作效率，方便了出口企业。

5. 推行“电子报检”后，检验检疫部门集中电子审单，企业就近或自愿选择交单地点，加快了报检速度。

6. 在未实行“电子报检”前，办理报检企业在手续齐全的情况下，检验检疫要经过9个环节，需要派专人跑2~3次才能办完。在实行“电子报检”后，减少了近一半环节，企业只一次就可完成所有业务程序。与传统报检方式相比，货物报检平均每批节省了1.2小时，节约费用50元；电子签证平均每份节省0.5天，节约费用80元；电子转单平均每批节省1.5天，节约费用500元。

四、电子转单

“电子转单”是指通过系统网络，将产地检验检疫机构和口岸检验检疫的相关信息相互连通，出境货物经产地检验检疫机构将检验检疫合格后的相关电子信息传输到出境口岸检验检疫机构，入境货物经入境口岸检验检疫机构签发《入境货物通关单》后的相关电子信息传输到目的地检验检疫机构实施检验检疫的监管模式。相对于传统的由客户凭《出境货物换单凭证》到报关地检验检疫机构换发《出境货物通关单》的方式，电子转单具有数据信息共享、操作程序简化、降低外贸成本、提高通关速度的优点。

1. 出境电子转单。

（1）产地检验检疫机构检验检疫合格后，应及时通过网络将相关信息传输到电子转单中心。出境货物电子转单传输内容包括报检信息、签证信息及其他相关信息。

（2）由产地检验检疫机构向出境检验检疫关系人以书面方式提供报检单号、转单号及密码等。

（3）出境检验检疫关系人凭报检单号、转单号及密码得到出境口岸检验检疫机构申请《出境货物通关单》。

（4）出境口岸检验检疫机构应出境检验检疫关系人的申请，提取电子转单信息，签发《出境货物通关单》，并将处理信息反馈电子转单中心。

(5) 按《口岸查验管理规定》需核查货证的，出境检验检疫关系人应配合出境口岸检验检疫机构完成检验检疫工作。

2. 入境电子转单。

(1) 对经入境口岸办理通关手续，需到目的地实施检验检疫的货物，口岸检验检疫机构通过网络，将相关信息传输到电子转单中心。入境货物电子转单传输内容包括报检信息、签证信息及其他相关信息。

(2) 由入境口岸检验检疫机构以书面方式向入境检验检疫关系人提供报检单号、转单号及密码等。

(3) 目的地检验检疫机构应按时接收国家质检总局电子转单中心转发的相关电子信息，并反馈接收情况信息。

(4) 入境检验检疫关系人应持有关报检单证和口岸检验检疫机构签发的《入境货物通关单》副本（入境货物调离通知单）或复印件，向目的地检验检疫机构申请实施检验检疫。

(5) 目的地检验检疫机构根据电子转单信息，对入境检验检疫关系人未在规定期限内办理报检的，将有关信息通过国家质检总局电子转单中心反馈给入境口岸检验检疫机构。入境口岸检验检疫机构应按时接收电子转单中心转发的上述信息，并采取相关处理措施。

3. 出境货物在产地预检的、出境货物出境口岸不明确的、出境货物需口岸并批的、出境货物按规定需在口岸检验检疫并出证的和其他按有关规定不适用电子转单的暂不实施电子转单。

4. 实施电子转单后的查验，按《口岸查验管理规定》需核查货证的，报检单位应配合出境口岸检验检疫机构完成检验检疫工作。除出口活动物、重点检查有关名单内企业申报的货物，以及国家质检总局确定的货物等必须逐批核查货证外，其他货物的口岸查验核查货证的比例为申报查验批次的1% ~3%。

5. 产地检验检疫机构签发完《转单凭条》后需进行更改的，按《出入境检验检疫报检规定》的有关规定办理。

6. 电子转单的更改。

应报检人和产地检验检疫机构要求，在不违反有关法律法规及规章的情况下，出境口岸检验检疫机构可以根据下列情况对电子转单有关信息予以更改。

(1) 因运输造成包装破损或短装等原因需要减少数、重量的；

(2) 需要在出境口岸更改运输工具名称、发货日期、集装箱规格及数量等有关内容的；

(3) 申报总值按有关比重换算或变更申报总值幅度不超过10%的；

(4) 经口岸检验检疫机构和产地检验检疫机构协商同意更改的有关内容。

五、电子通关的意义

1. 为了确保检验检疫机构对出入境货物的监管有效、方便进出，加快进出口货物通关速度，国家质检总局和海关总署开发了电子通关单联网核查系统，已于2003年1月1日在主要口岸的检验检疫机构和海关推广应用。

2. 目前阶段，检验检疫机构和海关联合采取的通关单联网核查系统，所以同时还需校验纸质的通关单据。

3. 加快了通关速度，有效控制了报检数据与报关数据不符问题的发生，同时能有效遏制不法分子伪造、变造通关证单的不法行为。

六、电子通关联网核查

1. 基本流程。

出入境检验检疫机构根据相关法律法规的规定对法检商品签发通关单，实时将通关单电子数据传输至海关，海关凭以验放法检商品。

2. 基本要求。

“通关单联网核查”的基本要求一是先报检后报关，二是通关单纸质单证信息与通关单电子数据必须一致。即对于按照法律法规规定需要落实检验检疫的进出口货物，必须在检验检疫机构签发通关单，并将通关单电子数据发送到海关，与海关报关单数据进行对碰，通过数据校验之后才能报关。

七、电子放行相关说明

1. 电子通关（商检与海关之间）；

2. 电子转单（产地和口岸商检之间）；

（1）出境转单：

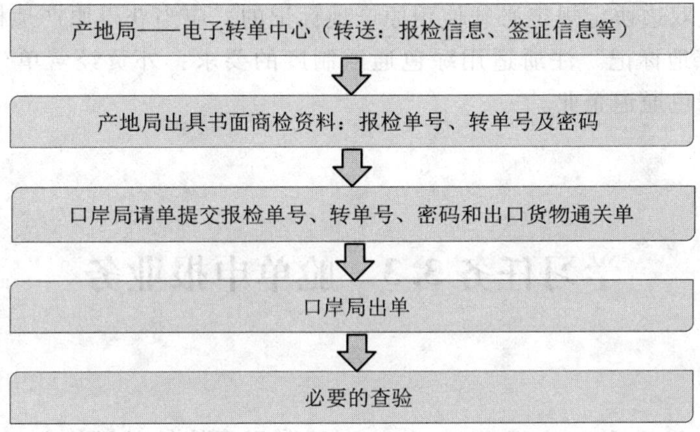

（2）进境转单：

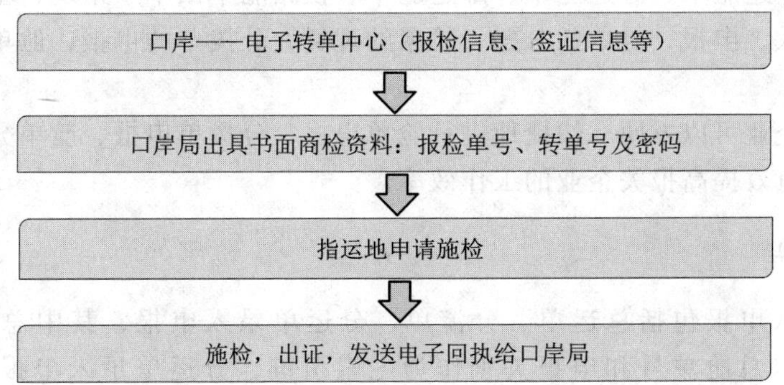

(3) 下列情形不可转单：

①出境货物产地预检的；

②出境口岸不明的；

③需到口岸并批的；

④需在口岸检疫并出证的。

(4) 口岸的查验和报检信息的更改：

①口岸查验：验证和核查货证；

②允许更改的情况：a. 运输造成的包装破损或短装，需要减少报检数量的；b. 需要在口岸更改运输工具、发货日期、集装箱规格及数量的；c. 申报总值按有关比重换算或变更申报总值幅度不超过10%的；d. 其他经口岸局与产地局协商同意的。

(5) 绿色通道制度：对于电子申报，口岸只验证，可以不验货快速通关。基本上都是工业品。绿色通道企业条件：

①年出口额500万美元以上；

②已实施ISO 9000质量管理体系认证；

③出口货物质量稳定，2年内未发生质量索赔和争议；

④1年内无违规报检，2年内无商检行政处罚；

⑤根据国家质检总局规定实施生产企业分类管理的，应当属于一、二类企业；

⑥法律法规及双边协定规定必须使用原产地标记的，应当获得原产地标记注册。

必要的“原产地标记”注册适用绿色通道制度的要求：外贸经营单位、生产单位、报检单位均必须是绿色通道企业。

学习任务3.3　舱单申报业务

电子口岸“舱单预录入/申报（Quickpass版）”子系统针对报关企业的特殊要求开发，该系统主要包括空运舱单、海运舱单、邮运舱单、铁路舱单四个子系统；主要实现一般舱单和便捷舱单的录入、申报，舱单的分票，舱单的理货，分拨单的申报，舱单数据以及海关回执的查询等。

通过该系统企业可以方便、快捷地进行舱单申报、分拨单申报、舱单分票、相关数据查询等工作，从而有效提高报关企业的工作效率。

一、空运舱单

空运舱单录入申报包括总运单、分流单、分运单录入申报，其中总运单、分流单录入申报以航班号、总舱单号和申报关别作为主索引键，分运单录入申报以航班号、总舱单号和申报关别作为主索引键，对用户所要录入申报的总运单、分流单、分运单进行唯一性检查。如果预录入库中已有该总运单（分流单、分运单）数据，说明该总运单（分流单、分运单）已向海关申报，就不允许用户再次录入相同总运单（分流单、分运单）；否则，如果暂存库中已有该总运单（分流单、分运单）数据，系统自动提供舱单申报、修改或删除功能，如果暂存库也没有，则用户可新录入一份总运单（分流单、分运单）。为方便在线预录入空运舱单用户，数据中心提供总运单、分流单、分运单预录入暂存功能。凡用户每预录入一张总运单或分流单或分运单，系统允许用户预录入的数据存入数据中心舱单暂存库。

分流单数据录入申报需要暂存库中有总运单数据，如没有则提示不让录入。如暂存库中有但预录入库中无总运单数据，则可预录入并暂存，但不能申报。当暂存库与预录入库中都有总运单数据，才允许提单的预录入和申报。

分运单数据录入申报至少暂存库中要有分流单数据，如没有则提示不让录入。如暂存库中有但预录入库中无分流单数据，则可预录入并暂存，但不能申报。当暂存库与预录入库中都有分流单数据，才允许分运单的预录入和申报。

所有运输工具代理人都可以看到总运单全部数据，但只有总运单预录入单位才能修改本单位预录入的总运单数据。分流单、分运单预录入单位可以看到和修改本单位预录入的分流单、分运单数据，但不能看到和修改其他单位预录入的分流单、分运单数据。

二、铁路舱单

铁路舱单录入申报包括舱单、提单、集装箱单录入申报。其中舱单录入申报以车厢编号和进出境日期作为主索引键，提单录入申报以车厢编号、进出境日期和提单号作为主索引键，集装箱单以车厢编号、进出境日期、提单号和集装箱单号作为主索引键，对用户所要预录入的舱单、提单、集装箱单进行唯一性检查。如果预录入库中已有该舱单（提单、集装箱单）数据，说明该舱单（提单、集装箱单）已向海关申报，就不允许用户再次录入相同舱单（提单、集装箱单）；否则，如果暂存库中已有该舱单（提单、集装箱单）数据，系统自动提供舱单申报、修改或删除功能，如果暂存库也没有，则用户可新录入一份舱单（提单、集装箱单）。为方便以 WEB 方式在线预录入舱单用户，数据中心提供舱单、提单、集装箱单预录入暂存功能。

三、邮运舱单和海运舱单

邮运舱单和海运舱单录入申报只包括舱单一项，以包裹单号、录入日期作为主索引键对用户所要预录入的舱单进行唯一性检查，如果预录入库中已有该舱单数据，说明该舱单已向海关申报，就不允许用户再次录入相同舱单；否则，如果暂存库中已有该舱单数据，系统自动提供舱单申报、修改或删除功能，如果暂存库也没有，则用户可新录入一份舱单。

为方便以 WEB 方式在线预录入舱单用户，数据中心提供舱单预录入暂存功能。凡用户每预录入一张舱单，系统提示用户是否存盘，如果需要，则系统自动将用户预录入的数据存入数据中心舱单暂存库。舱单录入申报模块提供鼠标或热键方式对已预录入的舱单数据进行在线修改的功能。

学习任务 3.4 报关申报业务

报关单是由进出口货物收发货人或其代理人填制，并向海关提交的申报货物状况的法律文书，是海关依法监管货物进出口、征收关税、编制海关统计及处理其他海关业务的重要凭证。报关业务是整个海关进出口业务的中心环节，也是电子口岸执法系统中的重要组成部分。报关申报系统是针对专业报关企业的特殊要求而开发的，通过该系统报关企业可以方便地进行报关单的录入、申报、修改、复制、查询和统计等功能，从而有效提高报关企业的工作效率。

一、报关申报业务操作流程

（一）自理报关

自理报关指报关企业自行进行网上录入、申报、查询、打印报关单，以及网上查询海关回执等操作。

1. 自理报关单位录入业务流程：

（1）自理报关单位持“报关单录入”权操作员卡的操作员进入中国电子口岸“报关单录入”界面，先下载本企业征免税证明、加工贸易手册或加工区备案清单，脱机录入报关单数据（数据暂存在本地数据库）。

（2）录入并提交后将录入的报关单数据信息上载到数据中心，进入自理报关审核申报业务流程。

2. 自理报关审核申报业务流程：

自理报关单位持“报关单审核申报”权操作员卡的操作员进入中国电子口岸的“报关单审核申报”界面，对报关单的逻辑性、填报的规范性进行审核，确保报关单可以向海关进行申报。若审核不通过，则需要将报关单下载本地进行修改，修改后的报关单需重新上载到数据中心进行审核。审核通过后进入自理报关申报确认业务流程。

3. 自理报关申报确认业务流程：

（1）自理报关单位持“报关单申报确认”权操作员卡的企业管理人员进入中国电子口岸“报关单申报确认”界面，对报关单进行确认申报操作，经“申报确认”后的报关单通过公共数据中心传海关内部网。如果申报确认时认为报关单的填制不符合逻辑，需要将报关单数据下载到本地进行修改，修改完毕之后需要将数据重新上载到数据中心进行审核和申报确认。

（2）自理报关单位打印出经海关审核通过的报关单，并携带其他单证去海关办理其他通关手续。

（二）委托报关

受理委托报关的单位有：

1. 专门从事报关服务的企业，即专业报关企业；

2. 对外贸易仓储、国际运输工具、国际运输工具服务及代理等业务，兼营报关服务业务的企业，即代理报关企业。

受理委托报关的单位代理办理的报关手续，包括：报关单录入时的备案数据下载协议、报关单审核委托书、报关单申报委托书或报关单审核申报和申报确认委托书。并向海关出具委托单位的报关委托书。

报关单录入、申报子系统提供进出口单位通过网上填写申报委托书或者备案数据下载协议，委托有权代理报关业务的单位代其办理某项报关业务，如：报关单录入、报关单审核、报关单申报。有权进行代理报关业务的单位可在网上接受并确认委托单位的报关委托申请，并在备案数据下载协议和报关委托书的授权范围内代理委托单位网上办理相应的报关业务。

二、委托报关网上业务流程

在进行此项操作前必须先按照网上报关委托业务的流程建立委托关系。

1. 代理报关单录入业务流程：

（1）代理报关单位持“报关单录入权”操作员卡的操作员进入中国电子口岸“报关单录入”界面，在备案数据下载协议的授权范围内下载本委托单位的征免税证明、加工贸易手册或加工区备案清单后，脱机录入报关单数据（数据暂存在本地数据库）；

（2）录入并提交后将录入的报关单数据信息上载到数据中心。

2. 代理报关审核申报业务流程：

代理报关单位持“报关单审核申报”权操作员卡的操作员进入中国电子口岸的“报关单审核申报”界面，对报关单的逻辑性、填报的规范性进行审核，确保报关单可以向海关进行申报。若审核不通过，则需要将报关单下载本地进行修改，修改后的报关单需重新上载到数据中心进行审核。审核通过后进入自理报关申报确认业务流程。

3. 代理报关申报确认业务流程：

（1）代理报关单位持具“报关单申报确认”权操作员卡的企业管理人员进入中国电子口岸“报关单申报确认”界面，对报关单进行确认申报操作，经“申报确认”后的报关单通过公共数据中心传海关内部网。如果报关单的填制不符合逻辑，需要将报关单数据下载到本地进行修改，修改完毕之后需要将数据重新上载到数据中心进行审核和申报确认。

（2）代理报关单位打印出经海关审核通过的报关单，并携带其他单证去海关办理其他通关手续。

三、转关运输提前录入、申报业务

报关单录入、申报子系统提供自理报关企业、专业报关企业、代理报关企业网上办理所需的转关运输提前录入、申报业务，但代理报关企业、专业报关企业应用该系统进行转关运输报关单、转关运输申报单的提前录入、申报时，必须事先通过本系统与委托方签订委托报关协议。

网上转关运输录入、申报业务流程如下：

1. 自理报关企业转关运输录入、申报网上业务流程：与网上自理报关业务流程类同；

2. 代理报关企业转关运输录入、申报网上业务流程：与网上委托报关业务流程类同。

四、报关单清单录入申报业务

报关单清单录入、申报子系统提供给 IT 企业或其他需要报关单清单业务的企业的主要功能包括：报关单清单录入、申报；报关单清单的综合查询；海关回执的查询等。

网上报关单清单业务流程：

1. 报关单清单单位的录入员进入中国电子口岸“报关清单”页面，下载备案数据后，脱机录入报关单清单，之后将所录的报关单清单数据信息上载到数据中心；

2. 报关单清单单位的操作员持有操作员卡进入中国电子口岸“报关清单”页面，查询所上载报关单清单的回执信息。如该报关单清单回执状态为已通过，则下载已通过的报关单清单，以进行报关单的操作。

五、集中申报项目

为了向通关时效要求较高、进出口商品重复性强的企业提供快速便捷通关服务，海关针对信誉优良企业开展集中申报业务。为了规范集中申报货物的录入申报，切实提高通关效率，降低企业通关成本，中国电子口岸数据中心开发了集中申报预录入系统，并于 2009 年 6 月正式上线运行（如图 3－1）。

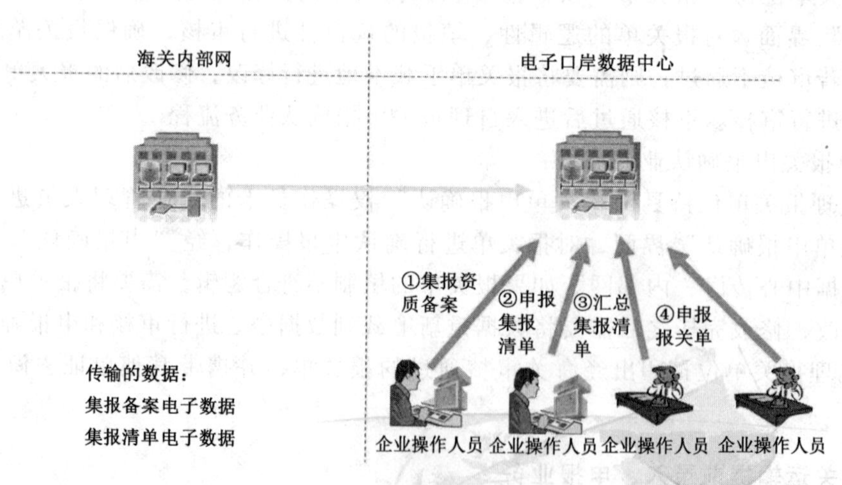

图 3－1 集中报关系统流程图

中国电子集中申报预录入系统主要包括集报备案、集报清单录入申报、集报清单归并生成报关单、集报报关单、集报清单查询、集报清单与报关单对应关系查询等功能。

集报备案主要包括集报企业备案和一般贸易商品备案，企业备案成功后获得集报资质，按备案的商品范围向海关申报集报清单，然后按规定的期限汇总生成报关单向海关申报。集报企业资质和集报商品内容发生变更后，需要向海关申请集报备案变更。

集报清单录入申报包括一般贸易集报清单录入申报和保税货物集报清单录入申报。主要包括集报清单的新增、修改、暂存、申报、打印等功能。企业向海关申报集报清单，海关审批通过后可以凭集报清单办理放行手续，每个月底或者次月初企业选择已放行的集报清单，汇总生成报关单向海关申报。

同时，系统提供查询功能。企业可以查询企业备案信息、集报商品备案信息、集报清单、集报清单与报关单的汇总关系等数据。集报清单汇总生成报关单后，报关单的申报及查询在报关单系统实现。集中申报系统功能如图 3－2 所示。

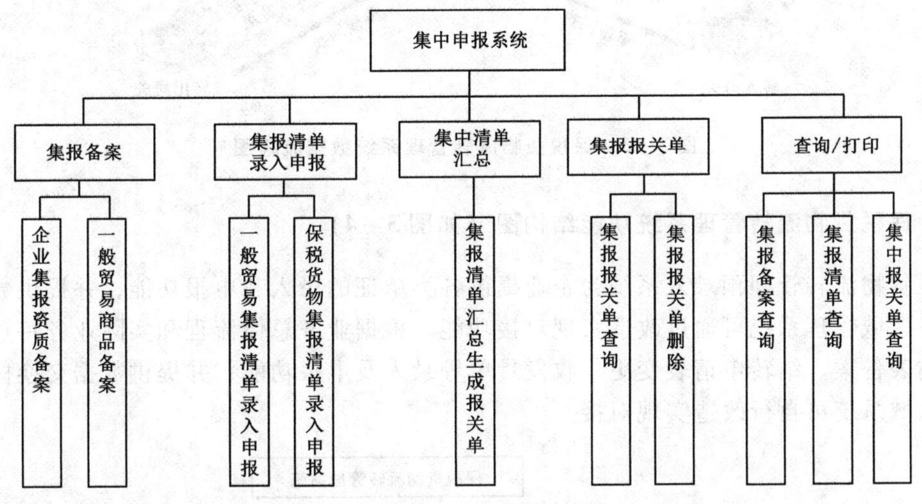

图 3－2 集中申报系统功能图

学习任务 3.5 保税货物流转管理系统

近年来，我国海关特殊监管区域（以下简称区域）发展步入快车道，区域内保税加工、保税物流业务快速发展，区域间企业产业链、供应链关联度日益增强，相关保税货物出区深加工结转以及跨区域流转的需求增长显著。

通过建设流转系统，规范和统一区间保税货物流转业务操作流程和信息化管理系统，整合改造各关辅助管理系统流转管理功能，实现区间保税货物（包括保税加工、物流、设备等货物）流转的审批、物流、通关和底账核注数据的互联互通和对碰，方便跨区监管货物流动，支持转入转出企业对保税货物流转采用“自行运输”和“分送集报”作业模式，提高保税货物物流效率，降低企业保税货物流转成本。

一、保税货物流转管理系统数据流程图（如图3－3）

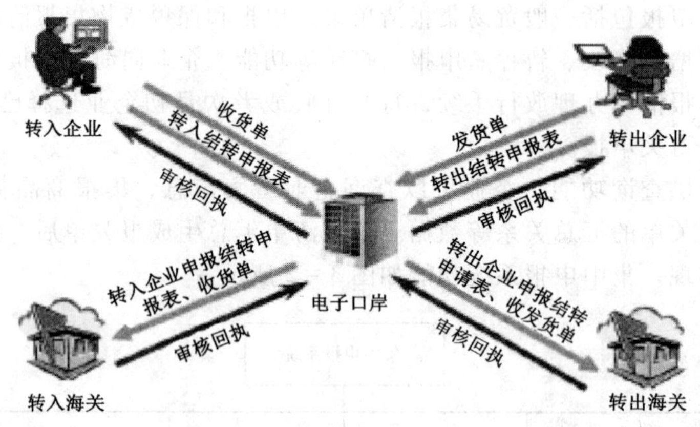

图3－3 保税货物流转管理系统数据流程图

二、保税货物流转管理系统功能结构图（如图3－4）

保税货物流转管理预录入系统为企业提供各类单证的录入和申报功能，并提供数据交换接口，各区域管理系统可通过改造实现对接功能。根据业务总体流程和实际业务特点，实现结转申请表备案、结转申请表变更、收发货单等录入及申报功能，并提供数据交换标准和接口，各区域系统可自行改造实现对接。

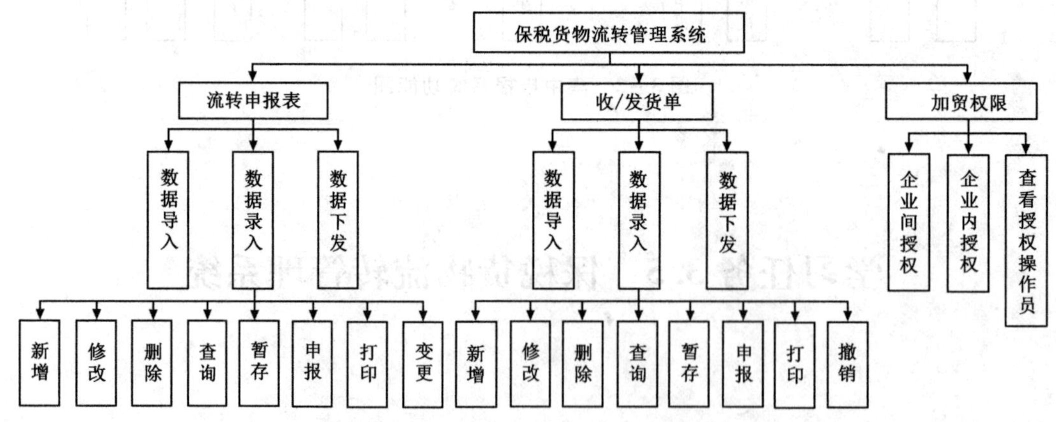

图3－4 保税货物流转管理系统功能结构

学习任务3.6 跨境贸易电子商务通关服务平台

跨境贸易电子商务通关服务平台系统由中国电子口岸数据中心开发，方便电子商务企业向海关报送通过电子商务模式成交的进出境物品的通关数据。目前，仅实现了出口业务的申报功能。该系统于2014年6月正式上线运行。

该项目以“依托地方电子口岸，优化通关监管模式，提高通关管理和服务水平，实现外贸电子商务企业与口岸管理相关部门的业务协同与数据共享”为手段来解决以邮、快件运输出境的跨境贸易电子商务预售商品快速通关、结汇、退税的问题。

一、跨境贸易电子商务通关服务平台系统数据流程图（如图3-5）

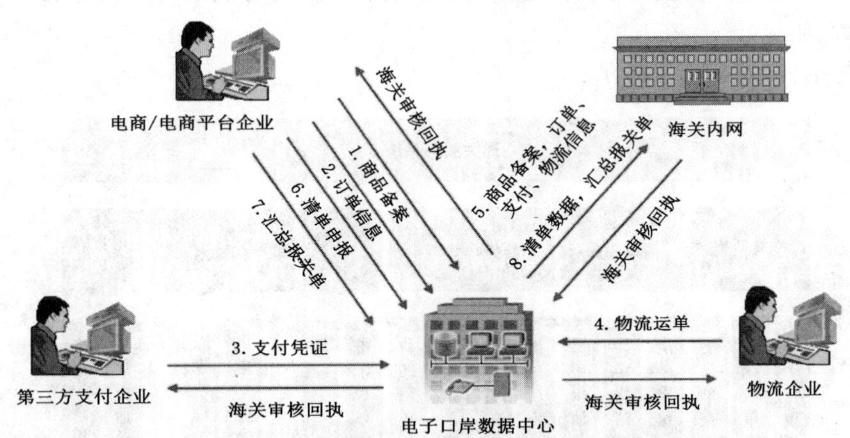

图3-5 跨境贸易电子商务通关服务平台系统数据流程

二、跨境贸易电子商务通关服务平台系统功能结构图（如图3-6）

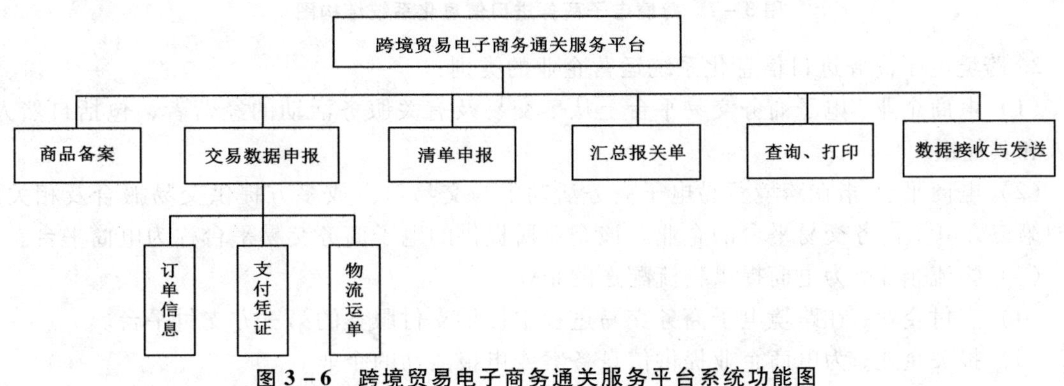

图3-6 跨境贸易电子商务通关服务平台系统功能图

三、系统功能

本系统用户在企管系统中完成企业备案操作，海关审批通过后，电商企业/电商平台系统首先要在跨境贸易电子商务通关服务平台上向海关申报商品备案，并获得批准。实际销售发生时，电商企业/电商平台要向海关申报消费者的订单信息，第三方支付企业向海关发送消费者的支付信息，负责物流的邮、快件企业申报相关物品的运单信息。之后，电商企业/电商平台申报清单数据，定期向海关申报汇总申请单，生成报关单，在报关申报系统中，向海关申报报关数据，以完成后续的出口结汇、退税等操作。

快件管理系统客户端作为快递管理系统的子系统，主要实现了对快递公司快件数据的自动导入和导出，以及新数据的录入、修改、删除和查询等功能，并且通过外部网将本地数据上载到数据中心的数据库内。

四、跨境电子商务进口信息化系统

跨境电子商务进口通关服务系统是依托信息化手段，结合大数据、云计算等新技术应用，而建设的全国统一的通关高效、监管严密、便利企业的跨境进口通关系统。

1. 功能结构。

系统功能结构如图 3－7 所示：

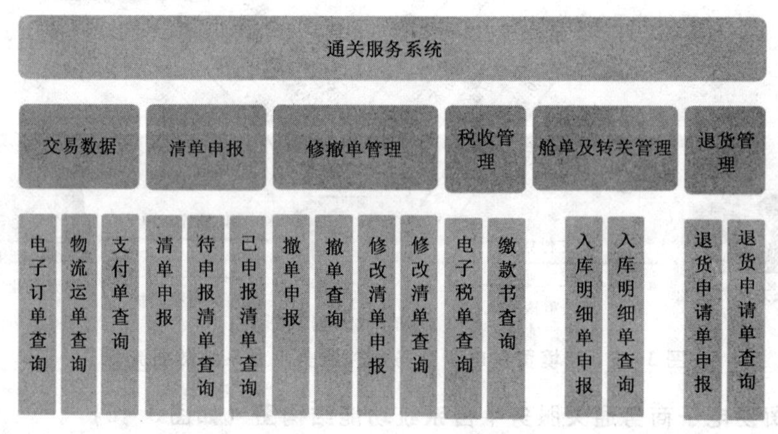

图 3－7　跨境电子商务进口信息化系统结构图

2. 跨境电子商务进口信息化系统运营企业的类别：

（1）电商企业，电子商务交易平台上从事交易及有关服务活动的经营者，包括自然人、法人和其他组织。

（2）电商平台 指在跨境贸易电子商务活动中为交易双方或多方提供交易撮合及相关服务的第三方电子商务交易平台的企业。该企业所提供的电子商务交易平台称为电商平台。

（3）物流企业，为电商提供物流配送的企业。

（4）支付企业，在跨境电子商务交易过程中提供支付服务的第三方支付平台。

（5）报关企业，为电商企业提供信息备案或申报活动的企业。

（6）监管场所经营人，在直购进口业务中，向海关传输入库申请单。

3. 跨境电子商务进口业务操作流程。

见图3－8。

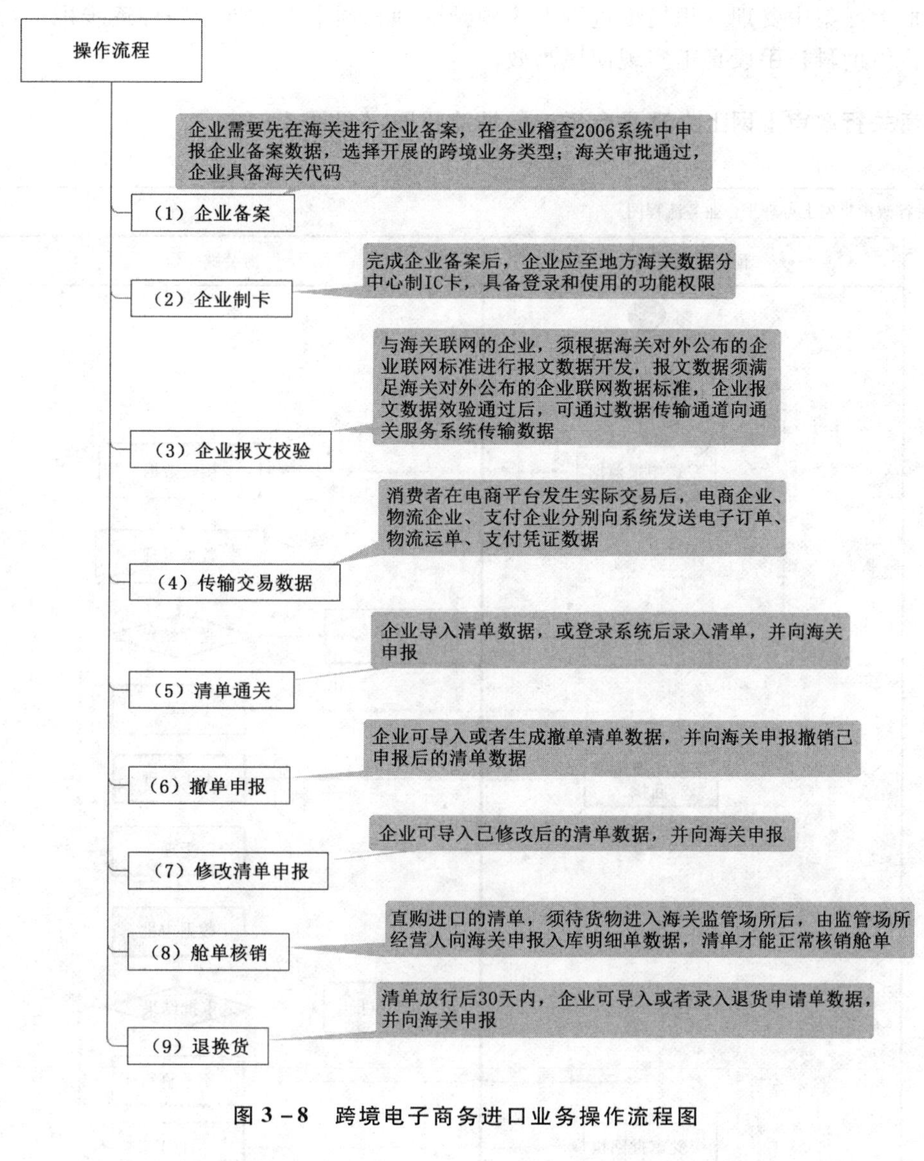

图3－8 跨境电子商务进口业务操作流程图

学习任务3.7 海关行政审批网上办理平台

海关行政审批事项实行一点接入，由电子口岸预录入系统实现行政审批事项的录入和附件上传，各直属海关实行“一个窗口”受理，各审批单位应结合实际情况，在办理接单、审单等现场业务的场所设立实体性窗口或者大厅（以下简称“审批大厅”），将全部审批事项纳入审批大厅集中受理。积极推进网上集中预受理和预审查，创造条件逐步推行行政审批网上审批，借助科技手段真正实现便民高效。

一、海关行政审批网上办理平台系统数据流程图（见图3-9）

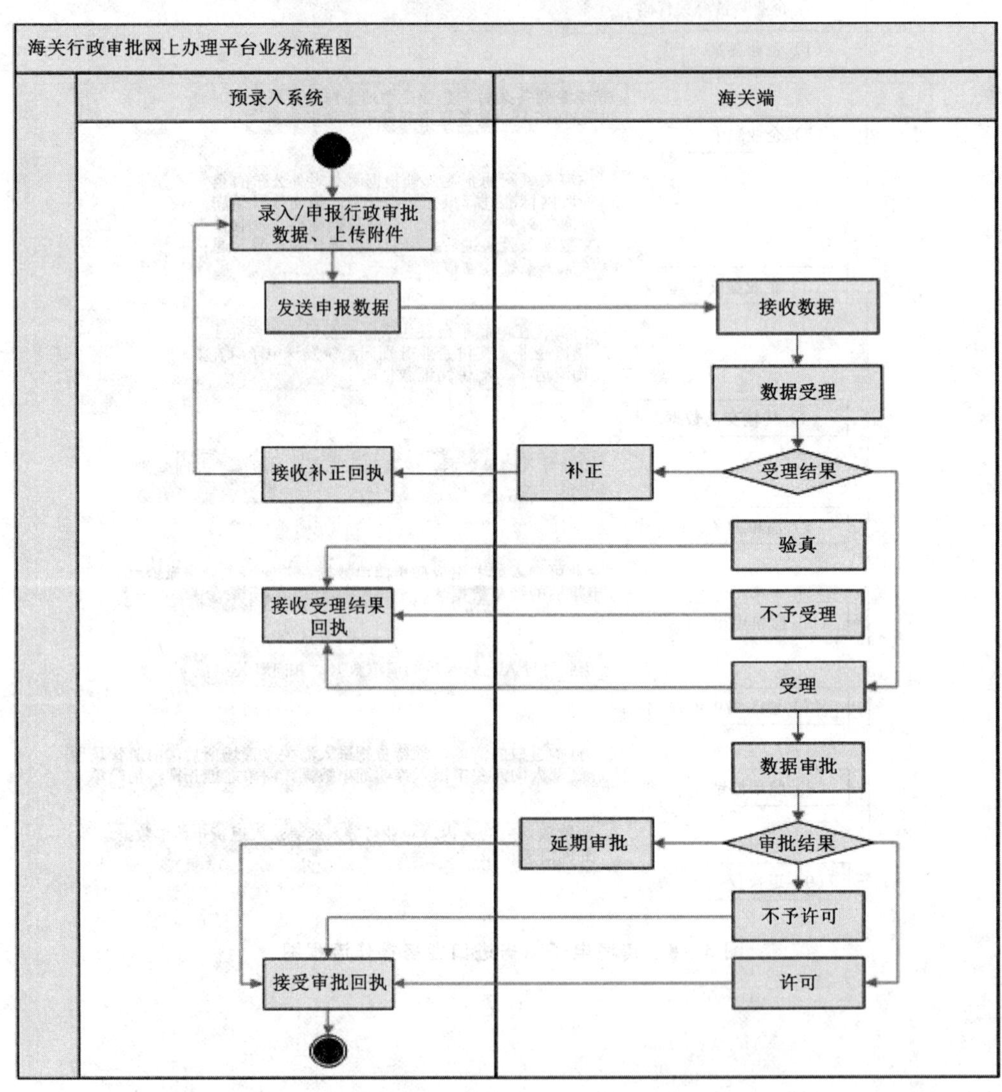

图3-9 海关行政审批网上办理平台数据流程图

二、海关行政审批网上办理平台系统功能结构图（见图3-10）

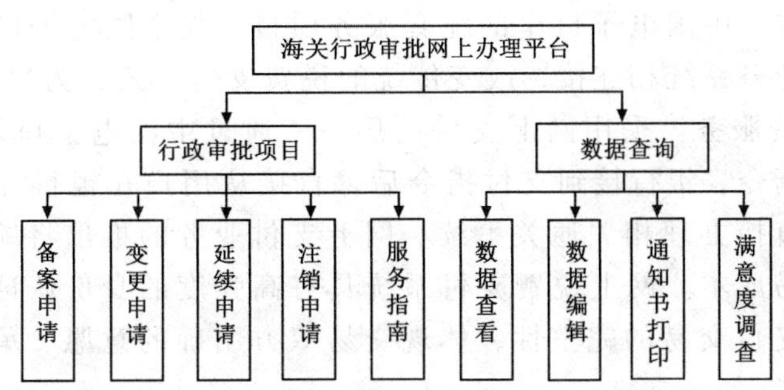

图3-10　海关行政审批网上办理平台功能结构图

三、系统功能

海关行政审批网上办理平台办理的行政审批事项包括报关企业注册登记，暂时进出口货物的核准，出口监管仓库，保税仓库设立审批，免税商店设立审批，海关监管货物仓储审批，常驻机构及非居民长期旅客公私用物品进出境核准，小型船舶往来香港，澳门进行货物运输备案，承运境内海关监管货物的运输企业，车辆注册，获准入境定居旅客安家物品审批，长江驳运船舶转运海关监管的进出口货物审批，保税物流中心（A型）设立审批，保税物流中心（B型）设立审批的设立，备案、延续、注销申请，包括申请人的用户注册；行政审批数据的录入、修改、删除、查询、保存、提交；附件上传；行政审批通知书打印、满意度调查表填写功能。

学习任务3.8　电子口岸其他业务

一、减免税系统

中国电子口岸《减免税预录入子系统（报关行版）》作为中国电子口岸系统的一个子系统，与中国电子口岸其他业务系统相连接，改善了目前减免税申报系统录入繁琐、界面复杂的不足，从界面到功能设计都力图达到录入方便、界面简洁、功能齐全。

中国电子口岸《减免税预录入子系统（报关行版）》采用客户机/服务器模式，数据分别存放在预录入公司、数据中心和海关三地数据库中，预录入公司与数据中心之间，数据中心与海关之间的数据均以MQ报文的形式进行传输；系统使用统一的预录入和申报界面，强化数据质量控制，加快数据录入和传输速度，以及确保数据的准确性、有效性和合法性。

二、网上支付系统

网上支付系统作为中国电子口岸的配套服务项目，与中国电子口岸其他业务系统以及银行内部已有的业务系统相连接，改变传统的税费支付方式，为用户提供准确、方便、快捷的网上缴纳税费服务。采用网上支付的用户，通过中国电子口岸查询到税费通知，可在网上发布支付指令，银行接到支付指令后，直接从用户在银行开设的预储账号中划转税费，用户就可直接办理相关通关手续。网上支付业务的推出将缩短通关时间，提高通关效率，降低贸易成本。网上税费支付系统具有高强度的身份认证功能，有效地防止篡改和抵赖，保证支付交易的完整性，体现交易双方明确的意愿、承诺和责任，并提供充分的存证审核功能。

三、中国电子口岸“进口付汇”系统

中国电子口岸“进口付汇”系统是将海关总署采集的全国各口岸海关《进口报关单外汇证明联》电子底账数据，存放到中国电子口岸数据平台，提供给全国各外汇管理分支局和外汇指定银行实时进行联网核查。

本系统同时为企业提供了强大的查询统计服务功能，还为企业设计了通过登录电子口岸利用网络将报关单电子数据交由指定银行或外汇局进行付汇业务和直接持 IC 卡到指定银行或外汇局进行付汇业务两种模式，企业用户可以根据自己的需要自主选择。

四、出口收汇系统

出口收汇系统是海关总署联合国家外汇管理总局共同开发的出口收汇核销单和出口收汇报关单联网核查系统。系统为出口收汇核销单建立了电子底账数据，核销单的基本信息以及各部门对核销单的操作情况都将保存在电子口岸数据中心，供外汇管理局查询并进行核销单挂失等各项操作；同时系统将海关总署采集的各口岸海关《出口报关单核销联》电子数据经电子口岸数据中心传送至外汇管理局，方便外汇管理局核查报关单和核销单的真实性。系统在全国推广后，累计处理出口结关报关单 5 000 余万票，杜绝了企业利用伪造核销单、虚报核销单丢失等手段进行逃汇、骗税活动。

出口收汇系统操作步骤如下：

1. 申领核销单。

企业操作员通过登录本系统企业界面申领核销单。

2. 外管局发放外汇核销单。

企业持相关单据前往外汇管理局领取外汇核销单，外管局登录本系统外管局界面查询企业申请记录并向企业发放纸面核销单，发放的外汇核销单共三联（第 1 联为存根联供海关报关及企业向外管局交单使用，第 2 联供核销使用，第 3 联为退税专用）。

3. 口岸备案。

核销单用于出口报关前，企业操作员登录本系统企业界面对核销单进行口岸备案。

4. 核销单数据传输。

备案后，系统向海关内网传输核销单数据。

5. 出口报关单申报。

出口企业使用中国电子口岸报关申报系统进行报关申报。

6. 出口报关单数据传输。

系统向海关内网传输企业申报的出口报关单数据。

7. 出口报关单审单验放。

海关操作员使用自身系统对出口报关单进行审单验放。

8. 出口结关报关单数据传输。

海关系统通过专有通道向中国电子口岸数据中心传输已结关出口报关单电子数据。

9. 交单。

出口企业登录本系统查询海关已验核核销单及其对应的报关单数据，向外汇管提交报关单电子数据。

10. 传输出口结关报关单数据。

系统将企业已交单确认的出口结关报关单数据传输至外汇管理总局。

11. 核销。

出口企业收汇后，持相关单据到主管外汇管理局申请核销，外管局操作员使用自身系统查询从外汇管理总局接收的出口结关报关单数据，核对企业提交的纸面单据，对核销单进行核销。

五、出口退税系统

出口退税系统是针对出口退税报关单（即出口报关单退税证明联）的联网核查系统。系统将海关总署从各口岸海关采集的出口退税报关单电子底账数据保存在电子口岸数据中心，企业确认后，电子口岸数据中心再将该电子底账数据传送给国税总局，国税总局收到后通过网络下发给各地国税局供具体操作人员查询。出口退税系统为国税局进行出口退税操作提供了可靠的电子依据，进一步提高了工作效率和执法的准确性，为纳税人办理出口退税提供良好的外部数据环境，同时有效地杜绝了利用国家出口退税政策实行骗税的不法行为。

六、电子口岸执法系统

电子口岸执法系统是利用现代信息技术，借助国家电信公网，将进出口业务信息流、资金流、货物流的电子底账数据集中存放到一个公共数据中心，使国家行政管理部门可以进行跨部门、跨行业联网数据核查，企业可以上网办理报关、出口退税、结售汇核销等手续。

该系统主要包括通关管理、出口收汇管理、加工贸易管理、出口综合管理、企业综合管理以及其他综合业务。具体内容是：给政府管理部门提供报关单、出口收汇核销单、舱单、进口汽车证明、增值税发票和专用税票以及各类进出口许可证件等电子底账联网核查、核注、核销等应用项目，以及企业在网上办理进出口报关、出口交单、出口退税等业务的应用项目。

【知识导图】

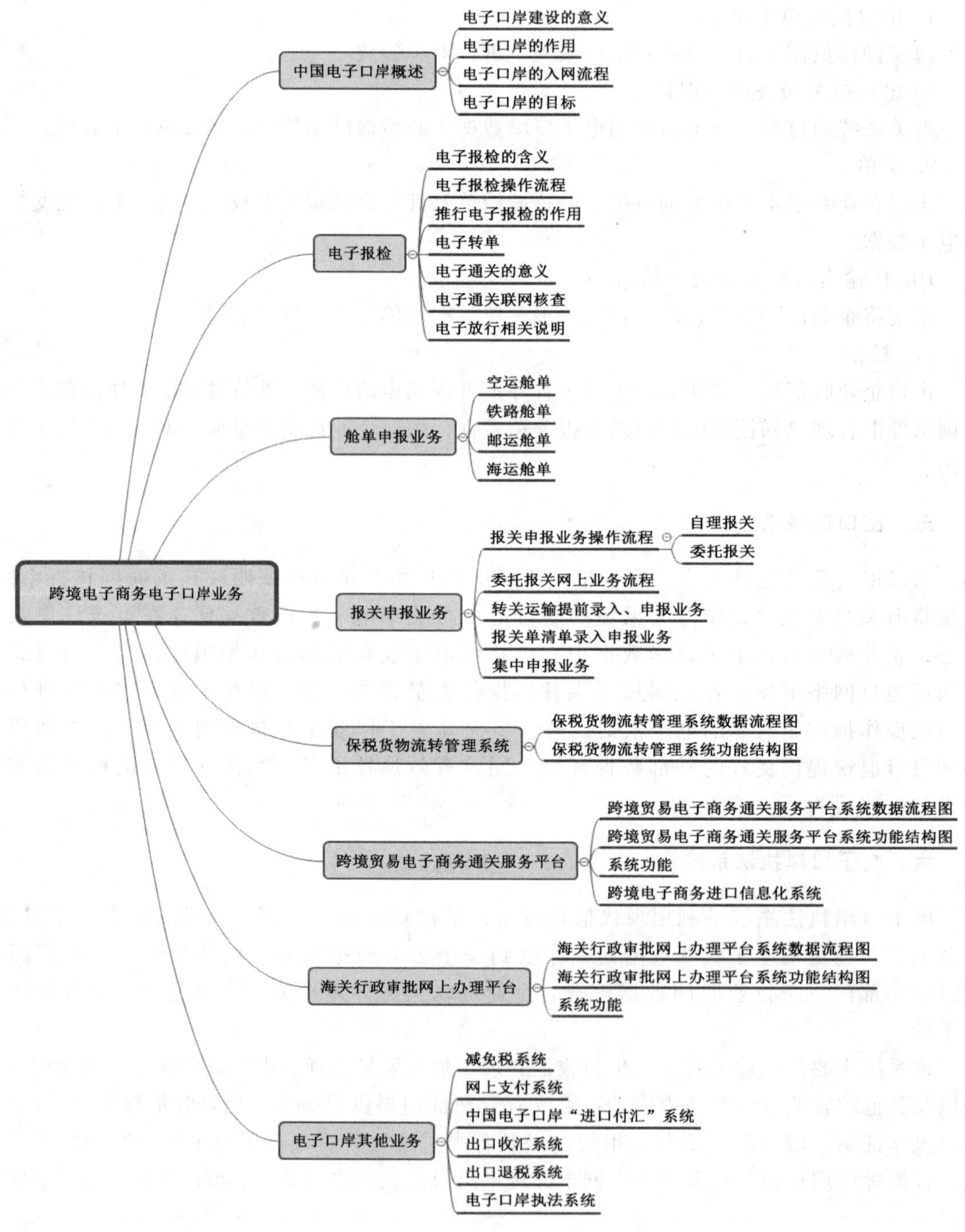
跨境电子商务电子口岸业务
中国电子口岸概述
电子口岸建设的意义
电子口岸的作用
电子口岸的入网流程
电子口岸的目标
电子报检
电子报检的含义
电子报检操作流程
推行电子报检的作用
电子转单
电子通关的意义
电子通关联网核查
电子放行相关说明
舱单申报业务
空运舱单
铁路舱单
邮运舱单
海运舱单
报关申报业务
报关申报业务操作流程
自理报关
委托报关
委托报关网上业务流程
转关运输提前录入、申报业务
报关单清单录入申报业务
集中申报业务
保税货物流转管理系统
保税货物流转管理系统数据流程图
保税货物流转管理系统功能结构图
跨境贸易电子商务通关服务平台
跨境贸易电子商务通关服务平台系统数据流程图
跨境贸易电子商务通关服务平台系统功能结构图
系统功能
跨境电子商务进口信息化系统
海关行政审批网上办理平台
海关行政审批网上办理平台系统数据流程图
海关行政审批网上办理平台系统功能结构图
系统功能
电子口岸其他业务
减免税系统
网上支付系统
中国电子口岸“进口付汇”系统
出口收汇系统
出口退税系统
电子口岸执法系统

【教学资源】

链接：央财传媒在线教育：http：//edu. cfeph. com. cn/

【同步测试】

链接：央财传媒在线教育：http：//edu. cfeph. com. cn/

【授课视频】

链接：商务部商务培训网
http：//training. mofcom. gov. cn/jsp/sites/ketang. jsp?le_id = 113603&bd_id = 12000

项目4 跨境电子商务营销方式

学习任务4.1 电子邮件营销
学习任务4.2 搜索引擎营销
学习任务4.3 社会化媒体营销 Linkedin（领英）
学习任务4.4 社会化媒体营销 WeChat（微信）

【学习目标】

知识目标

目标1：电子邮件营销的特点与模式
目标2：搜索引擎营销的步骤

能力目标

目标1：社会化媒体营销 Linkedin（领英）的运营
目标2：社会化媒体营销 WeChat（微信）的运营

电子商务的发展离不开技术的进步，同时也离不开技术的广泛应用。虽然电商市场规模仍然处于高速增长阶段，但是多变的市场和消费行为给电商们不断带来新的挑战和机遇；有的电商把握住风向大获成功，有的则因错失机遇而被市场淘汰。营销人员需要多加关注市场的趋势变化，并制定相应的营销策略，才能在万变的市场中站稳脚跟。

学习任务 4.1　电子邮件营销

一、电子邮件营销的概念

电子邮件营销 EDM（Email Direct Marketing），是在用户事先许可的前提下，通过电子邮件的方式向目标用户传递价值信息的一种网络营销手段。Email 营销有三个基本因素：用户许可、电子邮件传递信息、信息对用户有价值。三个因素缺少一个，都不能称之为有效的 Email 营销。电子邮件营销是利用电子邮件与受众客户进行商业交流的一种直销方式。同时也广泛地应用于网络营销领域，是网络营销手法中最古老的一种。

电子邮件营销是一个广泛的定义，凡是给潜在客户或者是客户发送电子邮件都可以被看作是电子邮件营销。然而电子邮件营销这个术语也通常涉及以下几个方面：

1. 以加强与商人和目标客户的合作关系为目的发送邮件，鼓励客户忠实于自己或者重复交易。

2. 以获得新客户和使老客户立即重复购买为目的发送邮件。

3. 在发送给自己客户的邮件中添加其他公司或者本公司的广告。

二、电子邮件营销的作用

电子邮件在网络营销中仍然有着很大的发展前景，可以扮演多种角色，在网络营销的不同阶段可以应用电子邮件完成不同的营销功能。

1. 电子邮件信息宣传。

企业可以利用电子邮箱巨大的用户资源来销售软件、音像制品、电子图书等数字产品。这些产品不需要利用传统的物流渠道进行配送，可以使商品销售和相关费用大大降低。用户付款后销售商就可以把数字产品资料发送到用户的邮箱里。

2. 电子邮件广告。

利用电子邮件发布广告信息具有比传统电视广告甚至绝大部分旗帜广告更大的优势。主要表现在有更强的针对性和更高的反馈率，并且更容易管理和控制，使得电子邮件广告得到更明显的收益。

（1）一对一的广告效果。电子邮件营销可以针对用户发布完全“个人化定制”的广告信息。这是任何其他广告形式难以得到的效果。

（2）客户认可度高。由于针对性强，邮件广告容易得到用户的认可，并可以直接得到客户的反馈信息。

（3）管理和控制。随着技术进步，电子邮件营销在消息的发送、管理和控制方面也具有其他广告形式无法比拟的优势。

（4）成本。每个电子邮件信息的成本约为传统的直邮广告、优惠卡以及其他营销方式成本的1/4左右。特别是，电子邮件的成本和接受者的数量没有对应的关系。

3. 客户意见反馈。

电子邮件是吸引回头客的有力工具，而回头客又是电子商务获得成功的关键所在。电子邮件在网络营销中最经常的应用就是建立客户意见反馈渠道。实现企业和客户一对一的直接联系，拉近企业与客户之间的关系。但必须及时处理客户的邮件，否则无法实现促进营销的目的。

三、电子邮件营销的特点

1.范围广	随着国际互联网(Internet)的迅猛发展，中国的网民规模已达5.6亿，全球已经超过22亿。面对如此巨大的用户群，作为现代广告宣传手段的Email营销正日益受到人们的重视。只要拥有足够多的Email地址，就可以在很短的时间内向数千万目标用户发布广告信息，营销范围可以是中国全境乃至全球。
2.操作简单效率高	使用专业邮件群发软件，单机可实现每天数百万封的发信速度。操作不需要懂得高深的计算机知识，不需要繁锁的制作及发送过程，发送上亿封的广告邮件一般几个工作日内便可完成。
3.成本低廉	Email营销是一种低成本的营销方式，所有的费用支出就是上网费，成本比传统广告形式要低很多。
4.应用范围广	广告的内容不受限制，适合各行各业。因为广告的载体就是电子邮件，所以具有信息量大、保存期长的特点。具有长期的宣传效果，而且收藏和传阅非常简单方便。
5.针对性强反馈率高	电子邮件本身具有定向性，可以针对某一特定的人群发送特定的广告邮件，也可以根据需要按行业或地域等进行分类，然后针对目标客户进行广告邮件群发，使宣传一步到位，这样可使行销目标明确，效果非常好。

四、电子邮件营销分类

1. 按照是否经过用户许可分类。

按照发送信息是否事先经过用户许可划分，可以将Email营销分为许可Email营销（Permission E－mail Marketing，PEM）和未经许可的Email营销（Unsolicited Commercial E－mail，UCE）。未经许可的Email营销也就是通常所说的垃圾邮件（Spam）。

2. 按照 Email 地址资源的所有权分类。

潜在用户的 Email 地址是企业重要的营销资源，根据对用户 Email 地址资源的所有形式，可将 Email 营销分为内部 Email 营销和外部 Email 营销，或者简称为内部列表和外部列表。

内部列表是一个企业、网站利用一定方式获得用户自愿注册的资料来开展的 Email 营销。

外部列表也被称为 Email 广告，是指利用专业服务商提供的 Email 营销服务，自己并不拥有用户的 Email 地址资料，也无须管理维护这些用户资料。

3. 按照营销计划分类。

根据企业的营销计划，可分为临时性的 Email 营销和长期的 Email 营销。

临时性的 Email 营销如不定期的产品促销、市场调研、节假日问候、新产品通知等；长期的 Email 营销通常以企业内部注册会员资料为基础，主要表现为新闻邮件、电子杂志、顾客服务等各种形式的邮件列表。

4. 按照 Email 营销的功能分类。

根据 Email 营销的功能，可分为顾客关系 Email 营销、顾客服务 Email 营销、在线调查 Email 营销、产品促销 Email 营销等。

5. 按照 Email 营销的应用方式分类。

按照是否将 Email 营销资源用于为其他企业提供服务，Email 营销分为经营性和非经营性两类。

五、电子邮件营销模式

1. 独特的个性化内容。

利用 EDM 进行营销与一般的营销方式最大的区别是：EDM 是一对一的沟通，让客户感觉到尊重，感觉到这是为他所建立并且是他所独享的沟通方式，当然在各种条件的制约下，往往很难彻底实现一对一沟通。但是营销者必须通过技术手段，让客户感觉到个性化服务。这是对 EDM 营销的一个挑战。

2. 引起客户关注的内容。

客户所关注的往往是营销过程中最重要的环节之一。客户在收集支持他做决策所需信息的环节，同样也是营销者传播信息最重要的实现实际销售的环节。如果能够把握住客户关注的信息，对于营销者将潜在销售机会转化为实际销售成果具有关键性的影响和作用。

3. 掌握客户喜好的内容。

客户喜欢的内容对于吸引客户的注意力有着非常重要的作用，有时候客户的喜好与企业的产品重叠度非常高，发现并利用客户喜好的资料对企业的销售有着直接的影响作用。有时候客户的喜好和企业的产品重合度相对比较低，但是通过客户喜好的内容吸引了客户的目光，之后再辅以相应的营销措施也是一个不错的选择。

总之，个性化的、值得关注的、针对嗜好的内容都是对客户友好的内容，在坚持客户友好的前提下传播企业信息是 EDM 营销实施中一个重要的原则，只有这样企业才能与客户建立长久的良性的互动关系，建立客户忠诚度，为企业创造永续的利润来源。

六、电子邮件推广

在高速发展的移动互联时代，每个人都有一个或多个专属于自己的 E - mail。它已成为了人们相互联系、工作交流、拓展业务的必备工具。

电子邮件推广是以电子邮件为主的网站推广手段，常用的方法包括电子刊物、会员通讯、专业服务商的电子邮件广告等。做好电子邮件推广，主要有以下几个方面：

1. 合理掌握发送时间及频率。

有新项目的时候，一定要把会议信息发向目标客户。会议信息要详细，附带相关网址连接。网站有什么新的变化，更新了哪方面的内容，增加了什么频道等等。

一般来说周一不适合发邮件，因为通常周一客户的邮箱会充满业务信件或是垃圾邮件，客户很可能扫一眼就拖进垃圾箱了。

发信的时间最好集中在周二、周三、周四比较好，周五由于临近周末，客户需要处理的事情会比较多，可能也不会认真看业务推荐信。对上班人群比较适合在中午前发信，他们可以在工作时间内马上看到。这对提高他们的回复率至关重要。所以发信一定要注意把握时间，以有效提高回复率。同样内容的邮件，每个月发送 2 ~ 3 次为宜。过于的频繁的邮件轰炸只会让人厌烦，失去潜在的客户，所以还要注意邮件的发送时间与频率。在接到客户邮件时，应及时做出回复并对对方表示感谢，这是基本的商业礼节。

2. 邮件库建立。

建立许可邮件库的有效方式，是在自己的网站建立入口，让潜在的消费者填入自己的邮件地址，以订阅他们需要的信息。如购物网站可以鼓励网站浏览者注册会员，加入邮件列表，即可以获取最新的购物信息等。采用有效的措施鼓励潜在消费者提供他们的邮件地址，比如小礼品、面向网站用户的折扣等等。并用明确、显著的方式告知潜在消费者不会将他的邮件地址以任何方式泄露给第三方，除非经过他们的同意。不仅如此，还要提供方便的“退订”手段，让客户看到他们确实可以很方便地将自己的邮件地址清除，他们才会放心地将邮件地址提供出来。

3. 设计邮件内容。

邮件标题的作用是让消费者对内容产生兴趣，并打开邮件。

这是一个个性化的时代。客户希望接收到的邮件标题是“老刘，准备给她送点什么生日礼物呢?”而不是“最新鲜花折扣信息”，如果客户可以在邮件的文首部分看到自己的姓名，并且整个邮件的语言平实、贴近，多半不会把邮件随手删除。

邮件文案最好带有个性化色彩，还需要结合邮件营销工具的功能和特点，对邮件的表现形式进行精心的美化。

4. 推广注意事项。

（1）电子邮件要有预期。不要在并不需要自身产品或产品一无所知的客户身上浪费时间和精力，应有针对性地发送邮件，坚持为那些“选择接收该类邮件”的客户发送邮件。至于哪些客户选择接收该类邮件，可以通过多种方式知晓。如提供特殊的条件吸引客户登录公司网站，并吸引他们选择接收营销邮件，还可以通过一些包括公司网址的广告等吸引接收邮件的客户。

（2）电子邮件需要与客户相关。要做好电子邮件推广，首先要对客户信息有所了解。简言之，要根据时间和客户的喜好，为客户提供他需要并且想要的信息。

（3）电子邮件要为客户提供价值。调查显示，对客户有价值的信息总是得到更多关注，比如折扣信息、所有可以为客户省钱的信息。电子邮件营销必须抓住这个特点，并充分加以利用。

（4）电子邮件需要内容和反馈相结合。要达到最大化的营销成果，电子邮件提供的信息不仅仅要包括内容，还应设计反馈信息，比如一些调查等，可以让客户提供他们所希望看到的款式或者他们希望公司改善的服务等，以便更好地满足客户的需求。

5. 邮件签名信息。

电子邮件中的署名是邮件内容不可缺少的组成部分，既是对发件人信息的补充，也是收件人进一步建立对发件人信任的必要信息，同时，电子邮件签名是一个公司品牌形象的组成部分，对企业网络品牌具有一定的影响。

正规公司在邮件签名（尤其是对外部联系时的邮件）都有统一的格式设计，这样不仅看起来比较规范，而且也体现了公司品牌形象。当多个人员或者多个部门都需要与用户发生通信联系时，这种效应更加明显。

应在邮件中注明：

（1）发件人公司名称或者品牌名。

（2）发件人公司名称或者品牌名缩写 + 真实的邮件地址。

邮件信息不够完整（如缺乏基本的收件人信息和发件人署名及联系信息等），都可能影响电子邮件信息传递的最终效果。

6. 减少邮件退信的方法。

尽量避免错误的邮件地址。

改进数据登记方法：主要适用于通过电话人工记录用户 Email 地址的情形，对工作人员进行必要的训练。

发送确认信息：即采取用户确认才可以加入列表的方式。

保持列表信息准确：对于邮件列表地址进行分析判断，对于无效用户名或者域名格式的邮件予以清除。

对邮件被退回的过程有正确了解：针对不同情形采取相应对策。

学习任务 4.2 搜索引擎营销

搜索引擎（Search Engine）

搜索引擎是指根据一定的策略，运用特定的计算机程序从互联网上搜集信息，在对信息进行组织和处理后，为用户提供检索服务，将用户检索相关的信息展示给用户的系统。搜索引擎包括全文索引、目录索引、元搜索引擎、垂直搜索引擎、集合式搜索引擎、门户搜索引擎与免费链接列表等。

概念解读

一个搜索引擎由搜索器、索引器、检索器和用户接口四个部分组成。搜索器的功能是在互联网中漫游，发现和搜集信息。索引器的功能是理解搜索器所搜索的信息，从中抽取出索引项，用于表示文档以及生成文档库的索引表。检索器的功能是根据用户的查询在索引库中快速检出文档，进行文档与查询的相关度评价，对将要输出的结果进行排序，并实现某种用户相关性反馈机制。用户接口的作用是输入用户查询、显示查询结果、提供用户相关性反馈机制。

一、搜索引擎营销

SEM（Search Engine Marketing）

搜索引擎营销是根据用户使用搜索引擎的方式，利用用户检索信息的机会尽可能将营销信息传递给目标用户。简单来说，搜索引擎营销就是基于搜索引擎平台的网络营销，利用人们对搜索引擎的依赖和使用习惯，在人们检索信息的时候尽可能将营销信息传递给目标客户。

概念解读

搜索引擎营销的基本思想是让客户发现信息，并通过进入网站/网页进一步了解他所需要的信息。在介绍搜索引擎策略时，一般认为，搜索引擎优化设计主要目标有2个层次：被搜索引擎收录、在搜索结果中排名靠前。这已经是常识问题，多数网络营销人员和专业服务商对搜索引擎的目标设定也基本处于这个水平。但从目前的实际情况来看，仅仅做到被搜索引擎收录并且在搜索结果中排名靠前还很不够，因为取得这样的效果实际上并不一定能增加客户的点击率，更不能保证将访问者转化为顾客或者潜在顾客，因此只能说是搜索引擎营销策略中两个最基本的目标。

二、搜索引擎营销的主要特点

1. 搜索引擎营销与企业网站密不可分。

一般来说，搜索引擎营销作为网站推广的常用方法，在没有建立网站的情况下很少被采用（有时也可以用来推广网上商店、企业黄页等），搜索引擎营销需要以企业网站为基础，企业网站设计的专业性对网络营销的效果又产生直接影响。

2. 搜索引擎传递的信息只发挥向导作用。

搜索引擎检索出来的是网页信息的索引，一般只是某个网站/网页的简要介绍，或者搜索引擎自动抓取的部分内容，而不是网页的全部内容，因此这些搜索结果只能发挥一个“引子”的作用，如何尽可能将有吸引力的索引内容展现给客户，是否能吸引客户根据这些简单的信息进入相应的网页继续获取信息以及该网站/网页是否可以给客户提供给他所期望的信息，都是搜索引擎营销所需要研究的主要内容。

3. 搜索引擎营销是客户主导的网络营销方式。

客户的信息检索行为，即使用什么搜索引擎、通过搜索引擎检索什么信息完全是由客户自己决定，在搜索结果中点击哪些网页也取决于客户的判断。因此，搜索引擎营销是由客户所主导的，最大限度地减少了营销活动对客户的滋扰，最符合网络营销的基本思想。

4. 搜索引擎营销可以实现较高程度的定位。

网络营销的主要特点之一就是可以对用户行为进行准确分析并实现高程度定位。搜索引擎营销在客户定位方面具有更好的功能，尤其是在搜索结果页面的关键词广告，完全可以实现与用户检索所使用的关键词高度相关，从而提高营销信息被关注的程度，最终达到增强网络营销效果的目的。

5. 搜索引擎营销的效果表现为网站访问量的增加而不是直接销售。

搜索引擎营销的使命就是获得访问量，因此成为网站推广的主要手段，至于访问量是否可以最终转化为收益，不是搜索引擎营销可以决定的。这说明，提高网站的访问量是网络营销的主要内容，但不是全部内容。

6. 搜索引擎营销需要适应网络服务环境的发展变化。

搜索引擎营销是搜索引擎服务在网络营销中的具体应用，因此在应用方式上依赖于搜索引擎的工作原理、提供的服务模式等，当搜索引擎检索方式和服务模式发生变化时，搜索引擎营销方法也应随之变化。因此，搜索引擎营销方法具有一定的阶段性，与网络营销服务环境的协调是搜索引擎营销的基本要求。

三、搜索引擎营销实施原因

推行搜索引擎营销 SEM 最根本的原因之一是搜索者会购买产品：33% 的搜索者在进行购物，并且 44% 的网民利用搜索站点来为购物做调研。如果公司网站没有被列在最前面的几个搜索结果里面，那就意味着已经不在顾客的备选之列，没有机会推销产品。就算网站的目的不是做在线销售，也应促使顾客能够找到网站，以便了解产品、下载信息或是找到零售店的地址。搜索者比起随便点击广告条的客户，是更为合格的访问者。实际上，在所有营销手段中，搜索引擎营销产生的每个有效反馈的成本最低。

四、利用搜索引擎工具可以实现的营销目标

1. 被搜索引擎收录；
2. 在搜索结果中排名靠前；
3. 增加用户的点击（点进）率；
4. 将浏览者转化为顾客。

在这四个层次中，前三个可以理解为搜索引擎营销的过程，而只有将浏览者转化为顾客才是最终目的。在一般的搜索引擎优化中，通过设计网页标题、META 标签中的内容等，通常可以实现前两个初级目标（如果付费登录，当然直接就可以实现这个目标了，甚至不需要考虑网站优化问题）。实现高层次的目标，还需要进一步对搜索引擎进行优化设计，或者说，设计从整体上对搜索引擎友好的网站。

五、搜索引擎营销的基本原理

搜索引擎营销得以实现的基本过程是：企业将信息发布在网站上成为以网页形式存在的信息源；搜索引擎将网站/网页信息收录到索引数据库；客户利用关键词进行检索（对于分类目录则是逐级查询）；检索结果中罗列相关的索引信息及其连接 URL；根据客户对检索结果的判断选择有兴趣的信息并点击 URL 进入信息源所在网页。这样便完成了企业从发布信息到客户获取信息的整个过程，这个过程也说明了搜索引擎营销的基本原理。

在上述搜索引擎营销过程中，包含了五个基本要素：信息源（网页）、搜索引擎信息索引数据库、客户的检索行为和检索结果、客户对检索结果的分析判断、对选中结果的点击。对这些因素以及搜索引擎营销信息传递过程的研究和有效实现就构成了搜索引擎营销的基本内容。

六、搜索引擎营销的步骤

1. 构造适合于搜索引擎检索的信息源。

信息源被搜索引擎收录是搜索引擎营销的基础，这也是网站建设之所以成为网络营销基础的原因，企业网站中的各种信息是搜索引擎检索的基础。由于客户通过检索之后还要来到

信息源获取更多的信息，因此这个信息源的构建不能只是站在搜索引擎友好的角度，而是应包含三个方面：即对客户、搜索引擎、网站管理维护的优化。

2. 创造网站/网页被搜索引擎收录的机会。

无论网站设计多么精美，如果不能被搜索引擎收录，客户便无法通过搜索引擎发现这些网站中的信息，更不能实现网络营销信息传递的目的。因此，让尽可能多的网页被搜索引擎收录是网络营销的基本任务之一，也是搜索引擎营销的基本步骤。

3. 让网站信息出现在搜索结果中靠前位置。

网站/网页仅仅被搜索引擎收录还不够，还需要让企业信息出现在搜索结果中靠前的位置。否则被用户发现的机会就大为降低，搜索引擎营销的效果也就无法保证。

4. 以搜索结果中有限的信息获得用户关注。

通过对搜索引擎检索结果的观察可以发现，并非所有的检索结果都含有丰富的信息，用户通常并不能点击浏览检索结果中的所有信息，需要对搜索结果进行判断，从中筛选一些相关性最强、最能引起客户关注的信息进行点击，进入相应网页之后获得更为完整的信息。做到这一点，需要针对每个搜索引擎收集信息的方式进行针对性的研究。

5. 为用户获取信息提供方便。

用户通过点击搜索结果进入网站/网页是搜索引擎营销产生效果的基本表现形式。用户的进一步行为决定了搜索引擎营销是否可以最终获得收益。在此阶段，搜索引擎营销应与网站信息发布、顾客服务、网站流量统计分析、在线销售等其他网络营销工作密切相关，在为用户获取信息提供方便的同时，与用户建立密切的关系，使其成为潜在顾客，或者直接购买产品。

七、搜索引擎营销的主要模式

虽然搜索引擎营销从 1994 年产生到现在只有二十几年的历史，但是它的技术已经相对比较成熟，模式不断发展，更适应了商业发展的需要。

利用搜索引擎营销的方法常见的有以下几种。

1. 免费登录分类目录。这是最传统的网站推广手段。方法是企业登录搜索引擎网站，将自己企业网站的信息在搜索引擎中免费注册，由搜索引擎将企业网站的信息添加到分类目录中。现如今，免费登录分类目录的方式已经越来越不适应实际的需求，将逐步退出网络推广的舞台。

2. 搜索引擎优化（Search Engine Optimization，简称 SEO），也叫网站优化，是通过对网站本身的优化而符合搜索引擎的搜索习惯，从而获得比较好的搜索引擎名次；更确切地讲应该符合客户的搜索习惯。通过搜索引擎优化不仅要使网站获得好的搜索引擎名次，更应该使网站可以获得更多的业务机会和效益。

3. 收费登录分类目录与原有的免费登录方法非常相似，但需要付出一定的费用才能够实现。

4. 关键词广告是付费搜索引擎营销的一种形式，也可称为搜索引擎广告、付费搜索引擎关键词广告等。当客户利用某一关键词进行检索，在检索结果页面会出现与该关键词相关的广告内容。由于关键词广告具有较高的定位，其效果比一般网络广告形式要好，因而获得快速发展。

5. 关键词竞价名次是一种按效果付费的网络推广方式，由百度在国内率先推出。企业在该项服务后，通过注册一定数量的关键词，其推广信息就会率先出现在网民相应的搜索结果中。吸引一个潜在的客户，企业只需要支付较低的费用。竞价名次属于许可式营销，只有需要的客户才会看到竞价名次的推广信息，因此竞价名次的推广效果具有很强的针对性；其次，竞价名次按照效果付费，根据给企业带来的替在访问数量计费，没有访问不计费，企业可以灵活控制推广力度和资金投入，投资回报率高。

6. 网页内容定位广告基于网页内容定位的网络广告（content - targeted - advertising）是关键词广告搜索引擎营销模式的进一步延伸，广告载体不仅仅是搜索引擎搜索结果的网页，也延伸到这种服务的合作伙伴的网页。

网站定位主要涉及三个方面的问题：

（1）网站的性质。

（2）所属领域。

（3）用户群。

这些问题的答案确定之后要做的第一件事情就是将这个笼统概括的“定位”拆细。一个领域的关键字一般较为明确，扩大关键字范围的方法有：

※ 用户调查，让用户任意写本领域的关键字，然后统计出现频率。

※ 研究同类网站、同类网站的频道名。栏目名都是同行所认定的“关键词”。同时可通过软件对同类网站的文章进行词频分析，找出出现频率最高的前1 000个（字）词。

※ 在本网站即将发布的典型文章中筛选。当网站定位“具体”为几百个关键字之后，这个“定位”就变成了摸得着、看得见的网站内容模型。

此时，就可以在还没有网站内容的时候，对网站内容进行先行分类了。切勿直接对笼统、概括的网站定位进行“概念到概念”分类。有了几百个筛选而来的关键字，分类就变成具体的可操作、可完成、可评价的。通过确定内容定位可以实现高效的网络推广效果，具有很强的针对性。

搜索引擎的特点决定了搜索引擎营销是网络推广最重要的一种应用。随着搜索引擎技术的不断发展，必然会出现更多新的搜索引擎营销的方式和方法。

八、搜索引擎优化

1. 搜索引擎优化概述。

搜索引擎包括全文索引、目录索引、元搜索引擎、垂直搜索引擎、集合式搜索引擎、门户搜索引擎与免费链接列表等。搜索引擎根据一定的策略、运用特定的计算机程序从互联网上搜集信息，在对信息进行组织和处理后，为用户提供检索服务，将用户检索相关的信息展示给用户的系统。

搜索引擎优化SEO（Search Engine Optimization）是一种利用搜索引擎的搜索规则来提高目前网站在有关搜索引擎内自然排名的方式。SEO的目的是：为网站提供生态式的自我营销解决方案，让网站在行业内占据领先地位。SEO 从网站结构、内容建设方案、用户互动传播、页面等角度进行合理规划，使网站更适合搜索引擎的索引原则的行为，使搜索引擎中显示的网站相关信息对用户来说更具有吸引力。

2. 搜索引擎优化的主要内容。

随着搜索引擎不断变换他们的排名算法规则，所以每次搜索引擎算法的改变，都会引起网站排名的变化。有些网站更是直接失去了固有的可观访问量。因此搜索引擎优化也成了一个愈来愈复杂的任务。

具体来说搜索引擎优化主要内容有：

（1）内部优化。

①META 标签优化：例如：TITLE（标题），KEYWORDS（关键词），DESCRIPTION（描述）等的优化。

②内部链接的优化，包括相关性链接（Tag 标签）、锚文本链接、各导航链接及图片链接。

③网站内容更新：每天保持站内的更新（主要是文章的更新等）。

（2）外部优化。

①外部链接类别：博客、论坛、B2B、新闻、分类信息、贴吧、知道、百科、相关信息网等，尽量保持链接的多样性。

②外链运营：每天添加一定数量的外部链接，使关键词排名稳定提升。

③外链选择：与和自身网站相关性比较高、整体质量比较好的网站交换友情链接，巩固稳定关键词排名。

学习任务4.3 社会化媒体营销 Linkedin（领英）

Linkedin（领英）是一家面向商业客户的社交网络（SNS）服务网站，成立于2002年12月。网站的目的是让注册用户维护他们在商业交往中认识并信任的联系人，俗称“人脉”。

Linkedin 目前用户过亿，平均每一秒钟都有一个新会员的加入。其中大约一半成员在美国，有1 100万来自欧洲。

一、Linkedin 的特点

Linkedin 提供“高效”、“安全”并且“有商务价值”的社交服务。Linkedin 足够高效，而且没有打扰用户的信息。即便是广告的投放，Linkedin 也处理得十分艺术：处于边栏下方，几乎不会分散会员的注意力。用户之间的关系能被严密地保护起来。Linkedin 专注于商务功能，并且提供付费服务。这极大地体现了它的确具备提供高质量商务社交服务的能力。Linkedin 非常适合有国际业务的企业员工或者自由职业者，不太适合学生使用，因为 Linked

很注重工作经验和教育背景。除非会员有相当丰富的社会实践经验，否则它还无法为会员创造价值。

二、Linkedin 的作用和工作内容

1. 通过关系网，用户可以：
(1) 管理并公开有关自己的专业的信息；
(2) 查找并自荐给潜在的客户——服务提供商或推荐的相关领域的专业人士；
(3) 创建和进行项目合作，收集数据，共享文件；
(4) 找到商机，寻找潜在的合作伙伴；
(5) 志同道合的专业人士可私下建立讨论组；
(6) 发现更广阔的人际连接，帮助拓展个人关系网，拓展工作和交易的范围；
(7) 张贴和分发工作职位信息，用以求职、招募、猎头行为等。
2. 工作内容包括：
(1) 发布个人的工作经历；
(2) 建立个人之间的社会关系；
(3) 建立企业和个人之间的雇佣关系；
(4) 基于关系和资料建立搜索匹配；
(5) 在特定的关系网络中传递消息。

Linkedin 不仅仅只是一个社交网站，它的商务性以及一些特殊功能已被一些商业网站用来当做营销的渠道，Linkedin 真正地把社交关系变成了商业网络。

三、使用 Linkedin 的方法

绝大多数的用户是为了销售产品、寻找合作伙伴或者找工作而想要在 Linkedin 上结识某个人。Linkedin 在达到这些目的方面很有效，因为这个巨大的在线人际网络中有超过 850 万有经验的专业人士，他们遍布全世界，分别从事着 130 个行业的工作。更好地使用 Linkedin，可以使它的作用得到充分的发挥。

1. 提高可见度。

用户添加越多的联系人，当他人要寻找雇员或者生意伙伴时，该用户的资料越容易被首先看到。这不但是因为用户的资料在搜索结果中排在前面（这个非常重要，尤其该用户是产品经理），而且因为人们更愿意与自己的朋友认识并且信任的人打交道。

2. 增加建立更多联系的机会。

大多数新用户只在自己的资料中写上现在所在的公司。这严重地限制了与更多人建立联系的机会。应该像做一份专业的个人简历一样填写资料，写入过去工作过的公司、教育背景、重要的社会关系，以及参加的活动。

用户还可以在 email 的签名中加一个链接，链到其在 Linkedin 上的资料页面。这样对方可以方便地看到该用户获得的所有信任评价。

3. 提高个人资料页面的 Google PR 值（PageRank，网页级别）。

Linkedin 支持个人资料页面供搜索引擎建立索引。借助 Linkedin 的个人资料页面在

Google 能够获得比较高的 PR 值，可以利用 Linkedin 影响人们在搜索关于自身信息时所看到的内容。

要做到这一点，需要建立一份公开的个人资料并选择“全部公开”。同时，不要使用缺省的 URL，并将个人资料页面的 URL 定制为自己名字的拼写。为了提高这个页面在搜索引擎中出现的几率，还可以在网上各种地方使用这个链接。比如在别人的博客中留言时，可以在签名中加上这个链接。

4. 做搜索引擎优化。

用户还可以将博客或者网站推广到其他知名搜索引擎上。用户在 Linkedin 上的个人资料可以帮助宣传网站，其中包括了一些预设的信息项目，比如“我的网站”、“我的公司”，等等。

5. 在当事人不知情的情况下做背景调查，或者做“反向的”背景调查，以及对公司的背景调查。

使用 Linkedin 的背景调查工具，输入一个公司名称和被调查人在这个公司工作的时间，就可以找到那些和被调查人在同一公司同一时间段工作过的人。由此得到的数据比由候选人自己提供的证明人给出的数据或信息更加客观。

用户甚至可以通过 Linkedin 了解面试公司老板的背景；通过离职的人了解其曾工作过的公司的情况。

6. 提高找工作的准确性。

用户可以用 Linkedin 的高级搜索找到和自己有相似教育背景和工作经验的人，看看他们在哪里工作，以便给自己的求职方向提供准确思路。例如，一个程序员可以搜索关键词“Ruby on Rails”、“C + +”、“Python”、“Java”、“evangelist”。

7. 使面试更加顺利。

可以通过 Linkedin 找到即将面试自己的人。如果发现他曾经跟自己上过同一所学校，有共同的爱好，或者同时认识一个熟人，那面试过程将会更加顺利。

8. 判断公司的前景。

利用高级搜索工具查询公司名称，不要选择“只查询当前公司”的选项。这样能够详细了解公司的人员流动率，以及一些重要员工是不是将要离开公司。已经离职的人员相对仍然在职的员工来讲，一般会对公司的前景发表更客观的看法。

9. 判断行业的前景。

如果考虑进入某个领域投资或者工作，可以用 Linkedin 找到那些为竞争对手工作的人。与老雇员交谈可以学到很多的东西。

10. 了解新创企业的动态。

使用一系列的关键词进行高级搜索，可以看到自己的人际网络中都有谁开始创业了，这些关键词包括“stealth”、“new startup”等。按照与自己的关系远近排序，使更接近自己的人排在前面。

11. 寻求建议。

Linkedin 的产品 Linkedin Answers 是为了在网上实现寻求建议的目的而设计的。应用这一产品，可以将有关商业的问题同时发布到自己的人际网络和 Linkedin 的大网络。从而获得更多有价值的回复。

四、跨境电子商务企业如何利用 Linkedin 进行海外推广

Linkedin 是针对专业人士（在某个领域的工作人员，可以是医生也可以是软件编程人员）的 SNS 社交网络，利用 Linedin 的群组、公司专页、个人介绍以及问答系统都可能找到客户，所以是海外推广的最重要的社会化营销工具平台之一。

1. 个人主页。

注册个人主页，先登陆 Linkedin，注册真实身份。如果做外贸，需填写自己的英文名称（见图 4－1）。

图 4－1

Linkedin 有两种会员模式，一种付费一种免费。最大的区别是付费的版本可以发信息给不在自己好友圈子里的用户。用户可以在熟悉后尝试付费。注册后需完善个人的照片、公司名称、入学等各种信息，其中公司行业、公司简介等非常重要。填写完毕后，需验证邮箱。

尽可能地导入和自己相关的客户，特别是自己积累的潜在客户。

2. 公司专页。

注册公司主页，需点击 Linkedin 导航中的“Companies”，然后选择右侧的“Add a Company”，输入自己公司名字以及公司邮箱。个人邮箱会收不到验证链接。

点击“继续”后，系统会向公司邮箱发送确认信。点击激活后就完成了公司页面的注册。

完成认证后，填写公司介绍、网址、产品或者服务介绍等信息，点击“Admin Tools”，然后选择“Edit”。

在这里可以添加一些有用的内容。同时在首页申请分享链接，放到公司的英文网站上。这样方便国外客户加入，成为好友。

之后可以邀请或者加群组、加相关行业的群组。同时可以建立相关群组。经常分享给群组相关的行业内容，培养潜在客户。

和百度知道一样，Linkedin 问答里面同样有很多潜在客户。经常在 Linkedin 问答区回答和自己行业相关的问题，并且质量高的话，可能会被选中最佳答案，贴上“Expert”的标签。客户看到后，可能会主动找上门。

学习任务4.4 社会化媒体营销 WeChat（微信）

一、微信及微信营销

1. 微信。

微信（WeChat）是腾讯公司于 2011 年 1 月 21 日推出的一个为智能终端提供即时通讯服务的免费应用程序。微信支持跨通信运营商、跨操作系统平台，通过网络快速发送免费（需消耗少量网络流量）语音短信、视频、图片和文字，同时，也可以使用通过共享流媒体内容的资料和基于位置的社交插件“摇一摇”、“漂流瓶”、“朋友圈”、“公众平台”、“语音记事本”等服务插件。

2. 微信营销。

在微信营销后的一年多时间内，微信的用户数量就达到了庞大的一亿。毫无疑问，微信已经成了当下最火热的互联网聊天工具，发展空间仍然很广阔。

随着智能手机的普及，微信已经慢慢地从高收入群体走向大众化。信息交流的互动性更加突出。

然而很多企业一味地向客户传达信息，并没有认真地关注客户的反馈。有互动功能的公众号，也只是在后台设置好一些快捷回复的方案，这种缺乏人性化的沟通方式，有损于用户体验。当客户的咨询无法得到满意回复，他们唯一的选择就是取消关注。而人工微信客服的核心优势在于实现人与人的实时沟通。此时客户面对的是一个个专业、服务质量优秀的客服人员，对于客户的咨询可以给出满意的回复。

二、微信营销的特点

1. 点对点精准营销。

微信拥有庞大的用户群，借助移动终端、天然的社交和位置定位等优势，每个信息都可以推送，每个个体都有机会接收，从而帮助商家实现点对点精准化营销。

2. 形式灵活多样。

（1）漂流瓶：用户可以发布语音或者文字，然后投入“大海”中，如果有其他用户“捞”到则可以展开对话，如：招商银行的“爱心漂流瓶”用户互动活动就是典型案例。

（2）位置签名：商家可以利用“用户签名档”这个免费的广告位为自己做宣传，附近的微信用户能看到商家的信息，如 K5 便利店等就采用了微信签名档的营销方式。

(3) 二维码：用户可以通过扫描识别二维码身份来添加朋友、关注企业账号；企业则可以设定自己品牌的二维码，用折扣和优惠来吸引用户关注，开拓 O2O 的营销模式。

(4) 开放平台：通过微信开放平台，应用开发者可以接入第三方应用，还可以将应用的 LOGO 放入微信附件栏，使用户可以方便地在会话中调用第三方应用进行内容选择与分享。如，“美丽说”的用户可以将自己在“美丽说”中的内容分享到微信中，可以使一件“美丽说”的商品得到不断传播，进而实现口碑营销。

(5) 公众平台：在微信公众平台上，每个人都可以用一个 QQ 号码，打造自己的微信公众账号，并在微信平台上实现与特定群体的文字、图片、语音的全方位沟通和互动。

3. 建立强关系的机遇。

微信的点对点产品形态注定了其能够通过互动的形式将普通关系发展成强关系，从而产生更大的价值。通过互动的形式与用户建立联系，可以解答疑惑，可以讲故事，用一切形式让企业与消费者形成朋友的关系。

三、微信营销平台的功能

微信营销离不开微信公众的平台支持。微信作为时下最热门的社交信息平台，也是移动端的一大入口，正在演变成为一大商业交易平台，其对营销行业带来的颠覆性变化开始显现。消费者只要通过微信公众平台对接微信会员云营销系统，就可以实现微会员、微推送、微官网、微储值、会员推荐提成、商品查询、选购、体验、互动、订购与支付的线上线下一体化服务模式。主要功能如下：

1. 商品管理，商城后台具备商品上传、分类管理、订单处理等与网上店铺都具有的功能。

2. 自动智能答复，卖家可以在系统自定义设置回复内容，当用户首次关注卖家的商城时，可自动发送此消息给客户，还可设置关键词回复。当用户回复指定关键词的时候，系统将自动回复相应设置好的内容，让客户第一时间获得想要的消息。

3. 支付功能，支持支付宝、财付通及货到汇款等支付方式。

4. 促销功能：积分赠送、会员优惠等。

四、微信营销的模式

1. 草根广告式——查看附近的人。

(1) 产品描述：微信中基于 LBS 的功能插件“查看附近的人”可以使更多陌生人看到强制性广告。

(2) 功能模式：用户点击“查看附近的人”后，可以根据自己的地理位置查找到周围的微信用户。在这些附近的微信用户中，除了显示用户姓名等基本信息外，还会显示用户签名档的内容。所以用户可以利用这个免费的广告位为自己的产品打广告。

(3) 营销方式：营销人员在人流最旺盛的地方后台 24 小时运行微信，如果“查看附近的人”使用者足够多，这个广告效果也会随着微信用户数量上升，简单的签名栏也许会变成移动的“黄金广告位”。

2. 品牌活动式——漂流瓶。

（1）产品描述：移植到微信上后，漂流瓶的功能基本保留了原始简单易上手的风格。

（2）功能模式：漂流瓶有两个简单功能："扔一个"——用户可以选择发布语音或者文字然后投入"大海"中；"捡一个"——"捞"大海中无数个用户投放的漂流瓶，"捞"到后也可以和对方展开对话，但每个用户每天只有20次机会。

（3）营销方式：微信官方可以对漂流瓶的参数进行更改，使得合作商家推广的活动在某一时间段内抛出的"漂流瓶"数量大增，普通用户"捞"到的频率也会增加。"漂流瓶"模式本身可以发送不同的文字内容甚至语音小游戏等，如果营销得当，也能产生不错的营销效果。而语音模式，也会让用户觉得更加真实。但是如果只是纯粹的广告语，还是会引起用户的反感。

3. O2O折扣式——扫一扫。

（1）产品描述：二维码发展至今其商业用途越来越多，所以微信也就顺应潮流结合O2O展开商业活动。

（2）功能模式：将二维码图案置于取景框内，然后可以获得成员折扣、商家优惠亦或是一些新闻资讯。

（3）营销方式：移动应用中加入二维码扫描这种O2O方式早已普及开来，坐拥上亿用户且活跃度足够高的微信，价值不言而喻。

4. 互动营销式——微信公众平台。

产品描述：对于大众化媒体、明星以及企业而言，如果说微信开放平台+朋友圈的社交分享功能的开放，已经使得微信作为一种移动互联网上不可忽视的营销渠道，那么微信公众平台的上线，则使这种营销渠道更加细化和直接。

5. 微信开店——这里的微信开店（微信商城）并非微信"精选商品"频道升级后的腾讯自营平台，而是由商户申请获得微信支付权限并开设微信店铺的平台。公众号要申请微信支付权限需要具备两个条件：第一必须是服务号；第二还需要申请微信认证，以获得微信高级接口权限。商户申请了微信支付后，才能进一步利用微信的开放资源搭建微信店铺。具体微信开店后应该注意以下几个方面：

（1）大小号助推加"粉"。很多商家在尝试做微信营销的时候都采用小号，修改签名为广告语，然后再寻找附近的人进行推广。其实商家完全可以借用微信打造自己的品牌。在粉丝达到500个之后以申请认证的方式进行营销更有利于商家品牌的建设，也方便商家推送信息和解答消费者的疑问，更重要的是可以免费搭建平台。小号则可以通过主动寻找附近的消费者来推送大号的信息，并将潜在客户导入到大号中统一管理。

（2）打造品牌公众账号。注册公众账号时首先得有一个QQ号码，然后登录公众平台网站注册即可。申请了公众账号之后在设置页面将公众账号的头像更换为店铺的招牌或者LOGO，大小以不变形可正常辨认为准。微信用户信息填写店铺的相关介绍。回复设置中的"添加"分为"被添加自动回复"、"用户消息回复"、"自定义回复"三种，商家可以根据自身的需要进行添加。商家还应对每天群发的信息做安排表，准备好文字素材和图片素材。一般推送的信息可以是最新的产品推荐、产品文化、优惠打折等。针对新老顾客推送不同的信息，也更方便回复新老顾客的提问。人性化的贴心服务将受到顾客的欢迎，触发顾客分享自己的使用体验进而形成口碑效应。

（3）实体店面同步营销。实体店面也是充分发挥微信营销优势的重要场地。在菜单的设计中添加二维码并采用会员制或者优惠的方式，鼓励到店消费的顾客使用手机扫描。一来可以为公众账号增加精准的“粉丝”，二来也积累了一大批实际消费群体，对后期微信营销的顺利开展至关重要。店面能够使用到的宣传推广材料都可以附上二维码，当然也可以独立制作海报、宣传单等进行宣传。

五、微信营销平台的运营

1. 营销推广。

企业在决定开通公众平台之前，首要应考虑想通过这个平台实现什么目标？定位是什么？需要微信实现哪些功能？然后开始选择注册订阅号还是服务号（两者的具体区别可以参考公众平台页面的官方解释）。一般企业想通过微信实现的最主要的目的是营销推广，因此商家应定期推送一些产品信息给用户。很多商家还会关注新政策、新信息，借助第三方功能开发机构来做一些增强型服务。

2. 第三方开发平台的选择。

众多企业目前越来越重视微信第三方功能的开发。在选择从事第三方功能开发的企业时，应首先考查这家企业之前的合作案例，看都与哪些公司合作过。如果是各个行业内的龙头企业，那值得合作。因为一般大企业在选择合作伙伴时会有非常严格的筛选。其次，可以关注这些合作过的企业的官方微信，体验下他们开发的功能。如果觉得有些功能不太符合自己企业的需求，可以提出细化的修改方案。

3. 企业客户关系管理。

企业客户关系管理就是留住老客户。企业通过营销活动获取了大量客户关注后，需要有意识地对客户按照各个属性进行分组，发送定制化的内容。对年轻客户群多使用新潮语；针对中年客户群的文案应成熟、稳重，提供有价值的内容。对于客户的留言要及时、高效、热情地处理。很多企业会自定义关键字回复，但对这一功能不能过分依赖。需定期检查用户的提问是否跟关键字回复是否匹配。不要让用户感觉自己被忽视而取消关注。

4. 内容运营。

公众号的定位不宜只是狭窄地发布自己产品的宣传文，应泛行业化。这样不仅不会弱化自己产品的存在感，反而把企业提升到了行业标杆的高度，挖掘到更多的潜在用户，提升品牌的知名度。

【知识导图】

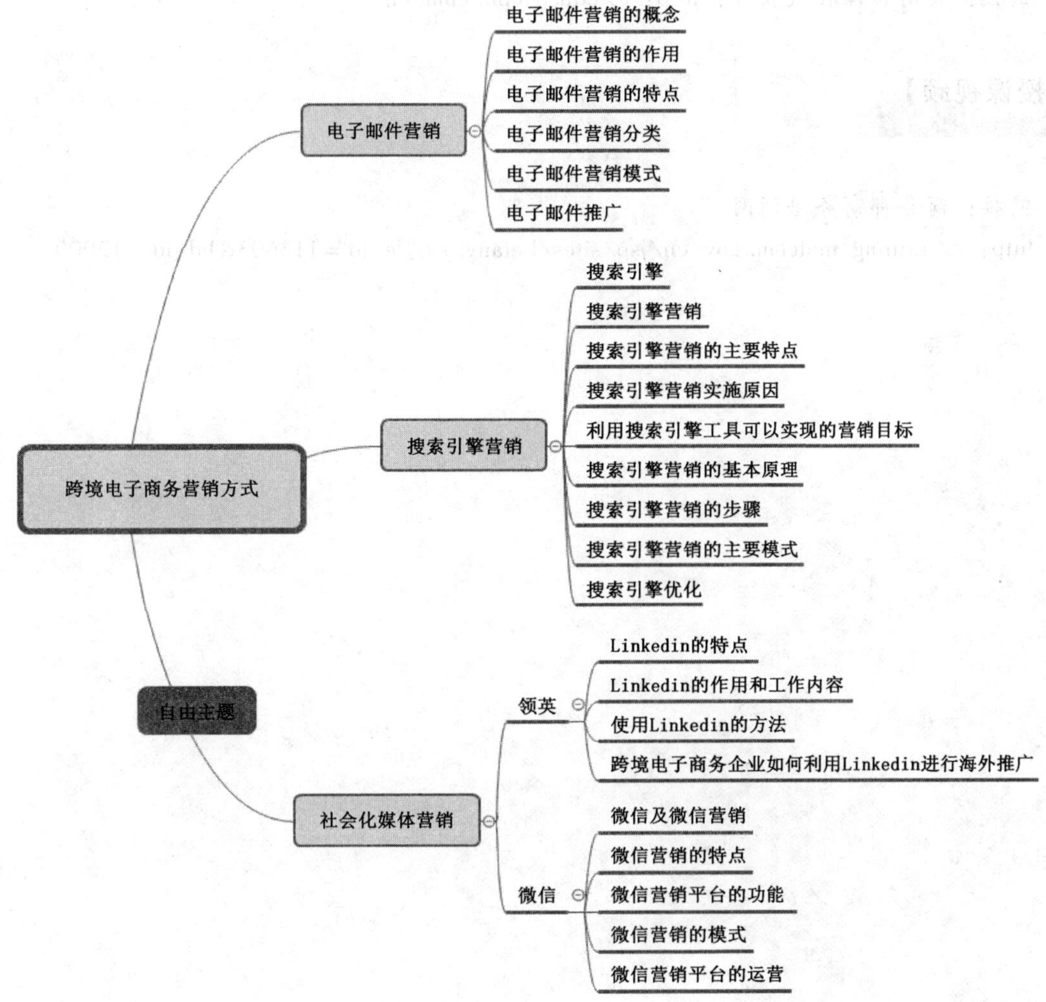

【教学资源】

链接：央财传媒在线教育：http：//edu. cfeph. com. cn/

【同步测试】

链接：央财传媒在线教育：http：//edu. cfeph. com. cn/

【授课视频】

链接：商务部商务培训网

http：//training. mofcom. gov. cn/jsp/sites/ketang. jsp?le_id = 113603&bd_id = 12000

项目5 跨境电子商务物流

学习任务5.1 跨境电子商务物流基础
学习任务5.2 海外仓运作

【学习目标】

知识目标
- □ 目标1：跨境电子商务物流的内涵
- □ 目标2：跨境电商的物流难点
- □ 目标3：海外仓的优缺点

能力目标
- □ 目标：海外仓的操作流程

学习任务5.1 跨境电子商务物流基础

一、跨境电子商务物流的内涵

物流是物品从供应地到接受地的实体流动过程。跨境电子商务是分属不同关境的交易主体，通过电子商务平台达成交易、进行支付结算，并通过跨境物流送达商品、完成交易的一种国际商业活动。跨境电子商务物流是为了克服两个关境生产和消费的空间间隔和时间距离，对货物（商品）进行物理性移动的一项国际商品或交流活动，从而完成国际商品交易的最终目的，即实现卖方交付单证、货物和收取货物。

实现物品所有权转移既商流过程。为了顺利实现商流，信息流是跨境电商供应链各环节使用价值畅通的重要保障。跨境电商物流活动如图 5－1 所示。

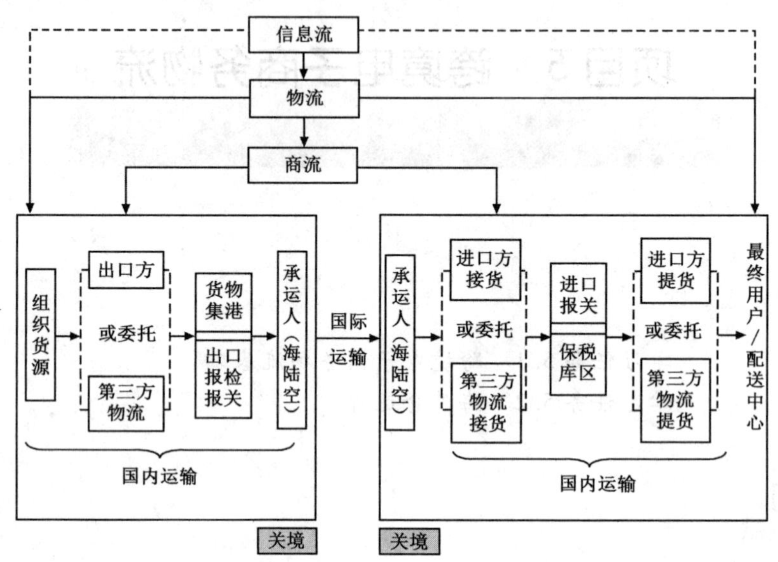

图 5－1 跨境电商物流活动过程

阅读材料

关境与国境

1. 关境的概念。

实施同一海关法规和关税制度的境域，即国家（地区）行使海关主权的执法空间。又称“税境”或“海关境域”。海关合作理事会对关境的定义是“完全实施同一海关法的地区”。一般情况下关境等于国境，但有些国家关境不等于国境。

2. 关境与国境空间上的区别。

（1）关境大于国境。两个或两个以上国家结成关税同盟后，形成同盟的共同关境。各成员国各自的关境将不再存在，关税同盟的关境即是每一个成员国的关境，各成员国的关境大于其国境。

（2）关境小于国境。一个较为普遍的观点认为，保税区、保税仓库、自由港、自由区等区域（以下统称自由区）属于关境外地区，因此，设立了这些自由区的国家（或地区以下略），其关境就会小于其国境。

3. 单独关境区。

单独关境区是一国与毗邻国家间，共同拥有的统一而又独自对外的关境区域，或在国家领土范围内，在一定条件下，实行独自对外的海关法规和关税制度的关境区域，亦称单独关税区。欧洲联盟关境由成员国关境的总和构成，成为单独关境地区。

4. 自由关税区

自由关税区是在所在国或地区管辖下，以对外贸易为主，并进行存储货物、出口加工、旅游服务等多功能，免办海关手续和免征关税的地区、自由贸易区和自由经济区等。在自由关税区与自由关税区交界处设置海关机关，主要监管区内货物运往内地时，办理征税手续。允许区内储存、挑选、改装、修理、加工和销毁输入货物。规定所有产品均可自由进出的，又称为完全自由关税区；规定禁止、限制某些产品进出的，又称为限制自由关税区。世界上绝大多数为有限自由区。1993 年 1 月 1 日启动的欧洲共同体（今欧洲联盟）一体化大市场是迄今世界上最大的联合关境自由关税区，即除运入欧共体关境的货物需照章征税外，欧共体成员国之间的货物流动均不征收关税。新加坡是世界上唯一的主权国家全境自由关税区，中国香港特别行政区是世界上经济最发达的地区性单独关境自由关税区。

二、跨境电子商务物流的难点

1. 物流链条长、作业复杂。

由于增加了海外仓储配送、海上运输等过程，以及清关通关等环节，跨境电商的整个链条自然比普通物流的链条长、环节多，且涉及电商、海关、国检、商检、税务、外汇等众多主体，各项信息需互联互通，其物流运作自然更为复杂，难度更大。

2. 自动化、信息化程度不高。

跨境电商物流涉及海量订单及海量 SKU（物理上不可分割的最小存货单位），订单商品分散，并且要快速完成订单拣选配送以及退换货处理，因此，对物流系统自动化程度要求较高。与之相比，多数跨境电商企业发展时间短，自身积累不足，物流信息系统不够先进，自动化物流设备及技术也引入较少。因此订单处理滞后、效率低下且错误率高、库存管理混乱，甚至丢件等现象已成为困扰跨境电商发展的主要问题。

3. 仓库面积不足。

在跨境电商的快速发展下，现有的仓库资源日渐捉襟见肘。特别是“双 11”、“黑色星期五”等促销日，陡增的订单量显然对现有的物流系统提出了挑战，爆仓现象普遍存在。

4. 退换货等逆向物流活动复杂。

订单处理缓慢、物流体验差以及其他因素导致跨境电商的退换货率及消费者投诉率均比国内电商更高，由此产生的逆向物流活动更频繁更复杂，增加了跨境电商物流管理运营的难度。

三、跨境电子商务物流模式的选择

跨境电子商务是在国内电子商务的基础上发展起来的，是全球经济一体化、互联网络无国境化、国际贸易深化发展相互交织融合的产物，具体指交易主体位于不同国境，通过互联网络平台在“线上”进行浏览、下单、支付等活动，再通过“线下”的跨境物流实现商品送达的一种电子商务模式。跨境物流早已存在，起初的表现形式为国际邮政包裹（如各国邮政）与国际快递（如 UPS、FedEx、DHL 等）。无论跨境电子商务还是跨境物流，都强调跨境的概念，即供需双方分属不同的国家或地区。与国内电子商务和国内物流相比，它们更为复杂，不仅涉及海关、商检、汇率、国际金融等，还受到国际政治、经济、社会等因素的制约。在跨境电子商务发展的推动下，与之相关的跨境物流不再局限于国际邮政小包、国际快递或托人捎带等传统物流模式，一些新兴物流模式不断涌现，且呈现出快速发展的态势，如海外仓的兴起与发展等。

1. 邮政包裹模式。

邮政网络基本覆盖全球，比其他任何物流渠道都要广。这主要得益于万国邮政联盟和卡哈拉邮政组织（KPG）。万国邮政联盟是联合国下设的一个关于国际邮政事务的专门机构，通过一些公约法规来改善国际邮政业务，发展邮政方面的国际合作。万国邮政联盟由于会员众多，而且会员国之间的邮政系统发展很不平衡，因此很难促成会员国之间的深度邮政合作。于是在 2002 年，邮政系统相对发达的 6 个国家和地区（中、美、日、澳、韩以及香港）的邮政部门在美国召开了邮政 CEO 峰会，并成立了卡哈拉邮政组织，后来西班牙和英国也加入了该组织。卡哈拉组织要求所有成员国的投递时限要达到 98% 的质量标准。如果货物没能在指定日期投递给收件人，那么负责投递的运营商要按货物价格的 100% 赔付客户。这些严格的要求都促使成员国之间深化合作，努力提升服务水平。例如，从中国发往美国的邮政包裹，一般 15 天以内可以到达。据不完全统计，中国出口跨境电商 70% 的包裹都是通过邮政系统投递，其中中国邮政占据 50% 左右。互联易中国邮政小包业务是互联易速递与中国邮政合作的一项国际邮政小包业务，集合全球邮政渠道，专注于跨境电商物流供应链服务。中国卖家使用的其他邮政包括香港邮政、新加坡邮政等。

2. 国际快递。

国际快递指四大商业快递巨头，即 DHL、TNT、FEDEX 和 UPS。这些国际快递商通过自建的全球网络，利用强大的 IT 系统和遍布世界各地的本地化服务，为网购中国产品的海外用户带来极好的物流体验。国际快递速度快、客户体验好，但价格昂贵。例如通过 UPS 寄送到美国的包裹，最快可在 48 小时内到达。然而，优质的服务伴随着昂贵的价格。一般中国商户只有在客户时效性要求很强的情况下，才使用国际商业快递来派送商品。

3. 海外仓。

海外仓储服务指为卖家在销售目的地进行货物仓储、分拣、包装和派送的一站式控制与管理服务。确切来说，海外仓储应该包括头程运输、仓储管理和本地配送三个部分。头程运输，即中国商家通过海运、空运、陆运或者联运将商品运送至海外仓库。仓储管理即中国商家通过物流信息系统，远程操作海外仓储货物，实时管理库存。本地配送即海外仓储中心根据订单信息，通过当地邮政或快递将商品配送给客户。

选择这类模式的好处在于，仓储置于海外不仅有利于海外市场价格的调配，同时还能降低物流成本。拥有自己的海外仓库，能从买家所在国发货，从而缩短订单周期，完善客户体验，提升重复购买率。结合国外仓库当地的物流特点，可以确保货物安全、准确、及时地到达终端买家手中。然而，这种海外仓储的模式虽然解决了小包时代成本高昂、配送周期漫长的问题，但是，值得各位跨境电商卖家考虑的是，不是任何产品都适合使用海外仓。最好是库存周转快的热销单品适合此类模式，否则，极容易压货。同时，这种方式对卖家在供应链管理、库存管控、动销管理等方面提出了更高的要求。

4. 跨境专线物流。

跨境专线物流指针对特定国家或地区推出的跨境专用物流线路，物流起点、终点、线路、运输工具、时间、周期基本固定。一般是通过航空包舱方式将货物运输到国外，再通过合作公司进行目的地国国内的派送。这种方式通过规模效应降低成本，因此，其价格一般比商业快递低。但在国内的揽收范围相对有限，覆盖地区有待扩大。在时效上，专线物流稍慢于商业快递，但比邮政包裹快很多。市面上最普遍的专线物流产品是美国专线、欧美专线、澳洲专线、俄罗斯专线等。也有不少物流公司推出了中东专线、南美专线、南非专线等。专线的成本比国际快递低，能够规避清关与商检风险。针对特定区域的跨境电子商务而言，专线是一种有效的跨境物流方案。但有区域局限性，只能用于特定的跨境物流需求或者作为跨境物流的周转与衔接环节。目前的物流专线主要有航空专线、铁路专线、大陆桥专线、海运专线与多式联运专线等，如顺丰的深圳一台北航空线、中欧（武汉）冠捷班列、渝新欧专线、敦煌网的 eulink 专线物流服务等。跨境专线物流一般是通过航空包舱方式运输到国外，再通过合作公司进行目的国的派送。

5. 自贸区或保税区物流。

自贸区或保税区物流指预先将商品送至自贸区或保税区仓库，通过跨境电子商务实现商品的销售，再通过自贸区或保税区的仓储实现分拣、包装等，通过集中运输实现商品的物流与配送。这一新兴物流模式是伴随跨境电子商务的发展而出现的，是依托自贸区或保税区的物流新兴服务模式。自贸区或保税区物流能够实现规模经济效益，利于降低物流成本、缩短物流时间，还利于享受自贸区或保税区的优惠政策。通过自贸区或保税区物流，能够享受自贸区或保税区的综合优势与优惠措施，尤其是在物流、通关、商检、收付汇、退税等方面的政策，简化跨境电子商务与跨境物流的繁琐流程。如 Amazon 在上海自贸区引入全球商品线，通过自贸区仓库实现物流配送。

6. 集货物流。

集货物流是跨境电子商务飞速发展的一种产物，指先将商品运输到本地或当地的仓储中心，达到一定数量或形成一定规模后，通过与国际物流公司合作，将商品运到境外买家手中；或者将各地发来的商品先进行聚集，然后再批量配送；或者与一些交易商品类似的跨境电子商务企业进行战略联盟，成立共同的跨境物流运营中心，利用规模优势和优势互补实现降低跨境物流费用的目的。比如：米兰网在广州与成都自建了仓储中心，商品在仓储中心聚集后，通过与国际快递合作将商品发到国外买家；大龙网在深圳设立仓储中心，采用集中发货方式，既提高了整体效率，又降低了物流成本。

7. 第四方物流。

第四方物流是一个供应链集成方，为跨境电子商务的交易方、第三方提供物流咨询、规划、信息等服务内容，通过整个供应链的影响力调配与管理供应链条的各类资源，在解决跨境电子商务的物流需求基础上整合资源，实现物流信息共享和社会物流资源充分利用。基于跨境电子商务与跨境物流的复杂性，涌现出一批第四方物流模式，为跨境物流添加了新的解决方案。比如：Axado 通过与全球超过 150 家物流公司合作，为跨境电子商务相关方提供一揽子的物流解决方案；速四方等第四方物流公司除了可提供物流专线服务外，还推出货源分拣、在线收付、在线推广、全球物流与仓储等服务内容，并开始涉足大数据、信息技术与金融增值服务。

学习任务5.2 海外仓运作

海外仓是指建立在海外的仓储设施。在跨境贸易电子商务中，海外仓是指国内企业将商品通过大宗运输的形式运往目标市场国家，在当地建立仓库、储存商品，然后再根据当地的销售订单，第一时间作出响应，及时从当地仓库直接进行分拣、包装和配送。

一、海外仓的兴起原因

1. 跨境贸易电子商务的迅速发展对物流业的要求日益提高。

退换货在国内网购中较为普遍，国外买家的心态与国内买家是一样的，也希望购买的东西快点送到手中，不满意时能轻松退换货。因此，提供与国外电商一样的本土化服务，充分利用中国制造的优势参与国际竞争，将是跨境贸易电子商务实现可持续发展的关键。

实际上，海外仓将会成为电商时代物流业发展的必然趋势。

（1）海外仓的头程将零散的国际小包转化成大宗运输，会大大降低物流成本。

（2）海外仓能将传统的国际派送转化为当地派送，确保商品更快速、更安全、更准确地到达消费者手中，完善消费者跨境贸易购物体验。

（3）海外仓的退货处理流程高效便捷，适应当地买家的购物习惯，让买家在购物时更加放心，能够解决传统的国际间退换货问题。

（4）海外仓与传统仓储物流相结合可以规避外贸风险，避免因节假日等特殊原因造成的物流短板，从而提高我国电商的海外竞争力，真正帮助电商提供本土服务，适应当地买家的消费习惯。

2. 海外仓的数据化物流体系带动跨境电商产业链的升级

从长远来看，数据化物流日趋完善将进一步带动跨境电商产业链的升级。通过数据管理物流，分析流程中的时间点数据，有利于卖家在配送过程、成品发货流程等方面找出问题，在供应链管理、库存水平管控、动销管理等方面提高效率。

二、海外仓的优缺点

1. 优点。

（1）降低物流成本。从海外仓发货，特别是在当地发货，物流成本远远低于从中国境内发货。

（2）加快物流时效。从海外仓发货，可以节省报关清关所用的时间，并且按照卖家平时的发货方式（DHL5～7天，FEDEX7～10天，UPS10天以上）若是在当地发货，客户可以在1～3天收到货，大大缩短了运输时间，提高了物流的时效性。

（3）提高产品曝光率。海外仓的优势也能让卖家拥有自己特有的优势，从而提高产品的曝光率，提升店铺的销量。

（4）提升客户满意度。货物破损、短装、发错货物等情况发生时客户可能会要求退货、换货、重发等情况。海外仓可立即协调这些问题，使卖家重新得到买家的青睐，提升客户满意度。

（5）有利于开拓市场。通过海外仓可以使得卖家的商品在境外的某地获得买家的认可，也有利于卖家积累更多的资源去拓展市场，扩大产品销售领域与销售范围，提高卖家的市场口碑。

2. 缺点。

（1）必须支付海外仓储费。海外仓的仓储成本费用，不同的国家费用不同，卖家在选择海外仓的时候一定要计算好成本的费用，与自己目前发货方式所需要的成本对比，进行选择。

（2）海外仓要求卖家要有一定的库存量。因此对一些买家特别定制的产品，就不适合选择海外仓储销售。

三、海外仓操作流程

海外仓的操作流程如下：

1. 注册会员。客户登陆 TOPDOST 网站，进入“海外仓”，注册 T 账户，注册信息需完整、真实。

2. 上传产品。注册成为 TOPDOST 会员之后，客户上传产品列表至“海外仓操作平台”。

3. 交货。客户备货，发往台州总仓。

4. 接收、核重。总仓接收货物并对货物进行运输前重量、体积、货品详情等信息的核对。

5. 支付头程运费。卖方核对货物信息无误后，客服通知客户支付头程运费。

6. 头程运输（包清关）。卖方财务确认收到头程运费后，总仓统一发货至“海外仓”。头程运输双清（清关、清货）、包关税。

7. 货物运输跟踪。货物在途，全程信息透明可跟踪。

8. 核对、入库。货物到达“海外仓”，由我方工作人员核对货物信息，并进行入库操作。

9. 创建订单。客户进入“海外仓操作系统”，登录个人账户，根据具体需求选择派送方式，创建派送订单。

10. 确认订单。海外仓收到新订单，我方根据客户指令，对货物进行分拣、打包、核重。

11. 支付海外仓派送费。客户确认订单所有详情（收货人信息、货品 SKU 信息、运费、派送方式），确认无误后客户付款，海外仓操作系统接收到付款信息，我方工作人员 24 小时内安排货物派送。

12. 货物跟踪。客户可进入“海外仓操作系统”查询跟踪货物信息。

13. 确认收货。海外客户确认收货，订单完成。

14. 拒收或退件。海外客户拒绝收货时，退回海外仓（来回运费由发货人承担）。

15. 退件入库。退件到达海外仓，工作人员检查货品信息。

（1）正确无误，做退件入库处理。

（2）信息有误，与发货人沟通，直至完全正确再退件入库，否则将归入废弃仓。

四、海外仓运行

1. 运作方式。

跨境电商卖家与第三方海外仓的合作方式有两种：一种是租用；一种是合作建设。租用方式会存在操作费用、物流费用、仓储费用；合作建设则只产生物流费用，但是前期建设费用较大。

2. 商品选择。

海外仓在降低成本等方面具有明显优势。例如像水龙头这样标准化的产品，就非常适合使用海外仓，但是有些产品要经过研究和库存分析才能更好使用海外仓。使用海外仓的产品最好是热销的单品，因为库存周转快，卖家不用担心压货。

3. 市场预测。

借助第三方海外仓，卖家最好一次性备 300 ~ 500 件单品，备好货后联系海外仓的运营方，把货物送到海外仓上架。

如果卖家把握不准的话，第一次尽量不要发太多。根据过去一个月或者三个月的销售情况以及走势，进行补货。如果销售情况很好，且量很大，可以考虑启用海运，进一步降低成本。

4. 发货。

海外仓的订单生成后，卖家可以通过 EXCEL 表格或 API 的方式通知第三方进行发货。有一定 IT 实力的卖家选择使用 API 的方式，因为 API 数据的实时性更有所保证。

5. 补货。

第三方海外仓会把实时的库存信息共享给卖家，卖家根据商品销量和库存预警值确定是否需要提前准备往海外仓发货。

6. 滞销处理。

使用海外仓要集中销售资源，否则产品容易滞销，延长周转期，从而增加整体成本。卖家应转变销售策略，提升销售速度，促进当地市场增长，有效处理滞销品。

7. 清关认证。

海外仓批量发货是大宗货物清关方式，清关检查严格，要求提供相关证明。卖家对海外仓的发货要有监控。海外仓的物流服务涉及多个合作方，在周转的过程中，作为卖家的委托方，第三方服务公司有义务做好监管，保证产品安全送达。

阅读材料

海外仓，跨境电商的“新风口”?

2016年全国两会，李克强总理在政府工作报告中提出：扩大跨境电子商务试点，支持企业建设出口产品海外仓。一时间，海外仓成了业内热词。

所谓“海外仓”，是指跨境电商企业按照一般贸易方式，将商品批量出口到境外仓库，电商平台完成销售后再将商品送达境外的消费者。近日，记者在走访我省跨境电商企业时了解到，基于海外仓利于提升配送时效、节约物流成本、改善用户服务等优势，我省不少跨境电商龙头企业已将建设或租用海外仓作为其海外布局的重要一环。

与此同时，亦有业内人士指出，建设海外仓成本高，且存在运营风险，中小企业不宜单打独斗。

海外仓是否是跨境电商的“新风口”？闽企在此有何作为空间？记者进行了调查采访。

提升时效、改善服务，闽企加速建仓

“建海外仓，能解决跨国寄件的时效、成本、清关、禁运等问题，而这些都是传统跨境物流的痛点。”福建纵腾网络有限公司副总经理李聪近日对记者表示。作为我省跨境电商出口的龙头企业，早在8年前，纵腾就在美国设立海外仓。

“当时，3C配件是我们最主要的卖品，但诸如笔记本电池这样的商品，以邮包空运不确定因素较多，而国外消费者又希望能马上换上配件。当时我们就想，能否在美国设仓库，把货物用大货柜批量出口，这样发货更快，成本也更低。”

2008年，纵腾在纽约租用场地开设首个海外仓，后考虑到税率因素，仓库搬到了新泽西。近几年，随着业务量越来越大，公司还在英国、德国、荷兰、日本和澳大利亚等地建仓。

同样选择将仓库建在新泽西的还有泉州家世比家具有限公司。家世比是近年来淘宝、京东等平台上家居产品销量与营业额的领军者。去年起，公司开始拓展跨境电商市场。

家世比公司副董事长赖水清算了一笔账：一个10公斤左右的布衣柜，若从国内直邮发货到美国要三四百元的运费，可通过海外仓，每个平均运费只要两元，即便加上国外配送费用也远低于直邮。

“据测算，海外仓直接发货到当地客户手上的成本将至少降低30%—40%左右；更可观的是，我们回收成本的时间也将提前15天左右。”德化利和陶瓷有限公司外贸负责人张奎海说。

过去由于国际物流环境复杂，跨境电商一般以200克以下、不易破碎的商品为主打，而一旦海外仓成了标配，销售体积较大、价值较高、易碎的商品就有了可能。“包括陶瓷制品、户外产品、铁艺家具在内的我省特色产品，就更容易通过电商渠道走出国门。”李聪说。

受访企业普遍认为，海外仓绝非只是B2C发货直邮集散地。“它还是海外货物集散地、前端货源品质的检验地，另外还是企业展示品牌、咨询和售后的窗口。”味民国际控股集团有限公司董事长黄卫民表示。

以售后为例。原本由于无法处理退货，不回收而直接补寄商品造成的损失已成为跨境电商企业的固定成本。现在海外仓可回收退货、提供简单维修服务，也能保障第一时间补寄商品，在降低损失的同时还能提升服务质量。

投入巨大、风险隐性，建仓切勿盲目

“走过这么多年，我依然觉得建海外仓并非易事。对中小企业来说，投入是要迈过的第一道坎。”李聪对记者坦言。

据介绍，西方国家的人力成本普遍高昂，如在美国仓库，工人的最低成本达每小时14至15美元；其次是仓库租金高昂，美国的海外仓年租金为100—120美元/平方米，即便是相对便宜的德国也达到60—100美元/平方米。

另外，建设海外仓还要投入硬件设备、开发软件系统等。“粗粗算来，在美国建一间面积3000平方米左右的海外仓，资金投入大概在上百万美元。”李聪说。

厦门一家跨境电商企业负责人提醒我省企业，租仓时业主需要提供企业信用证明，新设立公司大多无法提供，那么就必须缴纳巨额保证金给银行做担保。

除了成本考量外，企业设立海外仓还要面临一些“要命”的风险。

记者了解到，伴随着海外仓热，近两年，在福建、广东、浙江等地，开展海外仓业务的中小企业不在少数，但其中一部分最终因经营不善而停业。

“海外仓涉及的环节非常多，需要非常专业的运营体系和团队，也需要有一定的海外资源。”省跨境电商协会一位人士透露。

“清关风险、产品质量问题、库存压力、产品竞争力、税务合法性，都是隐藏的风险。”总部位于深圳的第三方海外仓服务商——飞鸟国际创始人李哲戬认为，对于初涉海外市场的企业而言，海外仓的合法性、税务、清关以及产品质量的各种解决方案都是很重要的。

采访中，不少业内人士表示，海外仓绝非他们成本预算和进入海外市场的必要因素，更多则是为了提高服务质量、开启本土化运作的考量。对于中小跨境电商企业而言，最适合轻资产、最适合需要更多产品及时上架的物流模式，或许仍是海外直邮。

李聪认为，跨境电商企业月销售没有达到200万元—300万元人民币，绝不要考虑海外建仓，这是门槛问题，即便与第三方机构合作亦是如此！

整合资源、抱团发展，或成行业新趋势

单独建仓有风险，我省企业开始寻求抱团发展。

近期，德化陶瓷企业就开始抱团“走出去”，携第三方国际仓储与配送物流服务的运营商——“出口易”运作海外仓。

“货物送达后，将由我们的当地公司负责仓储配送，一旦有客户在网上下单，就可以直接从海外仓发货。”出口易项目负责人谢植校说。业内人士认为，这是中小企业在平摊风险、降低成本的前提下进行的有意义的探索。

而我省的跨境电商“大佬”们则纷纷酝酿利用既有海外仓资源，向第三方服务商转型。

“我们打算建设一个跨境电商智慧云平台，并以此为中心，把海外华侨现有的仓储资源整合起来，为跨境电商企业提供海外仓服务。“黄卫民表示。据介绍，该公司设在美国纽约的项目已经启动，并已与华商经营的餐馆和超市的相关协会签订战略协议，计划将现有的仓储资源整合为北美的福建商品展示中心、交易平台。

泉州家世比也明确表示，在其未来海外仓的布局计划中，企业自建的海外仓不仅仅是为企业自身服务，还可以与亚马逊等第三方跨境电商平台合作，实现共建共享。而总部设在泉州的中兴海丝路跨境电商平台则已在澳大利亚、新西兰、香港等地建立了3个海外仓，为我省跨境电商企业提供供应链综合服务。

省内另一跨境电商龙头企业——福建榕金集团在海外仓领域有资源优势。其母公司多年来在美国从事的是针对中餐馆的食品配送，已有5万多家客户，在全美各州有总量达5000万平方米以上的仓库，还有30个共500万平方米的冷链仓库以及1000多辆冷链卡车。

目前，该企业打算利用这些资源，为省内跨境电商企业提供第三方海外仓和区域物流配送服务。但他们还存在一些顾虑：首先是对除食品外的其他行业的清关、税务、外汇结算等政策不熟悉；另外，对相关法律也没有吃透，比如货物销不掉，物权属于谁；待储存配送的物品若被检出不合格或为假货，是否会受到牵连等。

“希望政府部门能对有海外资源、有意愿发展成第三方服务商的企业加大帮扶力度，包括政策指导、资金扶持、人才培养等。”榕金负责人表示。

据悉，为发挥1580多万闽籍华侨华人的资源优势，依托我省侨商开设的二十多万家餐饮店、超市等实体店，省商务厅已在深入调研，瞄准主要痛点，起草推动我省跨境电商海外仓体系发展相关举措，拟对企业海外仓建设和改造、海外仓信息系统建设、海外实体店转型升级、企业运用海外仓拓展市场等予以扶持，逐步建立形成遍布全球重点区域的“跨境电商采购＋海外展示交易＋集散分拨配送＋售后服务保障”的海外仓模式。

（2016年06月24日　来源：福建日报）

【知识导图】

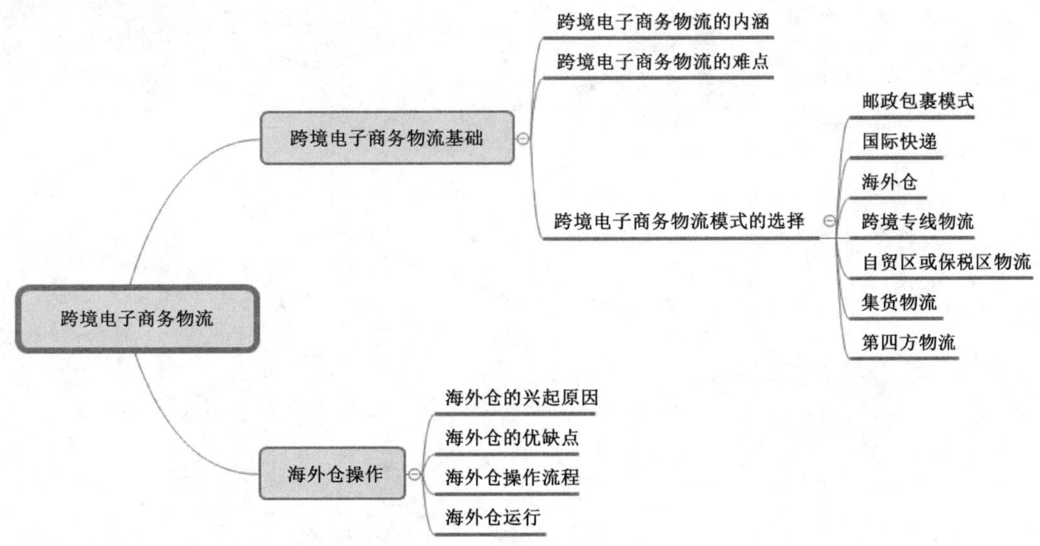

【教学资源】

链接：央财传媒在线教育：http：//edu. cfeph. com. cn/

【同步测试】

链接：央财传媒在线教育：http：//edu. cfeph. com. cn/

【授课视频】

链接：商务部商务培训网

http://training. mofcom. gov. cn/jsp/sites/ketang. jsp？ le_id = 113603&bd_id = 12000

项目6　跨境电子商务数据分析

学习任务6.1　跨境电子商务数据分析基础
学习任务6.2　跨境电子商务数据分析的指标体系
学习任务6.3　跨境电子商务网站数据分析指标体系

【学习目标】

知识目标
- ☐ 目标1：数据分析的含义
- ☐ 目标2：跨境电子商务数据分析的重要因素

能力目标
- ☐ 目标1：跨境电子商务数据分析的指标体系
- ☐ 目标2：跨境电子商务网站数据分析指标体系

大数据是当前很火的一个词汇，随之而来的数据仓库、数据安全、数据分析、数据挖掘等等围绕大数据的商业价值利用逐渐成为各个行业争相追捧的利润焦点。在跨境电子商务交易过程中围绕着各方参与者的数据分析已经成为行业新的利润增长点。谁能在海量数据信息中深度挖掘出其中蕴含的商业价值，谁就能获得更多商业机会，并最终成为赢家。

学习任务6.1 跨境电子商务数据分析基础

一、数据分析与步骤

1. 数据分析的含义。

数据分析是指用适当的统计分析方法对收集来的大量数据进行分析，提取有用信息，形成结论并对数据加以详细研究和概括总结的过程。这一过程也是质量管理体系的支持过程。在实际应用中，数据分析可帮助人们作出判断，以便采取适当行动。

2. 数据分析的步骤。

数据分析过程的主要活动由识别信息需求、收集数据、分析数据、评价并改进数据分析的有效性组成。

二、跨境电子商务数据分析

当用户在电子商务网站上有了购买行为之后，就从潜在客户变成了网站的价值客户。电子商务网站一般都会将用户的交易信息，包括购买时间、购买商品、购买数量、支付金额等信息保存在自己的数据库里面，所以对于这些客户我们可以基于网站的运营数据对他们的交易行为进行分析，以评估每位客户的价值，并针对每位客户评估扩展营销的可能性。

1. 跨境电子商务数据分析。

跨境电子商务相对于传统外贸行业来说，最大的特点就是一切都可以通过数据化来监控和改进。通过数据可以看到用户从哪里来、如何组织产品才能实现很好的转化率、投放广告的效率如何等等问题。数据分析就是电子商务网站的盈利能力。

2. 电子商务数据分析的重要性。

2011年5月25日，阿里巴巴宣布推出数据门户，并正式启用新域名。新推出的数据门户根据4500万中小企业用户的搜索、询单、交易等电子商务行为进行数据分析和挖掘，为中小企业以及电子商务从业人士等第三方提供综合数据服务。“数据”将是阿里巴巴未来十年发展的战略核心。

事实上，全球各大行业巨头都表示进驻“开放数据”蓝海。沃尔玛已经拥有两千多万亿字节数据，相当于两百多个美国国会图书馆的藏书总量。其中很大一部分是客户信息和消费记录。通过数据分析，企业可以掌握客户的消费习惯、优化现金和库存，并扩大销量，数据已经成为了各行各业商业决策的重要基础。

电商平台也很注重这方面的数据分析，例如世界工厂网就设有排名榜的数据分析。通过分析用户在世界工厂网的搜索习惯及搜索记录，免费提供产品排行榜、求购排行榜和企业排

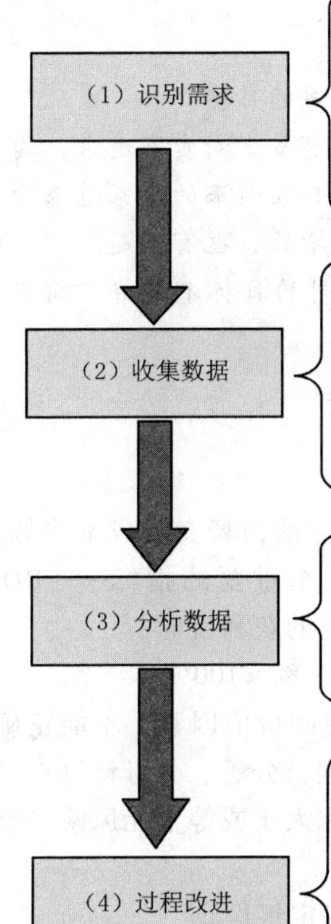

识别信息需求是确保数据分析过程有效性的首要条件，可以为收集数据、分析数据提供清晰的目标。识别信息需求是管理者的职责，管理者应根据决策和过程控制的需求，提出对信息的需求。就过程控制而言，管理者应识别需求并利用信息支持评价过程输入、过程输出、资源配置的合理性、过程活动的优化方案和过程异常变异的发现。

有目的地收集数据是确保数据分析过程有效的基础。对收集数据的内容、渠道、方法进行策划时应考虑：①将识别的需求转化为具体的要求，如评价供方时，需要收集的数据可能包括其过程能力、测量系统不确定度等相关数据；②明确由谁在何时何处，通过何种渠道和方法收集数据；③记录表应便于使用；④采取有效措施，防止数据丢失和虚假数据对系统的干扰。

分析数据是将收集的数据通过加工、整理和分析、使其转化为信息，通常用的七种旧方法有：排列图、因果图、分层法、调查表、散布图、直方图、控制图；新方法有：关联图、系统图、矩阵图、KJ法、计划评审技术、PDPC法和矩阵数据图。

数据分析是质量管理体系的基础。组织的管理者应在适当时，通过对以下问题的分析，评估其有效性：①提供决策的信息是否充分、可信，是否存在因信息不足、失准、滞后而导致决策失误的问题；②信息对持续改进质量管理体系、过程、产品所发挥的作用是否与期望值一致，是否在产品实现过程中有效运用数据分析；③收集数据的目的是否明确，收集的数据是否真实和充分，信息渠道是否畅通；④数据分析方法是否合理，是否将风险控制在可接受的范围；⑤数据分析所需资源是否得到保障。

行榜。作为行业门户网站的装备制造网也即将提供数据分析功能。只有行业网站、电商平台等拥有企业数据优势，收集行业信息，并有分析整合数据的能力，才能真正为企业提供真实、有效的数据分析。

三、跨境电子商务数据分析的重要因素

1. 电子商务数据分析需要商业敏感。

数据分析师必须有从枯燥的数据中解开市场密码的本事。具有商业意识的数据分析师会通过发现网站上的某种商品的销售增加而预测相关的销量。

案 例

一个商业敏感的数据分析师，是懂得用什么样的数据来实现公司的目标。

电子商务网站的竞争，重点看的不是交易量，而是流量：每天有多少新卖家进来，卖了多少东西。因为此阶段竞争最核心的是人气，而非实质交易量。如果新来的卖家进来卖不出东西，只有老卖家的交易量在增长，即使最后每天的交易量都增长，也有问题。

一家刚踏入市场的B2B公司和已经占领大部分市场的B2B公司的目标不一样。前者是看流量赚人气，后者是看重交易转化率及回头率。

2. 投资回报率。

跨境电子商务B2B网站平台的宗旨是为企业服务，让买家与卖家的市场交易成本降低，提高订单利润。因此，电子商务的网站转化率是关键。其中有一个重要的指标——ROI（Return On Investment），指通过投资而应返回的价值，它涵盖了企业的获利目标。

其计算公式为：投资回报率（ROI）＝年利润或年均利润/投资总额×100%

投资回报率（ROI）的优点是计算简单；缺点是没有考虑资金时间价值因素，不能正确反映建设期长短及投资方式不同和回收额的有无等条件对项目的影响，分子、分母计算口径的可比性较差，无法直接利用净现金流量信息。只有投资利润率指标大于或等于无风险投资利润率的投资项目才具有财务可行性。

投资回报率（ROI）往往具有时效性——回报通常是基于某些特定年份。

3. 跨境电子商务数据分析衡量指标的设定。

指标是让我们更好地从数据量化的层面来了解运营的状况。网站分析采用的指标可能有各种各样的，根据网站的目标和网站的客户的不同，可以有许多不同的指标来衡量。PV（访问量）、UV（独立访客）、转化率基本是运营监督的指标。常用的网站分析指标有内容指标和商业指标，内容指标指的是衡量访问者的活动的指标，商业指标是指衡量访问者活动转化为商业利润的指标。

电子商务的数据可分为两类：前端行为数据和后端商业数据。前端行为数据指访问量、浏览量、点击流及站内搜索等反映用户行为的数据；而后端数据更侧重商业数据，比如交易量、投资回报率，以及全生命周期管理等。

有些人关心前端行为数据，也有些人关心后端商业数据，但是没有几家网站把前端行为数据和后端商业数据连起来看。实际上每个数据都像散布在黑夜里的星星，它们之间布满了关系网，其中一个数据变化，就会驱动另外一个数据的变化。

4. 要关注某些指标异常变化的原因。

网站的某些指标的异常变化是外界市场一些变化的客观反映，网站的数据分析人员一定要积极注意。例如PV减少（异常），那我们就要分析用户是搜索来源减少还是直接访问减少，搜索减少需要通过观察用户的关键字、搜索引擎等。

案　例

2011 年的上半年，阿里巴巴与慧聪发生争论，而在那几天，另一个 B2B 网站——世界工厂网的会员注册量每天超过千个。两个 B2B 巨头不稳定之时，企业会选择第三方的平台，这是符合常理推断的。不过在此以后，世界工厂的注册量一直稳中有升。难道是会员发现了一个免费“新大陆”吗？事后发现，是因为世界工厂网的一个新项目——全球企业库的上线得到了大量企业会员的青睐。因而对于一些数据的异常增加或减少，一定要分析其产生的原因与市场时机，这对平台以后的发展及政策导向非常有借鉴意义。

某天，Linkin（领英）忽然发现来自雷曼兄弟的来访者多了起来，但是并没有深究原因。第二天，雷曼兄弟宣布倒闭。来访者增多的原因是雷曼兄弟的人到 Linkin 找工作来了。谷歌宣布退出中国的前一个月，Linkin 上也出现了一些平时很少见的谷歌产品经理，也是相同的道理。试想，如果 Linkin 针对某家上市公司分析某些数据，是不是很有商业价值？

5. 利用数据分析用户的行为习惯。

利用数据来分析揣测用户的心理和一些习惯，可以最真实地告诉你客户需要什么。这些可以利用投票调查及问题提交等来实现，当然利用数据整合分析也是必然的。之后权衡利弊来对用户体验进行改善，和制定基本的产品定位及活动。

网站数据分析应该有两个层次：第一，网站数据分析，就围绕产品如何运转，做封闭路径的分析；得出产品的点击是否顺畅、功能展现是否完美。第二，研究客户的访问焦点，挖掘客户潜在需求。如果是以交易为导向的电子商务网站，就是要研究如何高效地促成交易，是否能出现联单。

6. 客户的购买行为分析。

当用户在电子商务网站上有了购买行为之后，就从潜在客户变成了网站的价值客户，电子商务网站一般都会将用户的交易信息，包括购买时间、购买商品、购买数量、支付金额等信息保存在自己的数据库里面。所以对于这些用户，我们可以基于网站的运营数据对他们的交易行文进行分析，以估计每位用户的价值。

客户的购买行为分析，如传统的 RFM 模型、会员聚类、会员的生命周期分析、活跃度分析等，对精准的运营都是非常重要的。

7. 电子商务数据分析需注重实战经验。

以上所谈到的电子商务数据分析的几个重要因素，只是一个流程。电子商务的数据分析更多的是实战。网站分析的本质在于了解用户的需求、行为，以开发用户体验良好的功能与服务，制定扩展营销的策略及附加功能的推广服务等等。

学习任务 6.2 跨境电子商务数据分析的指标体系

跨境电子商务数据分析指标体系分为八大类指标，包括总体运营指标、网站流量指标、销售转化指标、客户价值指标、商品及供应链指标、营销活动指标、风险控制指标和市场竞争指标。不同类别指标对应电商运营的不同环节，如网站流量指标对应的是网站运营环节，销售转化指标、客户价值指标和营销活动指标对应的是电商销售环节。

1. 跨境电子商务总体运营指标。

电商总体运营整体指标主要面向的人群是电商运营的高层，通过总体运营指标评估电商运营的整体效果。电子商务总体运营整体指标包括四方面的指标（见表 6－1）：

表 6－1 总体运营指标

流量类指标	独立访客数（UV）
	页面访问数（PV）
	人均页面访问数
订单产生效率指标	总订单数量
	访问到下单转化率
总体销售业绩指标	成交金额（GMV）
	销售金额
	客单价
整体指标	销售毛利
	毛利率

（1）流量类指标。独立访客数（UV），指访问电商网站的不重复用户数。对于 PC 网站，统计系统会在每个访问网站的用户浏览器上“种”一个 cookie 来标记这个用户，这样每当被标记 cookie 的用户访问网站时，统计系统都会识别到此用户。在一定统计周期内（如一天）统计系统会利用消重技术，对同一 cookie 在一天内多次访问网站的用户仅记录为一个用户。而在移动终端区分独立用户的方式则是按独立设备计算独立用户。

页面访问数（PV），即页面浏览量。用户每一次对电商网站或移动电商应用中的每个网页访问均被记录一次。用户对同一页面的多次访问量累计。

人均页面访问数，即页面访问数（PV）/独立访客数（UV），该指标反映的是网站访问粘性。

（2）订单产生效率指标。总订单数量，即访客完成网上下单的订单数之和。访问到下单的转化率，即电商网站下单的次数与访问该网站的次数之比。

（3）总体销售业绩指标。网站成交额（GMV），即电商成交金额，即只要网民下单，生成订单号，便可以计算在GMV里面。销售金额是货品出售的金额总额。客单价，即订单金额与订单数量的比值。

无论订单最终是否成交，有些订单下单未付款或取消，都算GMV。而销售金额一般只指实际成交金额，所以，GMV的数字一般比销售金额大。

（4）整体指标。销售毛利是销售收入与成本的差值。销售毛利中只扣除了商品原始成本，不扣除没有计入成本的期间费用（管理费用、财务费用、营业费用）。毛利率是衡量电商企业盈利能力的指标，是销售毛利与销售收入的比值。如京东2014年毛利率连续四个季度稳步上升，从第一季度的10.0%上升至第四季度的12.7%，体现出京东盈利能力的提升。

2. 网站流量指标（见表6-2）。

表6-2　常见流量类指标

流量规模类指标	独立访客数（UV）
	页面访问数（PV）
流量成本类指标	访客获取成本
流量质量类指标	跳出率
	页面访问时长
	人均页面访问数
会员类指标	注册会员数
	活跃会员数
	活跃会员率
	会员复购率
	会员平均购买次数
	会员回购率
	会员留存率

（1）流量规模类指标。常用的流量规模类指标包括独立访客数和页面访问数，相应的指标定义在前文（电商总体运营指标）已经描述，在此不再赘述。

（2）流量成本类指标包括单位访客获取成本。该指标指在流量推广中，广告活动产生的投放费用与广告活动带来的独立访客数的比值。单位访客成本最好与平均每个访客带来的收入以及这些访客带来的转化率进行关联分析。若单位访客成本上升，但访客转化率和单位访客收入不变或下降，则很可能是流量推广出现问题，尤其要关注渠道推广的作弊问题。

（3）流量质量类指标。跳出率（Bounce Rate）也被称为蹦失率，为浏览单页即退出的次数/该页访问次数。跳出率只能衡量该页作为着陆页面（LandingPage）的访问。如果花钱做推广，着陆页的跳出率高，很可能是因为推广渠道选择出现失误，推广渠道的目标人群和被推广渠道不够匹配，导致大部分访客访问一次就离开。

页面访问时长。页面访问时长是指单个页面被访问的时间。并不是页面访问时长越长越好，要视情况而定。对于电商网站，页面访问时间要结合转化率来看，如果页面访问时间长，但转化率低，则页面体验出现问题的可能性很大。

人均页面浏览量是指在统计周期内，平均每个访客所浏览的页面量。人均页面浏览量反映的是网站的粘性。

（4）会员类指标。注册会员数指一定统计周期内的注册会员数量。活跃会员数指在一定时期内有消费或登录行为的会员总数。活跃会员率即活跃会员占注册会员总数的比重。会员复购率指在统计周期内产生二次及二次以上购买的会员占购买会员的总数。会员平均购买次数指在统计周期内每个会员平均购买的次数，即订单总数/购买用户总数。会员复购率高的电商网站平均购买次数也高。会员回购率指上一期末活跃会员在下一期时间内有购买行为的会员比率。

会员留存率。会员在某段时间内开始访问某个网站，一段时间后，仍然会继续访问该网站就被认作是留存，这部分会员占当时新增会员的比例就是新会员留存率。这种留存的计算方法是按照活跃度或消费来计算，即某段的新增消费用户在之后一段时间时间周期（时间周期可以是日、周、月、季度和半年度）还继续消费的会员比率。留存率一般看新会员留存率，当然也可以看活跃会员留存。留存率反映的是电商留住会员的能力。

3. 网站销售（转化率）类指标（见表6-3）。

表6-3　　网站销售（转化率）类指标

<table>
<tr><td rowspan="5">购物车类指标</td><td rowspan="4">基础类统计</td><td>加入购物车次数</td></tr>
<tr><td>加入购物车买家数</td></tr>
<tr><td>加入购物车买家数</td></tr>
<tr><td>加入购物车商品数</td></tr>
<tr><td>转化类统计</td><td>购物车支付转化率</td></tr>
<tr><td rowspan="4">下单类指标</td><td rowspan="3">基础类统计</td><td>下单笔数</td></tr>
<tr><td>下单金额</td></tr>
<tr><td>下单买家数</td></tr>
<tr><td>转化类统计</td><td>浏览下单转化率</td></tr>
<tr><td rowspan="3">支付类指标</td><td rowspan="3">基础类统计</td><td>支付金额</td></tr>
<tr><td>支付买家数</td></tr>
<tr><td>支付商品数</td></tr>
</table>

续表

支付类指标	转化类统计	浏览—支付买家转化率
		下单—支付金额转化率
		下单—支付买家数转化率
		下单—支付时长
交易类指标	成功类统计	交易成功订单数
		交易成功金额
		交易成功买家数
		交易成功商品数
	失败类统计	交易失败订单数
		交易失败订单金额
		交易失败订单买家数
		交易失败商品数
	退款统计	退款总订单量
		退款金额
		退款率

（1）购物车类指标。基础类指标，包括一定统计周期内加入购物车次数、加入购物车买家数以及加入购物车商品数。转化类指标主要是购物车支付转化率，即一定周期内加入购物车商品支付买家数与加入购物车家数的比值。

（2）下单类指标。基础类指标，包括一定统计周期内的下单笔数、下单金额以及下单买家数。转化类指标，主要是浏览下单转化率，即下单买家数与网站访客数（UV）的比值。

（3）支付类指标。基础统计类指标，包括一定统计周期内支付金额、支付买家数和支付商品数。

转化类指标。包括浏览—支付买家转化率（支付买家数/网站访客数）、下单—支付金额转化率（支付金额/下单金额）、下单—支付买家数转化率（支付买家数/下单买家数）和下单—支付时长（下单时间到支付时间的差值）。

4. 客户价值类指标。

表 6-4 客户价值类指标

客户指标	累计购买客户数
	客单价
新客户指标	新客户数量
	新客户获取成本
	新客户客单价
老客户指标	消费频率
	最近一次购买时间
	消费金额
	重复购买率

（1）客户指标。常见客户指标包括一定统计周期内的累计购买客户数和客单价。客单价是指每一个客户平均购买商品的金额，也即是平均交易金额，即成交金额与成交用户数的比值。

（2）新客户指标。常见新客户指标包括一定统计周期内的新客户数量、新客户获取成本和新客户客单价。其中，新客户客单价是指第一次在店铺中产生消费行为的客户所产生交易额与新客户数量的比值。影响新客户客单价的因素除了与推广渠道的质量有关系，还与电商店铺活动以及关联销售有关。

（3）老客户指标。常见老客户指标包括消费频率、最近一次购买时间、客户消费金额和重复购买率。消费频率是指客户在一定期间内所购买的次数；最近一次购买时间表示客户最近一次购买的时间离现在有多远；客户消费金额指客户在最近一段时间内购买的金额。消费频率越高，最近一次购买时间离现在越近，消费金额越高的客户越有价值。重复购买率则指消费者对该品牌产品或者服务的重复购买次数，重复购买率越高，则反映出消费者对品牌的忠诚度就越高，反之则越低。重复购买率可以按两种口径来统计：第一种，从客户数角度，重复购买率指在一定周期内下单次数在两次及两次以上的人数与总下单人数之比，如在一个月内，有 100 个客户成交，其中有 20 个是购买两次及以上，则重复购买率为 20%；第二种，按交易计算，即重复购买交易次数与总交易次数的比值，如某月内，一共产生了 100 笔交易，其中有 20 个人有了二次购买，这 20 人中的 10 个人又有了三次购买，则重复购买次数为 30 次，重复购买率为 30%。

5. 商品类指标（见表 6-5）。

表 6-5 商品类指标

产品总数指标	SKU 数
	SPU 数
	在线 SPU 数
产品优势性指标	独家产品收入比重
品牌存量	品牌数
	在线品牌数
上架	上架商品 SKU 数
	上架商品 SPU 数
	上架在线 SPU 数
	上架商品数
	上架在线商品数
首发	首次上架商品数
	首次上架在线商品数

（1）产品总数指标，包括 SKU、SPU 和在线 SPU。SKU 是物理上不可分割的最小存货单位。SPU 即 Standard Product Unit（标准化产品单元），SPU 是商品信息聚合的最小单位，是一组可复用、易检索的标准化信息的集合，该集合描述了一个产品的特性。通俗点讲，属性值、特性相同的商品就可以称为一个 SPU。在线 SPU 则是在线商品的 SPU 数。

（2）产品优势性指标，主要是指独家产品的收入占比，即独家销售的产品收入占总销售收入的比例。

（3）品牌存量指标，包括品牌数和在线品牌数指标。品牌数指商品的品牌总数量。在线品牌数则指在线商品的品牌总数量。

（4）上架，包括上架商品 SKU 数、上架商品 SPU 数、上架在线 SPU 数、上架商品数和上架在线商品数。

（5）首发，包括首次上架商品数和首次上架在线商品数。

6. 市场营销活动指标（见表 6-6）。

表 6-6 市场营销活动指标

市场营销活动指标	新增访问人数
	新增注册人数
	总访问次数
	订单数量
	下单转化率
	ROI

续表

广告投放指标	新增访问人数
	新增注册人数
	总访问次数
	订单数量
	UV 订单转化率
	广告投资回报率

（1）市场营销活动指标包括新增访问人数、新增注册人数、总访问次数、订单数量、下单转化率以及 ROI。其中，下单转化率是指活动期间，某活动所带来的下单的次数与访问该活动的次数之比。投资回报率（ROI）是指某一活动期间产生的交易金额与活动投放成本金额的比值。

（2）广告投放指标包括新增访问人数、新增注册人数、总访问次数、订单数量、UV 订单转化率、广告投资回报率。其中，下单转化率是指某广告所带来的下单的次数与访问该活动的次数之比。投资回报率（ROI）是指某广告产生的交易金额与广告投放成本金额的比值。

7. 风险控制类指标（见表 6－7）。

表 6－7 风控类指标

买家评价指标	买家评价数
	买家评价卖家数
	买家评价上传图片数
	买家评价率
	买家好评率
	买家差评率
投诉指标	发起投诉（申诉）数
	投诉率
	撤销投诉（申诉）数

（1）买家评价指标包括买家评价数，买家评价卖家数、买家评价上传图片数、买家评价率、买家好评率以及卖家差评率。其中，买家评价率是指某段时间参与评价的卖家与该时间段买家数量的比值，反映用户对评价的参与度，电商网站目前都在积极引导用户评价，以作为其他买家购物时候的参考。买家好评率指某段时间内好评的买家数量与该时间段买家数量的比值。同样，买家差评率指某段时间内差评的买家数量与该时间段买家数量的比值。尤其是买家差评率，是非常值得关注的指标，需要监控起来，一旦发现买家差评率在加速上升，一定要提高警惕，分析引起差评率上升的原因，及时改进。

(2) 买家投诉类指标包括发起投诉（或申诉），撤销投诉（或申诉），投诉率（买家投诉人数占买家数量的比例）等。投诉量和投诉率都需要及时监控，以发现问题，及时优化。

8. 市场竞争类指标（见表6-8）。

表6-8 市场竞争类指标

市场份额相关	市场占有率
	市场扩大率
	用户份额
网站排名	交易额排名
	流量排名

市场份额相关指标，包括市场占有率、市场扩大率和用户份额。市场占有率指电商网站交易额占同期所有同类型电商网站整体交易额的比重；市场扩大率指购物网站占有率较上一个统计周期增长的百分比；用户份额指购物网站独立访问用户数占同期所有B2C购物网站合计独立访问用户数的比例。

学习任务6.3 跨境电子商务网站数据分析指标体系

跨境电子商务网站分析采用指标可能有各种各样，根据网站目标和网站客户不同，可以有许多不同指标来衡量。常用网站分析指标有内容指标和商业指标，内容指标是衡量访问者活动的指标，商业指标是指衡量访问者活动转化为商业利润的指标。

一、网站分析内容指标

1. 转换率 Take Rates（Conversions Rates）。

计算公式：转换率=进行了相应动作访问量/总访问量

指标意义：衡量网站内容对访问者吸引程度以及网站宣传效果。

指标用法：在不同方测试新闻订阅、下载链接或注册会员，分别测试下使用不同链接名称、订阅方式、广告放置、付费搜索链接、付费广告（PPC）等等，看哪种方式能够保持转换率上升？如何增强来访者和网站内容相关性？如果这个值上升，说明相关性增强了，反之，则是减弱。

2. 回访者比率 Repeat Visitor Share。

计算公式：回访者比率=回访者数/独立访问者数

指标意义：衡量网站内容对访问者吸引程度和网站实用性——网站是否有令人感兴趣内容使访问者再次回到你的网站。

指标用法：基于访问时长设定和产生报告时间段，这个指标可能会有很大不同。绝大多数网站都希望访问者回访，因此希望这个值不断提高。如果这个值在下降，说明网站内容或产品质量没有加强。需要注意的是，一旦选定了一个时长和时间段，就要使用相同参数来产生报告，否则就失去比较的意义。

3. 积极访问者比率 Heavy User Share。

计算公式：积极用户比率 = 访问超过 11 页用户/总访问数

指标意义：衡量有多少访问者对网站内容有高度兴趣。

指标用法：如果网站针对正确目标受众并且网站使用方便，可以看到这个指标不断上升。如果网站是内容型，可以针对不同类别内容来区分不同积极访问者，当然也可以定义 20 页以上才算是积极访问者。

4. 忠实访问者比率 Committed Visitor Share。

计算公式：访问时间在 19 分钟以上用户数/总用户数

指标意义：和上一个指标意义相同，只是使用停留时间取代浏览页数，取决于网站目标。可以使用两个中的一个或结合使用。

指标用法：访问者时长这个指标有很大争议，这个指标应结合其他指标一起使用，例如转换率。但总体来说，较长访问时长意味着用户喜欢呆在这个网站。同样，访问时长也可以根据不同需要自行设定。

5. 忠实访问者指数 Committed Visitor Index。

计算公式：忠实访问者指数 = 大于 19 分钟访问页数/大于 19 分钟访问者数

指标意义：这个指标是指每个长时间访问者平均访问页数，这个重要指标结合了页数和时间。

指标用法：如果这个指数较低，那意味着有较长访问时间但是访问页面数较低（也许访问者正好离开吃饭了）。当增加了网站功能和资料，吸引更多忠实访问者浏览，这个指数就会上升。

6. 忠实访问者量 Committed Visitor Volume。

计算公式：忠实访问者量 = 大于 19 分钟访问页数/总访问页数。

指标意义：长时间访问者所访问页面占所有访问页面数量。

指标用法：对于一个靠广告驱动的网站，这个指标尤其值得注意，因为它代表了总体页面访问质量。如果 10000 访问页数却仅有 1% 忠实访问者率，这意味着可能吸引了错误的访问者，他们仅仅看一眼网页就离开了。这时应该考虑是否是因为广告词语产生了误解。

7. 访问者参与指数 Visitor Engagement Index。

计算公式：访问者参与指数 = 总访问数/独立访问者数

指标意义：这个指标是每个访问者平均会话（session），代表着部分访问者多次访问趋势。

指标用法：与回访者比率不同，这个指标代表着回访者强烈度，如果有一个目标受众不断回访网站，这个指数将大大高于 1；如果没有回访者，指数将趋近于 1，意味着每一个访问者都有一个新会话。这个指数高低取决于网站目标，大部分内容型和商业性网站都希望每个访问者在每周/每月有多个会话；客户服务尤其是投诉之类页面或网站则希望这个指数尽可能接近于 1。

8. 回弹率（所有页面）Reject Rate/Bounce Rate。

计算公式：回弹率（所有页面）= 单页面访问数/总访问数

指标意义：代表着访问者看到仅有一页比率。

指标意义：这个指标对于最高进入页面有很重要的意义，因为流量就是从这些页面产生，对网站导航或布局设计进行调整时尤其要注意到这个参数。这个比率应该不断下降才好。

9. 回弹率（首页）Reject Rate/Bounce Rate。

计算公式：回弹率（首页）=仅仅访问首页访问数/所有从首页开始访问数

指标意义：这个指标代表所有从首页开始访问者中仅仅看了首页访问者比率。

指标意义：这个指标是所有内容型指标中最重要一个，通常我们认为首页是最高进入页面（当然，如果网站有其他更高进入页面，那么也应该把它加入到追踪目标中）。对任意一个网站，如果访问者对首页或最常见进入页面都是一掠而过，说明网站在某一方面有问题。如果目标市场正确，那说明是访问者不能找到他想要东西，或者是网页设计上有问题（包括页面布局、网速、链接文字等等）；如果网站设计可行易用，网站内容很容易找到，那么问题可能出在访问者质量上，即市场问题。

10. 浏览用户比率 Scanning Visitor Share。

计算公式：浏览用户比率=少于1分钟访问者数/总访问数

指标意义：这个指标在一定程度上衡量网页吸引程度。

指标用法：大部分网站都希望访问者停留超过一分钟，如果这个指标值太高，那么就应该考虑一下网页内容是否过于简单，网站导航菜单是否需要改进。

11. 浏览用户指数 Scanning Visitor Index。

计算公式：浏览用户指数=少于1分钟访问页面数/少于1分钟访问者数

指标意义：一分钟内访问者平均访问页数。

指标用法：这个指数越接近于1，说明访问者对网站越没兴趣，他们仅仅是瞄一眼就离开了。这也许是导航问题，如果对导航系统进行了显著改进，应该可以看到这个指数在上升；如果指数还是下降，应该是网站目标市场及使用功能有问题，应该着手解决。

将浏览用户比率和浏览用户指数结合起来使用，可以看出用户是在浏览有用信息还是厌烦而离开。

12. 浏览用户量 Scanning Visitor Volume。

计算公式：浏览用户量=少于1分钟浏览页数/所有浏览页数。

指标意义：在一分钟内完成访问页面数比率。

指标用法：根据网站目标不同，这个指标高低有不同要求，大部分网站希望这个指标降低。如果是搞广告驱动网站，这个指标太高则对于长期目标不利，因为这意味着尽管你通过广告吸引了许多访问者，产生很高访问页数，但是访问者质量却不高，所能带来收益也就会受到影响。

二、网站分析商业指标

1. 平均订货额 Average Order Amount（AOA）。

计算公式：平均订货额=总销售额/总订货数

指标意义：用来衡量网站销售状况好坏。

指标用法：将网站访问者转化为买家当然很重要，同样重要的是激励买家在每次访问时购买更多产品。跟踪这个指标可以找到更好的改进方法。

2. 转化率 Conversion Rate（CR）。

计算公式：转化率 = 总订货数/总访问量

指标意义：这个重要指标衡量网站对每个访问者的销售情况。

指标用法：通过这个指标可以看到即使一些微小变化都可能给网站收入带来巨大变化。如果还能够区分出新、旧访问者所产生订单，那么就可以细化这个指标，对新旧客户进行分别统计。

3. 每访问者销售额 Sales Per Visit（SPV）。

计算公式：每位访问者销售额 = 总销售额/总访问数

指标意义：这个指标用来衡量网站市场效率。

指标用法：这个指标和转化率差不多，只是表现形式不同。

4. 单笔订单成本 Cost per Order（CPO）。

计算公式：单笔订单成本 = 总市场营销开支/总订货数

指标意义：衡量平均订货成本。

指标用法：每笔订单营销成本对于网站盈利和现金流都非常关键。对营销成本的计算各人有不同标准，有些把全年网站营运费用摊入到每月成本中，有些则不这么做，关键要看哪种最适合自己情况。如果能够在不增加市场营销成本情况下提高转化率，这个指标就应该会下降。

5. 再订货率 Repeat Order Rate（ROR）。

计算公式：再订货率 = 现有客户订单数/总订单数

指标意义：用来衡量网站对客户的吸引力。

指标用法：这个指标高低和客户服务有很大关系，只有令用户满意的产品体验和服务才能提高这个指标。

6. 单个访问者成本 Cost Per Visit（CPV）。

计算公式：单个访问者成本 = 市场营销费用/总访问数

指标意义：用来衡量网站流量成本。

指标用法：这个指标衡量的是市场效率，目标是要降低这个指标而提高 SPV，为此要将无效市场营销费用削减，增加有效市场投入。

7. 订单获取差额 Order Acquisition Gap（OAG）。

计算公式：订单获取差额 = 单个访问者成本（CPV）– 单笔订单成本（CPO）

指标意义：这是一个衡量市场效率指标，代表着网站所带来访问者和转化访问者之间差异。

指标用法：这个指标值应是一个负值，测量从非访问者中获得客户的成本。有两种方法来降低这个差额。当增强了网站销售能力，CPO 就会下降，这个差额就会缩小，说明网站转化现有流量能力到了加强；同样，CPV 可能升高而 CPO 保持不变或降低，这个差额也会缩小，表明网站所吸引流量都具有较高转化率，这种情形通常发生在启用了 PPC（pay per click）计划。

8. 订单获取率 Order Acquisition Ratio（OAR）。

计算公式：订单获取率 = 单笔订单成本（CPO）/单个访问者成本（CPV）

指标意义：用另一种形式来体现市场效率。

指标用法：用比率形式往往比较容易为管理阶层所理解，尤其是财务人员。

9. 每笔产出（CON）。

计算公式：每笔产出 =（平均订货数 × 平均边际收益）－每笔订单成本

指标意义：每笔订单带来的现金增加净值。

指标用法：公司财务总监总是对这个指标感兴趣，代表了花了多少钱来赚多少钱。

10. 投资回报率 Return on Investment（ROI）。

计算公式：投资回报率 = 每笔产出（CON）/每笔订单成本（CPO）

指标意义：用来衡量广告投资回报。

指标用法：比较广告回报率，应该把钱分配给有最高回报率的广告，但是这个回报率应当要有时间段限制，比如“25% RIO/每周”和“25% RIO/每年”有很大差别。

【知识导图】

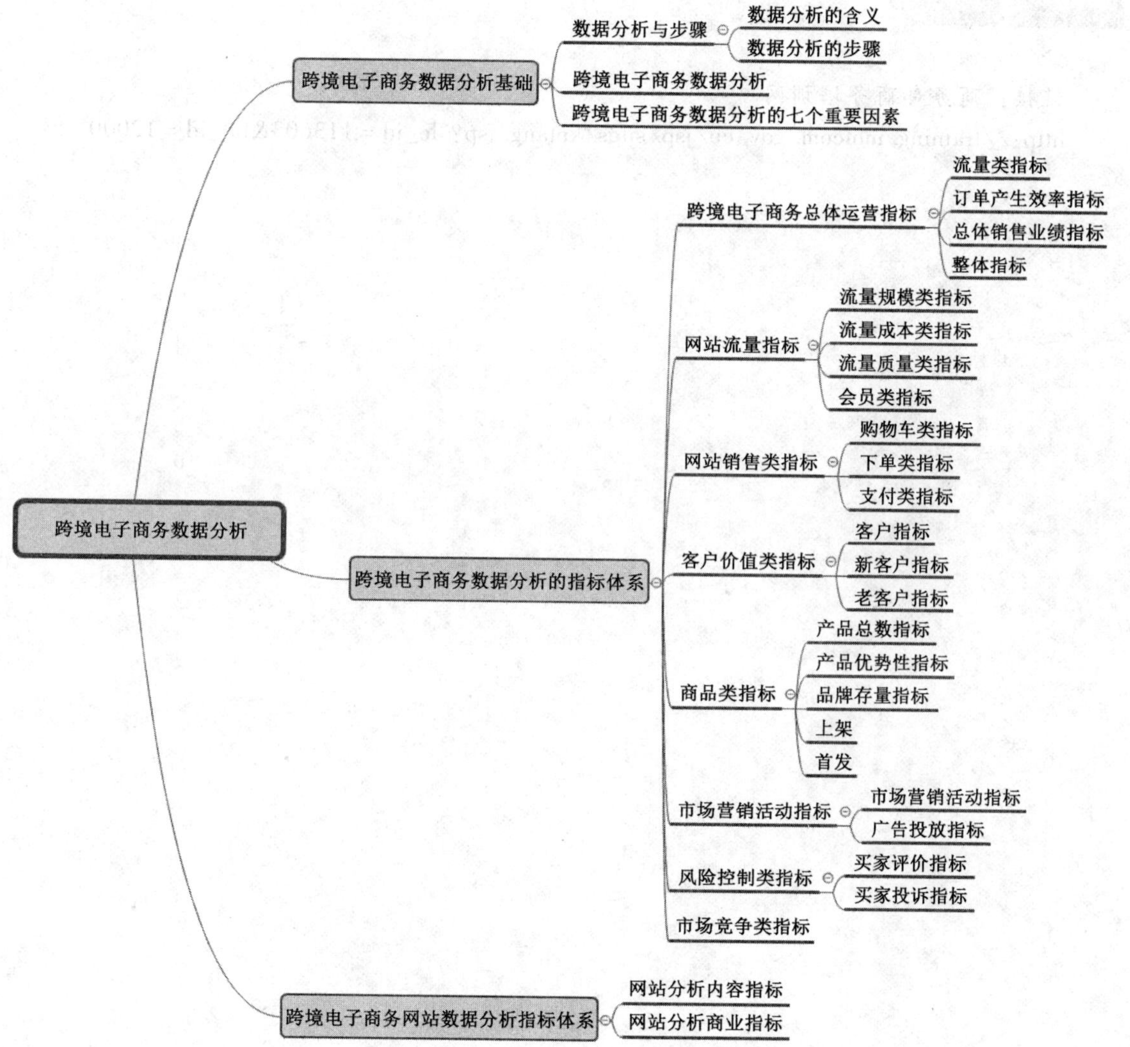

【教学资源】

链接:央财传媒在线教育:http://edu. cfeph. com. cn/

【同步测试】

链接：央财传媒在线教育：http：//edu. cfeph. com. cn/

【授课视频】

链接：商务部商务培训网

http://training. mofcom. gov. cn/jsp/sites/ketang. jsp? le_id = 113603&bd_id = 12000

项目7　跨境电子商务第三方交易平台操作

学习任务7.1　亚马逊平台操作
学习任务7.2　wish平台操作

【学习目标】

能力目标
- □ 目标1：亚马逊平台操作。
- □ 目标2：wish平台操作。

学习任务7.1　亚马逊平台操作

一、亚马逊数据规则

1. 商品基本信息填写规则。

(1) 商品名称：

a. 每个字的首字母必须大写（除了a，an，and，or，for，on，the之类的词），不能全大写或者全小写。

b. 不能有特殊字符，不能有中文输入法状态下输入的标点符号；商品标题不能有商标符号；如有数字描述请用阿拉伯数字，不要使用文字，例如：要写“2”不要写“Two”。商品名称不能有自己的SKU号码或者其他编码。

c. 如包含批量销售，请在商品名称后面添加（packofX）。

d. 不能过长，不能有重复关键字或者不同单词描述同一个意思的关键字。

e. 如果有多个用途只写一种用途或兼容信息，其他请在 Bullet Points 或者 Description 里填写。例如：某电池适用于某电脑的各种机型，填写不能超过 2 款机型。

（2）Brand Name 必填项，并且要将 Brand Name 显示在标题的最前面，大小写要保持一致，电子类无品牌商品要注明无品牌。

a. 例如：[Brand] + [Product name] –"MY BRAND Cell Phone Case for iPhone 5 Black"

b. 例如：[Brand] + [Product name] –"Generic Cell Phone Case for iPhone 5 Black"

（3）不能有公司、促销、物流、运费或其他任何与商品本身无关的信息，例如：

a. "Free Shipping"，"2 days express delivery"

b. "Best Seller"，"HotItem"，"Latest design，New Fashion，Fashion 2013"

c. "Your Company Name"，"Money – back Satisfaction Guarantee"

d. "Customizable please email me your idea or design"

e. "Please go to my website or a mazonstore for more colors and more designs"

（4）Product Description 里面若想多写一些信息并且想要分行显示，则需要在每行后面添加一个
，还可以添加简单的标签如 <b><i><u>。除此之外其他标签都不可以添加。

（5）Bulletpoint1 –5（Product Features）至少要填写一个，并且首字母要大写。

（6）Search Term1 –5 填写至少要一个。

（7）珠宝类商品名称中要有材质信息，Metal Type，Material Type，德国平台要额外填写 Season，Model Year。

（8）非服饰类商品有不同颜色的，需单独创建一个新商品，品名里面写清楚颜色，不能把几个颜色混写在一起，不能随机发货。

（9）如果是按照重量计算快递费用，请填写 Shipping Weight。

（10）特殊品类商品命名规则：

服饰类商品命名规则：

父商品名称规则：[Brand] + [Department/Target audience] + [Product name/Style]

例：Tatonka Essentials Women's Fleece Pullover "Sharon Lady"

子商品名称规则：[Brand] + [Department/Target audience] + [Product name/Style] + [Size/style] + [Color]

例：Tatonka Essentials Women's Fleece Pullover "Sharon Lady" Size 8 US Black

鞋类商品命名规则（包括手包、钱包、皮带、眼镜等商品）：

父商品名称则：[Brand] + [Gender/Age Group] + [Product Line] + [Material] + [Shoe Type]

例：Kenneth Cole REACTION Women's Work Space Leather Pump

子商品名称规则：[Brand] + [Gender/AgeGroup] + [ProductLine] + [Color] + [Material] + [ShoeType] + [Size]

例：Kenneth Cole REACTION Women's Work Space Black Leather Pump 7.5 MUS.

2. 服饰类商品必填项基本信息（见表7－1）。

表7－1 服饰类商品必填项基本信息

基本信息	多属性变体相关字段
1. SKU	1. Parent－child
2. Product ID（父商品无须填写）	2. Parent SKU（父商品无须写）
3. Product ID Type（父商品无须填写）	3. Relationship Type（父商品无须填写）
4. Product Name（最多80个字符包括空格）	4. Variation Theme
5. Brand	
6. Product Description	
7. Search Terms	
8. Bullet Points	
9. Material fabric	
10. Product Type（大类）	
11. Item Type（美国详细品类）	
12. Recommended Browse Node（英国详细品类）	
13. Main Image（父子商品主图片）	
14. Quantity（父商品无须填写）	
15. Item Price（父商品无须填写）	
16. Currency（父商品无须填写）	
17. Department	
18. Size（父商品无须填写）	
19. Size Map（父商品无须填写）	
20. Color（父商品无须填写）	
21. Color Map（父商品无须填写）	

3. 非服饰类商品必填项（见表7－2）。

表7－2 非服饰类商品必填项

基本信息	多属性变体相关字段
1. SKU	1. Parent－child
2. Product ID（父商品无须填写）	2. Parent SKU（父商品无须填写）
3. Product ID Type（父商品无须填写）	3. Relationship Type（父商品无须填写）
4. Product Name	4. Variation Theme
5. Brand	
6. Product Description	
7. Search Terms	

续表

基本信息	多属性变体相关字段
8. Bullet Points 9. Product Type（大类） 10. Item Type（美国详细品类） 11. Recommended Browse Node（英国详细品类） 12. Main Image（父子商品主图片） 13. Quantity（父商品无须填写） 14. Item Price（父商品无须填写） 15. Currency（父商品无须填写）	

二、亚马逊卖家刊登商品指南

（一）单独创建新商品

1. 创建新商品。

（1）基础操作。进入卖家后台，点击屏幕左上角 Inventory 下面的 Add a product（如图 7－1）。在 Add a product 页面点击 Create a new product。在列表中选择商品详细品类，在搜索框里输入关键字可以搜索品类，点击 Select 确认品类（如图 7－2）。

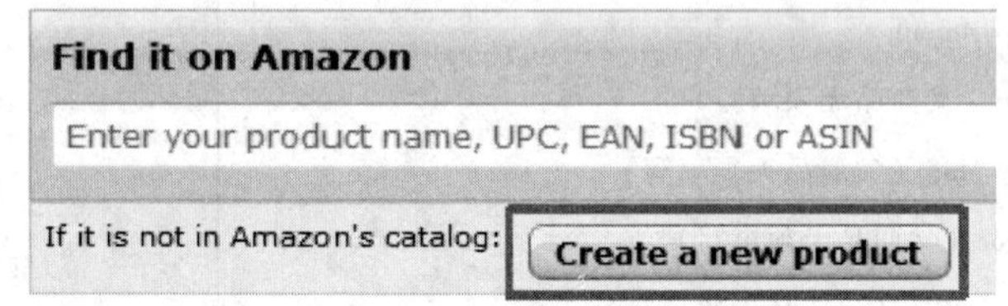

图 7－1 增加商品项

（2）搜索品类。如果不确定要查询的商品品类，可以使用品类搜索功能——输入品类关键字后进行搜索。找到品类后按照正确的品类添加新商品（如图 7－3）。

（3）编辑保存。输入商品基本信息如 SKU、标题、描述、品牌、生产厂商、功能、图片、价格、关键字、UPC 码等。所有标识为红星的信息都填上以后，屏幕下方的 Save and finish 按钮会由灰色变成橘黄色，点击 Save and finish 创建商品（在首次创建商品的过程中图片不会马上上传，要等商品信息都输入完毕，点击 Save and finish 按钮的时候图片才会上传。如图 7－4）。

（4）创建成功。添加成功后在 Manage In ventory 页面出现该商品。商品全部信息将会在 15 分钟内更新完毕，刚刚上传的商品不会马上在前台显示（如图 7－5）。

2. 创建多属性商品——变体。

多属性商品一般适用于服饰类、珠宝首饰类商品，我们称之为变体商品。这种商品的展

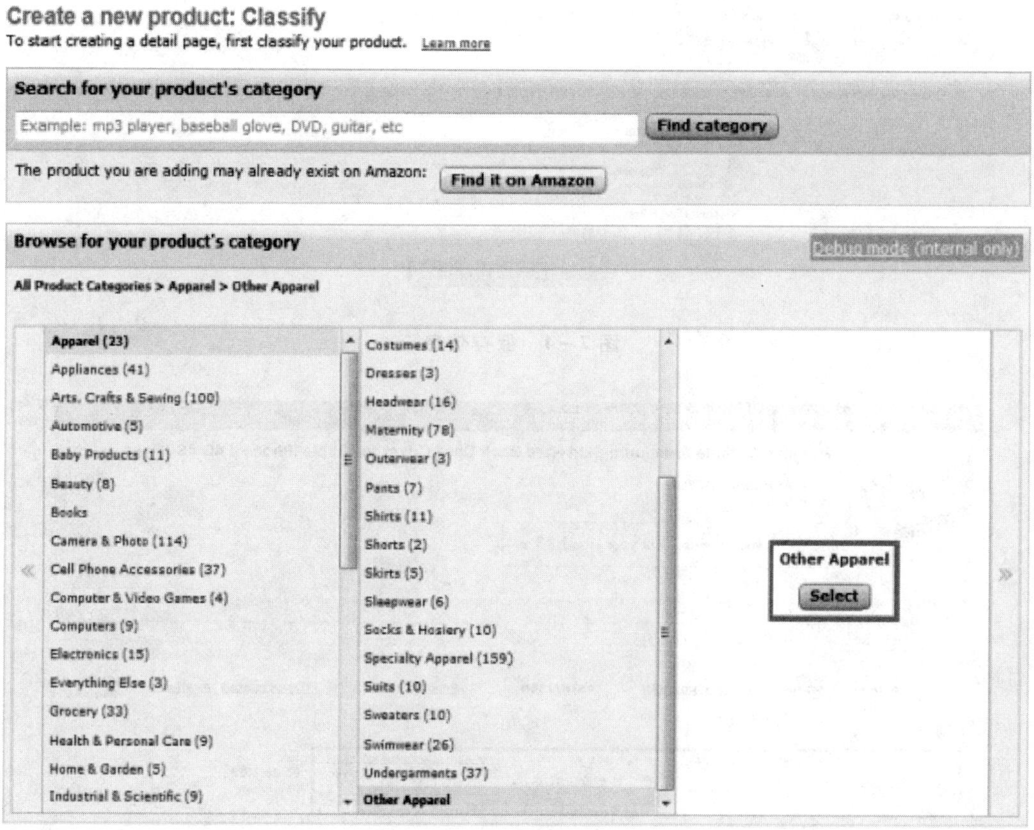

图 7－2　搜索品类

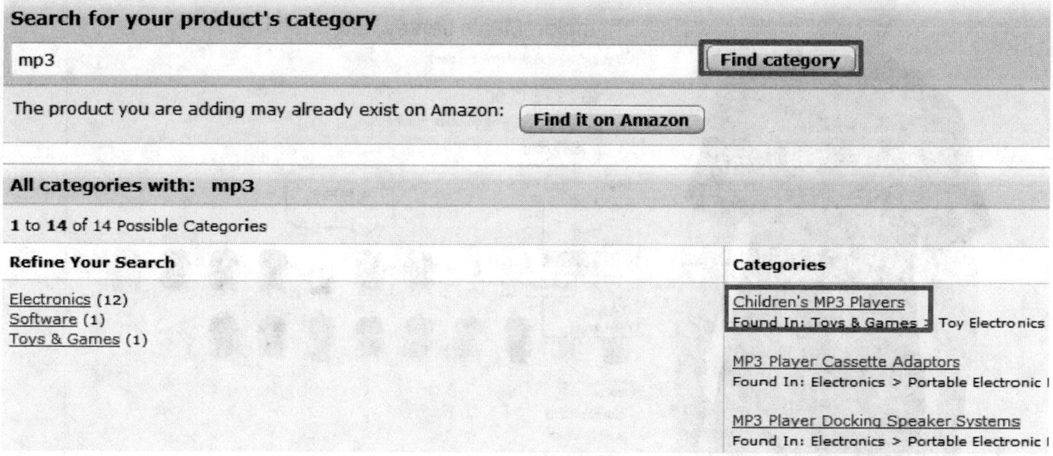

图 7－3　搜索品类

示形式如下，买家可以选择尺寸和颜色。当买家选择不同颜色时，商品的图片会随之变化，选择不同尺寸和颜色时，价格库存等都将随之变化（如图 7－6）。

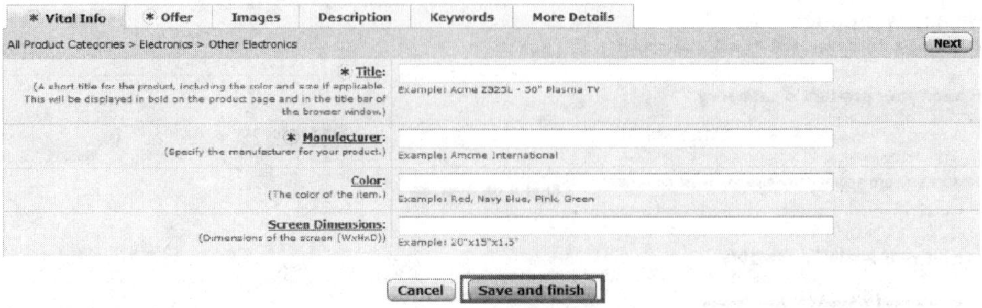

* Vital Info | * Offer | Images | Description | Keywords | More Details

All Product Categories > Electronics > Other Electronics　Next

* Title: (A short title for the product, including the color and size if applicable. This will be displayed in bold on the product page and in the title bar of the browser window.)　Example: Acme Z323L - 30" Plasma TV

* Manufacturer: (Specify the manufacturer for your product.)　Example: Amcme International

Color: (The color of the item.)　Example: Red, Navy Blue, Pink, Green

Screen Dimensions: (Dimensions of the screen (WxHxD))　Example: 20"x15"x1.5"

Cancel　Save and finish

图 7－4　保存信息

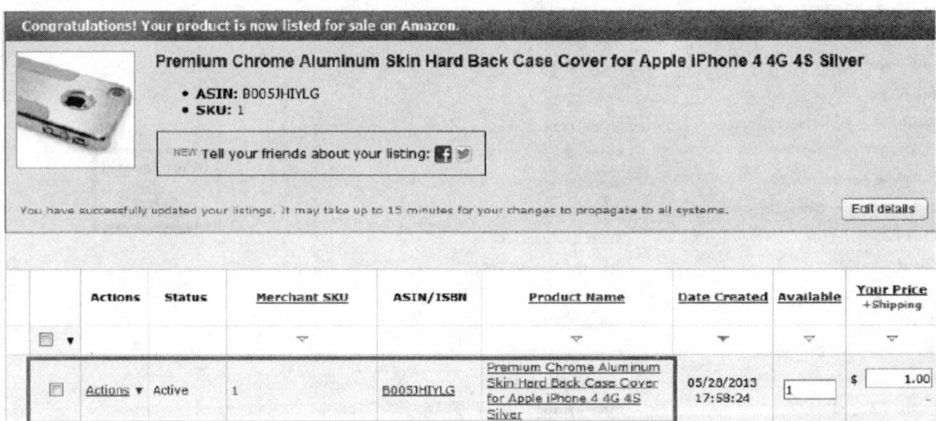

图 7－5　创建成功

图 7－6　展示形式

（1）在商品的 Vital Info 或者 More Details 标签下找到 Variation Theme。在 Variation Theme 中选择变体主题如尺寸、颜色或者尺寸 + 颜色的组合（如图 7 - 7）。

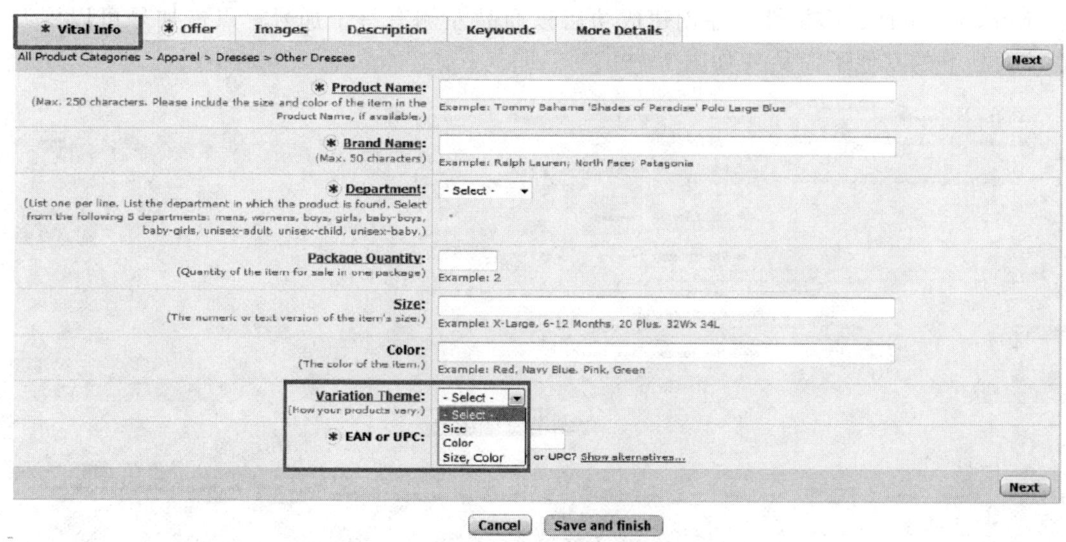

图 7 - 7　选择变体主题

（2）选择变化主题后点击 Variations 标签进入增加尺寸颜色页面。在 Size、Color 菜单里面增加需要的商品尺寸、颜色。点击 Addvariations 按钮创建变体主题的组合（如图 7 - 8）。

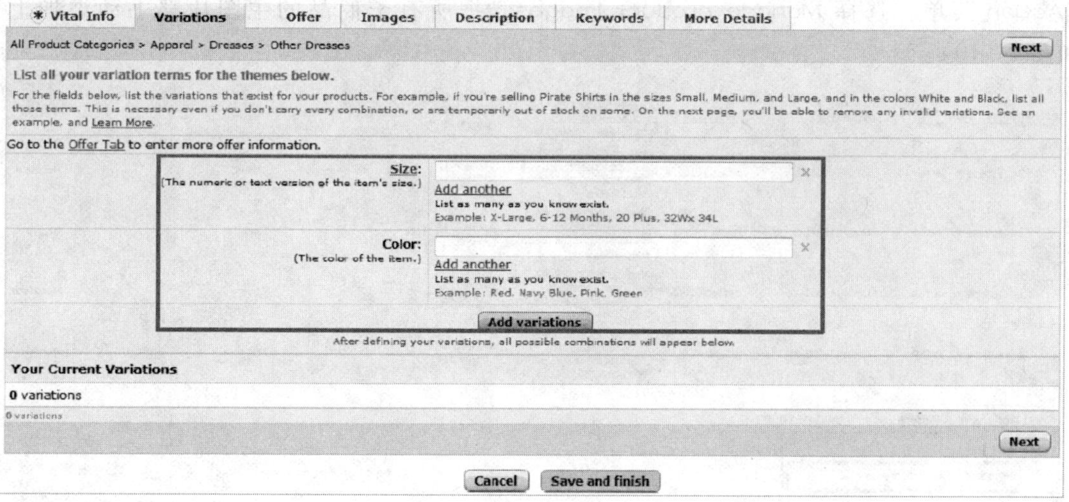

图 7 - 8　创建变体主题

（3）在 Variation Matrix 里面会出现不同的尺寸颜色组合，在每个组合后面添加 SKU、UPC、Condition、Your Price（价格）、Sale Price（促销价格）、Sale start date、Sale end date（促销开始，结束日期）、Quantity（数量）。

（4）所有商品必填项信息都填好以后，点击 Save and finish 按钮保存商品。返回 Manage Inventory 页面，多属性商品创建成功后该商品左侧有一个加号，点击加号可以展开并查看该商品下的其他子商品（如图 7－9）。

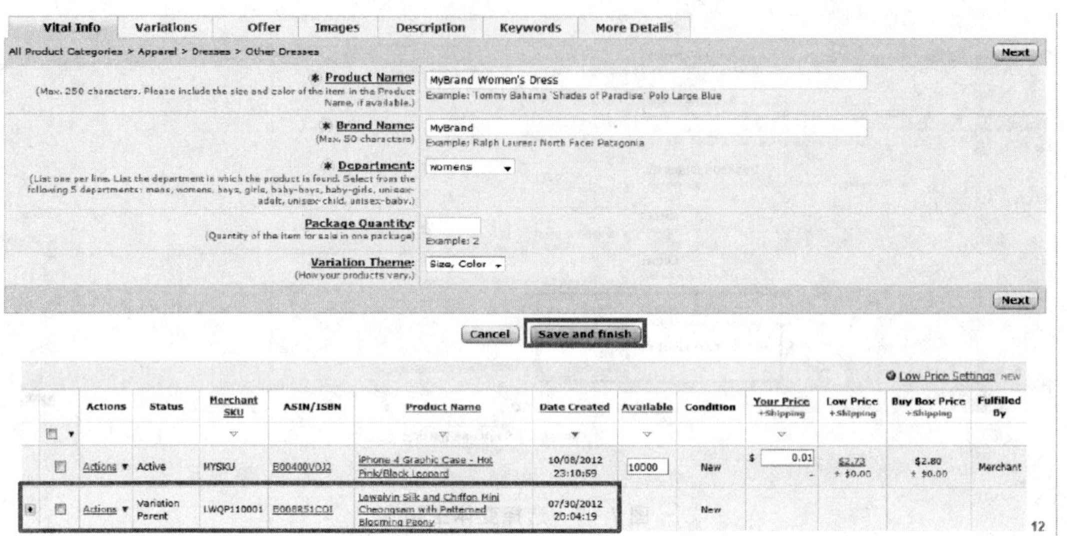

图 7－9　查看

（5）多属性商品创建好以后，需要点击父商品前面的加号展开子商品列表，点击子商品 Action 菜单，选择 Manage product images，把所有子商品的主图片都手动添加上去（如图 7－10）。

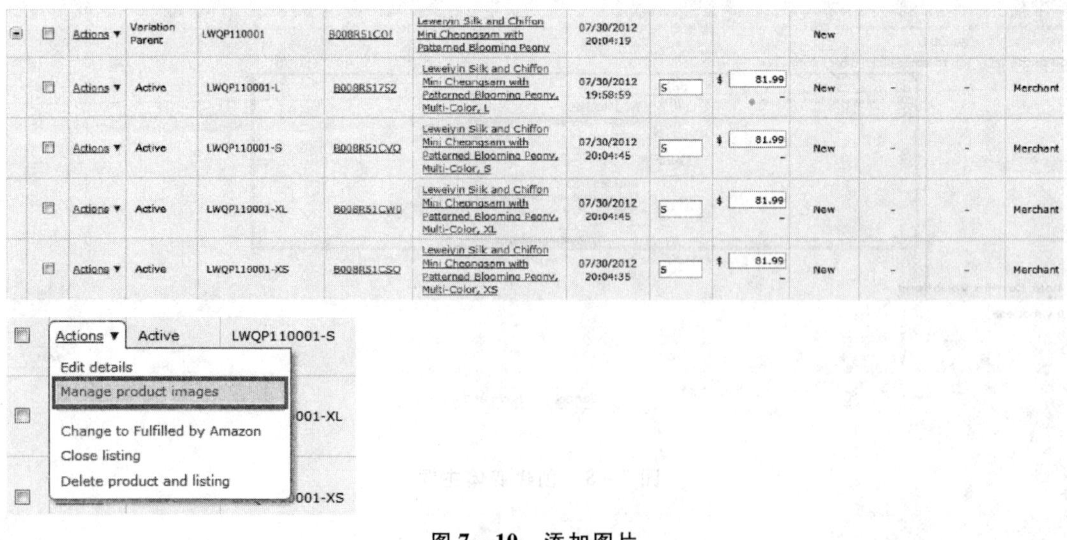

图 7－10　添加图片

3. 销售亚马逊平台已有商品。

（1）亚马逊允许卖家销售已经在亚马逊平台创建好的商品，卖家必须确认商品的所有信息必须完全一致才能销售已有商品，包括 UPC、品牌、厂商、包装，及商品各种参数，都必须完全一致，并且卖家必须有该品牌拥有者的授权经销许可。

在 Add a new product 页面搜索框中输入要销售商品的标题或者 UPC、EAN、ASIN，点击搜索，搜索出商品以后确认 UPC 跟商品外包装上的 UPC 完全一致后，点击 Sell yours 按钮，进行添加（如图 7－11）。

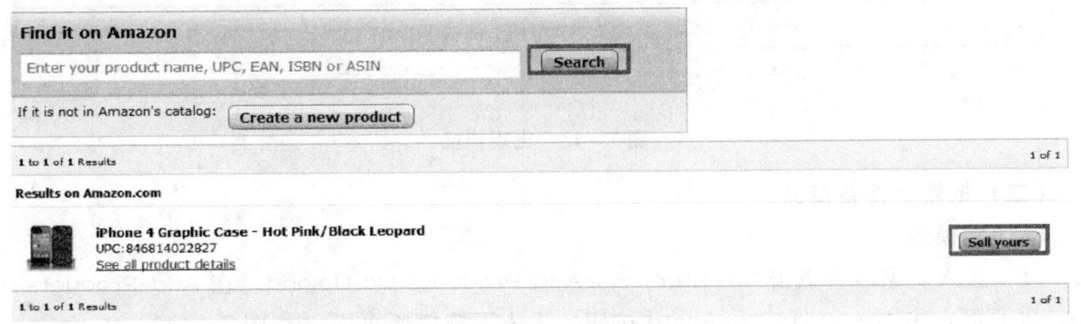

图 7－11 完成销售准备

（2）填写商品必要信息。在商品信息录入页面只需输入 Condition（新旧程度），Your price（价格）和 Quantity（数量）后点击 Save and finish（保存）按钮（如图 7－12）。

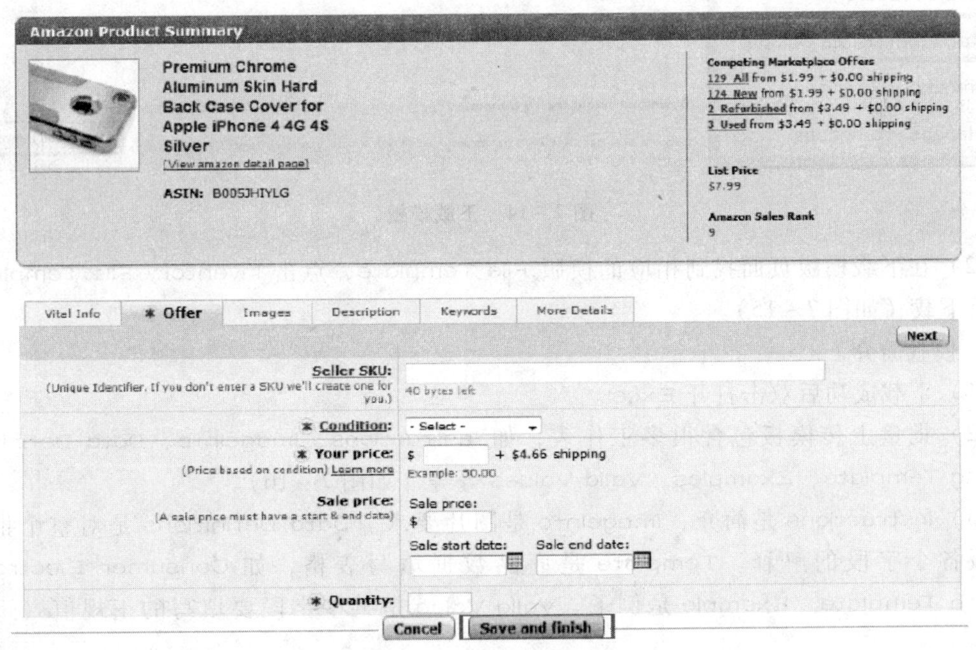

图 7－12 填写商品必要信息

（3）添加成功后在 Manage Inventory 页面出现该商品（如图 7－13）。

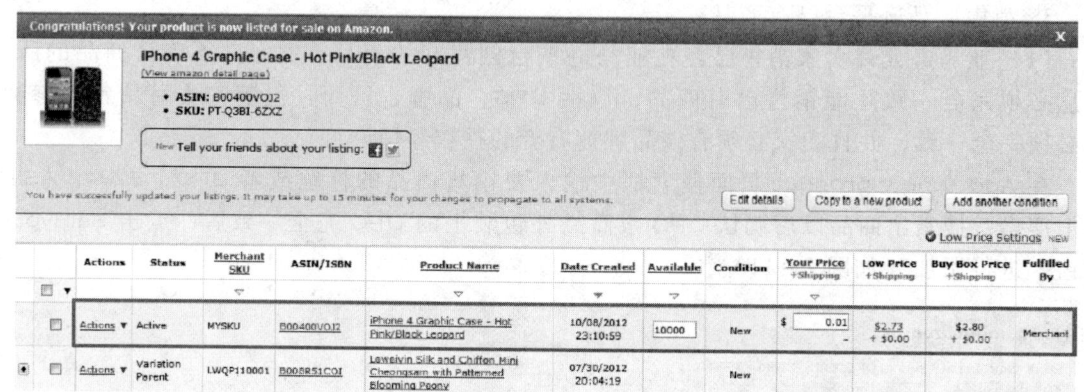

图 7－13 出现商品

（二）批量上传新商品

1. 下载模版。

（1）进入卖家后台点击 Inventory －＞Add Products via Upload。在 Add Products via Upload 页面点击 Download Template 按钮，进入下载模版页面（如图 7－14）。

图 7－14 下载模板

（2）在下载模版页面找到相应的模版 File Template，点击 Inventory File Template 链接开始下载（如图 7－15）。

2. 模版简介。

（1）下载成功后双击打开 Excel。

（2）批量上传模板包含很多工作表，如 Instructions、ImageInfo、Data Definitions、Clothing Template、Examples、Valid Values 等等（如图 7－16）。

（3）Instructions 是简介，ImageInfo 是图片要求。Data Definitions 是对整个批量上传模板各个字段的解释。Template 是商品数据填写表格，如 Consumer Electronics，Clothing Template。Example 是例子。Valid Value 是某些字段要填写的正规值（下拉菜单值）。

首先进入 Data Definitions 表，查看各个字段解释。B 列为字段名，C 列为字段解释，D 列为字段正规值，F 列显示该字段是否是必填项：Required 和 Desired 为必填，其他为选填（如图 7－17）。

You are registered with Release Package **4.1**

Use the following template versions.

Category	File Template	Style Guide	Browse Tree Guide
Automotive Parts & Accessories	Parts & Accessories Tires & Wheels	Automotive Parts & Accessories	BTG
Baby	Inventory File Template	Baby	BTG
Beauty	Inventory File Template	Beauty	BTG
Books *	Inventory File Template	Learn more	**
Camera & Photo	Inventory File Template	See Consumer Electronics.	See Consumer Electronics. MCG
Cell Phones & Accessories (Wireless)	Inventory File Template	See Consumer Electronics.	BTG

图 7－15　下载

Data Definitions | Clothing Template | Examples | Valid Values | Optimizing Attributes | Size Guideline

图 7－16　工作表

How to complete your ConsumerElectronics product templates

	Field Name	Definition and Use	Accepted Values	Example	Required?
Basic	Product information - These attributes need to be populated for all your items.				
	sku	A unique identifier for the product, assigned by the merchant. The SKU must be unique for each product listed. After you have established a SKU for a product, please do not try changing it without first deleting the associated product from our systems through a delete feed.	An alphanumeric string; 1 character minimum in length and 40 characters maximum in length.	15700	Required
	standard-product-id	A standard, numeric string that uniquely identifies the product. This could be a Global Catalog ID (GCID), UPC, EAN or GTIN. This is a required field if product-id-type is provided.	The product-id must have a specific number of characters according to type: GCID (16 alphanumeric characters), UPC (12 digit number), EAN (13 digit number) or GTIN(14 digit number). Please ensure that leading zeros do not get lost when the file is exported from excel to text. This can be accomplished by formatting the numbers in these cells as text, and double checking your .txt file to ensure that no errors have occurred while exporting your file.	012345678912	Required
	product-id-type	The type of standard, unique identifier entered in the product-id field. This is a required field if product-id is provided.	Select one of the following options: Global Catalog ID (GCID), UPC, EAN or GTIN	UPC	Required
	title	A short title for the product, including the colour and size if applicable. This will be displayed in bold on the product page and in the title bar of the browser window.	An alphanumeric string; 1 character minimum in length and 500 characters maximum in length. Note: Type 1 High ASCII characters (®, ©, ™, etc.) or other special characters are not supported.	Acme 2325L - 50" Plasma TV	Required
	brand	The brand or manufacturer of the product. Populate this field if you want your brand name displayed on the Amazon.com site	An alphanumeric string; 1 character minimum in length and 50 characters maximum in length.	Acme	Desired

Data Definitions | General Consumer Electronics | Valid Values

图 7－17　字段解释

3. 添加商品信息。

进入商品信息模版后输入必填信息，每行一个商品。Product - id 里输入 12 位 UPC 码，Product - id - type 里输入 “UPC”（如图 7 - 18）。

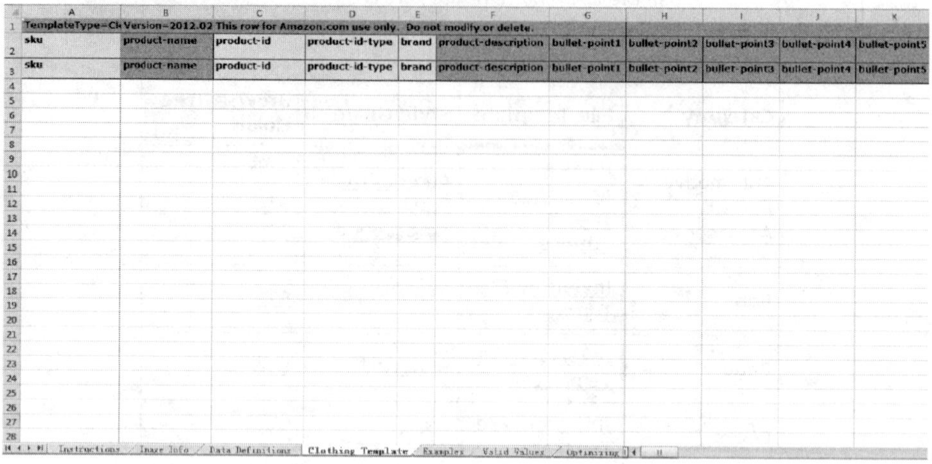

图 7 - 18 添加商品信息

4. 查找商品品类(Product_ Type)。

在 Data Definition 或者 Valid Value 工作表中可以找到 Product_ Type 字段应该填写的正规值（如图 7 - 19）。

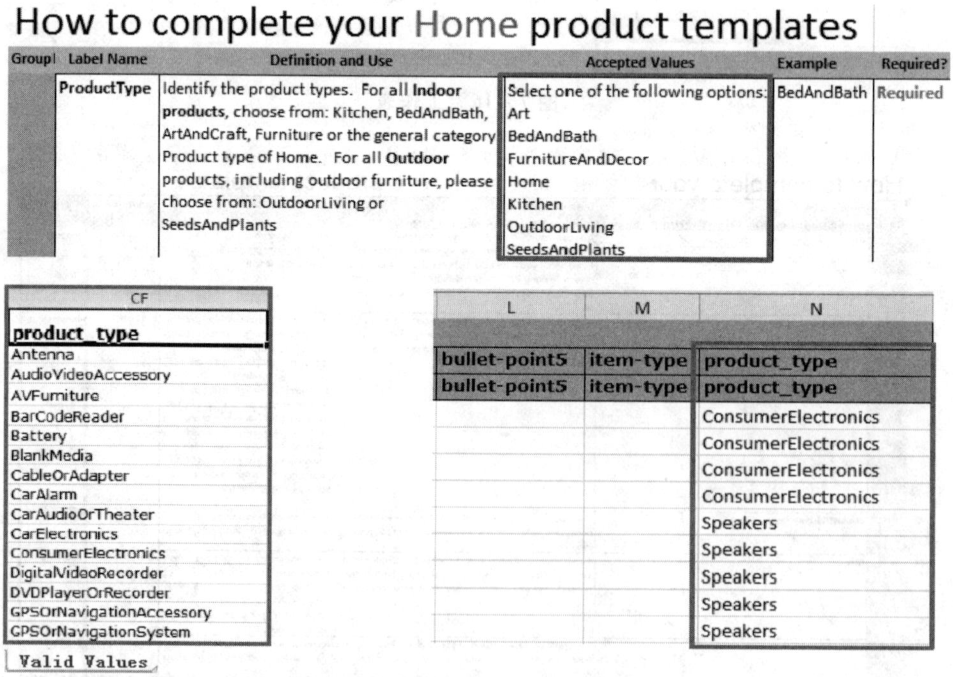

图 7 - 19 查找商品品类

5. 查找详细品类（Item Type/Recommended Browse Node）。

（1）在 Add Products via Up load 页面点击 Product Classifier（见图 7 - 20）。

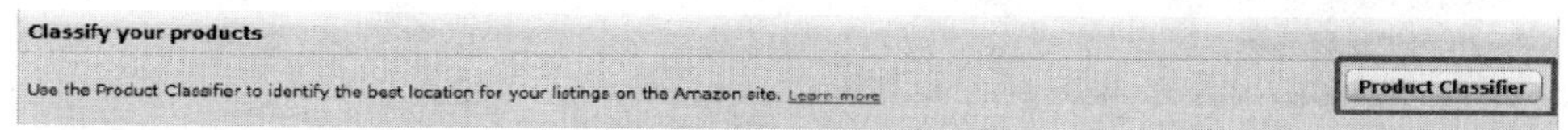

图 7 - 20　商品分类

（2）在 Product Classifier 页面中间输入要搜索的商品关键字，比如 mp3 player，handbags 等。关键字不要太长，否则找不到品类，然后点击 Search 按钮（如图 7 - 21）。

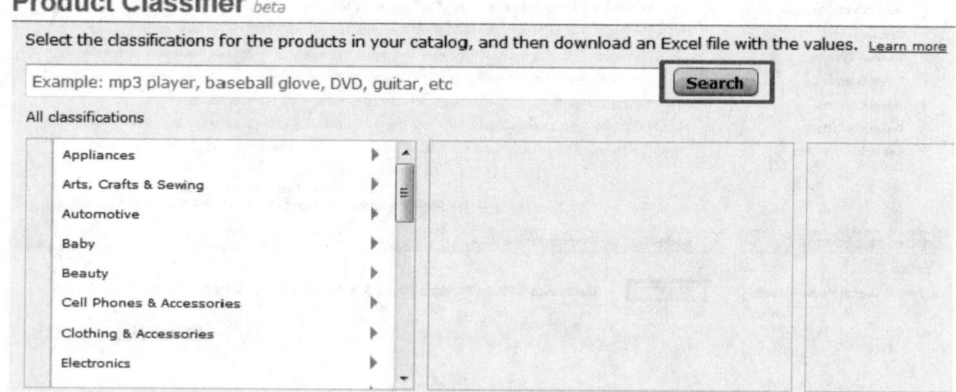

图 7 - 21　搜索

6. 查找详细品类（美国 Item - Type）。

（美国平台下）在搜索结果中找到最接近要搜索的商品品类，点击前面的加号后，商品的品类关键字就会显示在下面的列表中 Valid Values 列了（如图 7 - 22）。

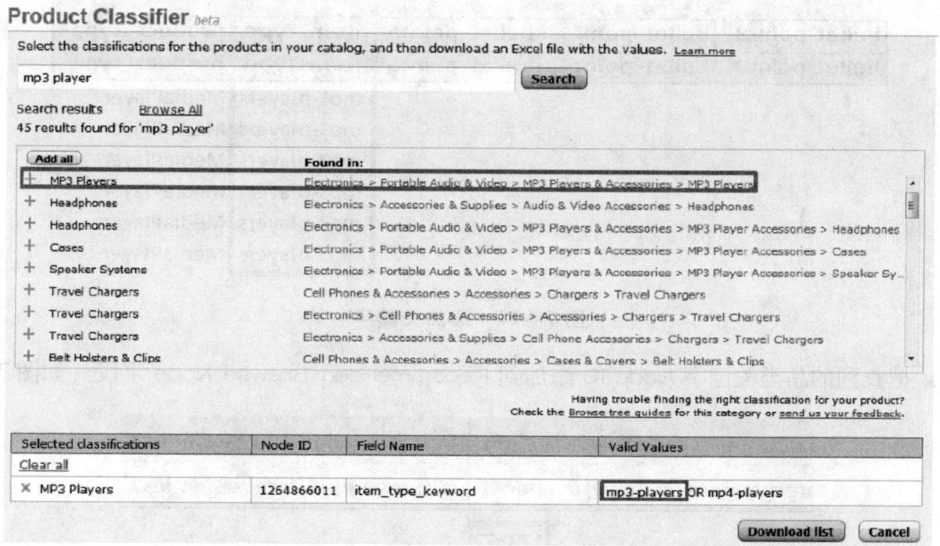

图 7 - 22　查找详细品类（美国平台）

7. 查找详细品类（英国 Recommended BrowseNode）。

（英国平台下）在搜索结果中找到最接近要搜索的商品品类，点击前面的加号后，商品的品类就会显示在下面的列表中 Node ID 列了（如图 7－23）。

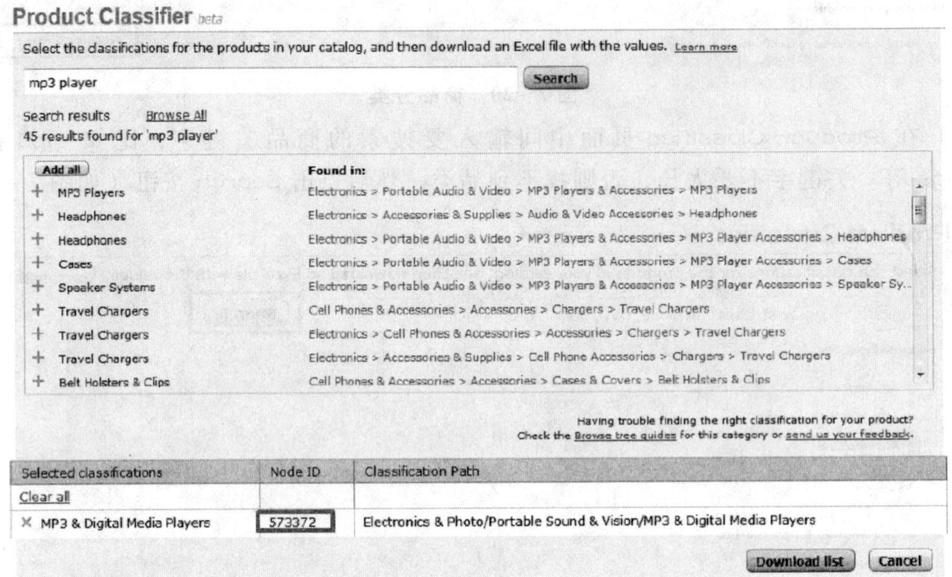

图 7－23 查找详细品类（英国平台）

8. 查找详细品类。

（1）把查到的品类关键字添加到 item－type 字段（如图 7－24）。

J	K	L	M	N
bullet-point3	bullet-point4	bullet-point5	item-type	product_type
bullet-point3	bullet-point4	bullet-point5	item-type	product_type
			mp3-players	MediaPlayer
			mp3-players	MediaPlayer
			mp3-players	MediaPlayer
			mp3-players	MediaPlayer
			mp3-players	MediaPlayer
			mp3-players	MediaPlayer

图 7－24 添加关键字

（2）把查到的品类关键字 Node ID 添加到 Recommended Browse Node 字段（如图 7－25）。

Recommended Browse Nodes1	Recommended Browse Nodes2
recommended_browse_nodes1	recommended_browse_nodes2
573372	

图 7－25 添加关键字

9. 另存为文本文件（制表符分隔，*.txt）。

商品信息输入完毕后确认所有必填信息都正确添加，并且 UPC 和 SKU 没有重复，保存成文本文件（制表符分隔，*.txt）（如图 7－26）。

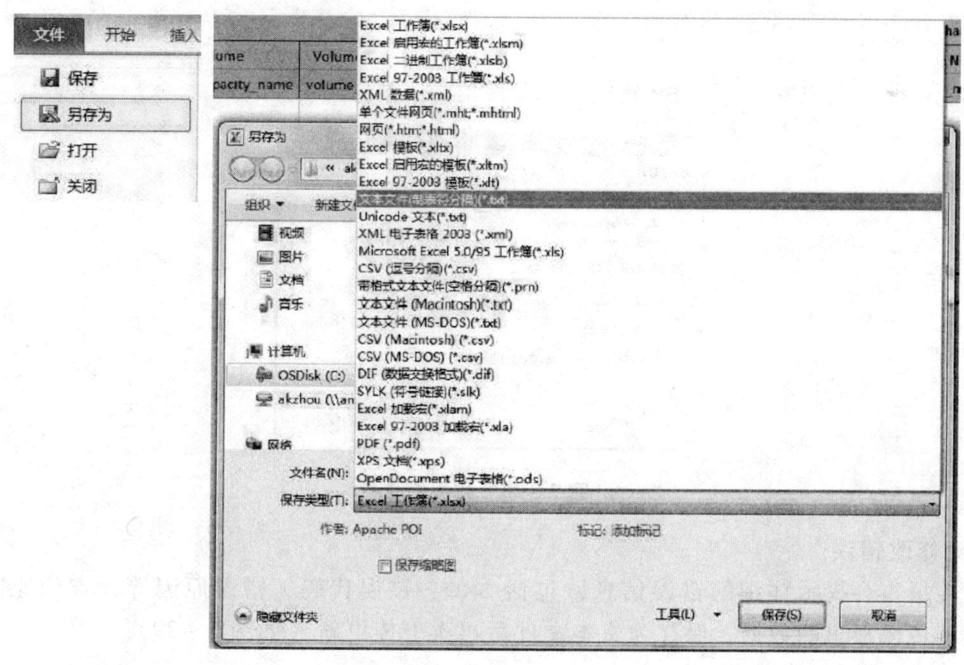

图 7－26　另存为文本文件

10. 上传。

在 Upload inventory files 下拉菜单中选择“Inventory Files for non－Media Categories”，在 Locate your inventory file to upload 中浏览选择已经做好的 txt 文件，点击 Upload Now（如图 7－27，不要选择 Purge，否则所有已有商品均会被删除掉）。

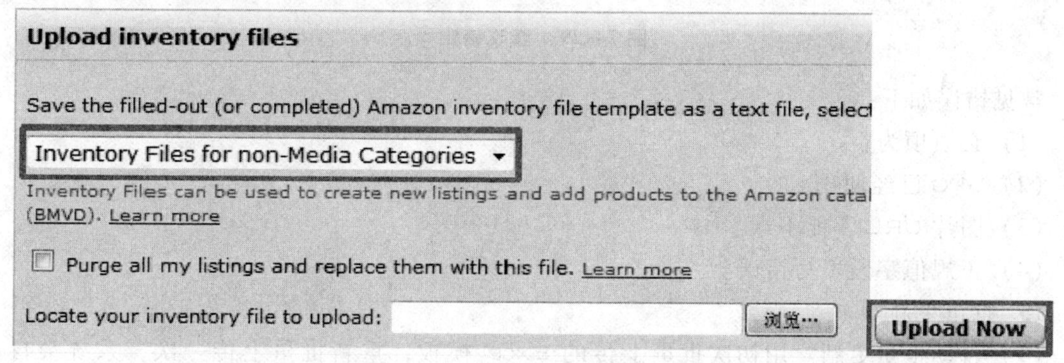

图 7－27　上传

11. 结果报告。

上传结束后，上传结果会显示在 Inventory file upload status 里面。点击屏幕右边的

Refresh 刷新上传结果。点击屏幕右边的 View Processing Report 下载报告，然后用 Excel 打开（如图 7－28）。

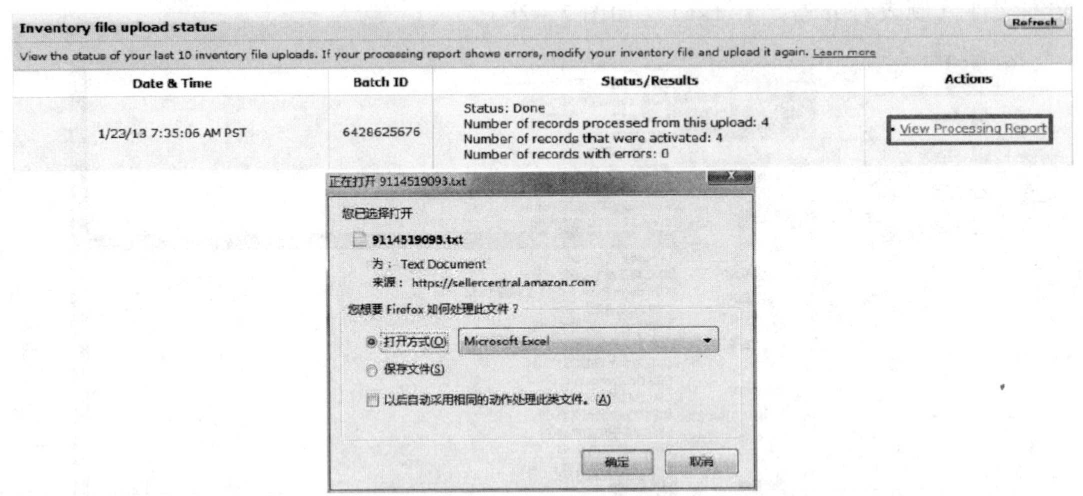

图 7－28　结果报告

12. 修改错误。

上传报告会提示详细的错误信息，包括 SKU、错误代码、错误原因等，查明原因后修改批量上传模板里的数据，保存为文本文件后再次上传更新（如图 7－29）。

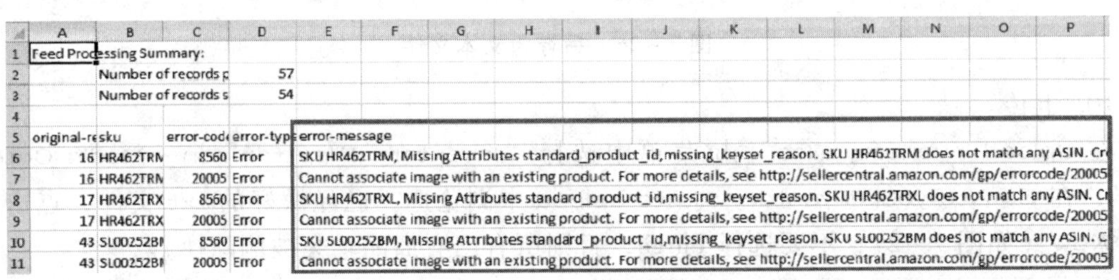

	A	B	C	D	E
1	Feed Processing Summary:				
2		Number of records p		57	
3		Number of records s		54	
4					
5	original-r	sku	error-code	error-typ	error-message
6	16	HR462TRM	8560	Error	SKU HR462TRM, Missing Attributes standard_product_id,missing_keyset_reason. SKU HR462TRM does not match any ASIN. Cr
7	16	HR462TRM	20005	Error	Cannot associate image with an existing product. For more details, see http://sellercentral.amazon.com/gp/errorcode/20005
8	17	HR462TRX	8560	Error	SKU HR462TRXL, Missing Attributes standard_product_id,missing_keyset_reason. SKU HR462TRXL does not match any ASIN. Cr
9	17	HR462TRX	20005	Error	Cannot associate image with an existing product. For more details, see http://sellercentral.amazon.com/gp/errorcode/20005
10	43	SL00252BM	8560	Error	SKU SL00252BM, Missing Attributes standard_product_id,missing_keyset_reason. SKU SL00252BM does not match any ASIN. C
11	43	SL00252BM	20005	Error	Cannot associate image with an existing product. For more details, see http://sellercentral.amazon.com/gp/errorcode/20005

图 7－29　修改错误

常见错误如下：

（1）必填项为空。

（2）UPC 已经使用。

（3）图片 URL 不能下载。

（4）正规值字段填写错误。

13. 批量更新。

（1）自动批量更新。用初次批量上传的 Excel 模板，重新批量上传一次，系统会自动根据 SKU、UPC 找到原有商品。如果有内容变动将会进行更新，没有变动就保持原样。强烈建议使用批量上传方法维护数据的卖家保持 Excel 内容为最新版本。

（2）手动批量更新。如需更新某个或某几个字段，请用同样的模板，保留商品的 SKU，删除不需要修改的字段，在 update－delete（最后一列）填写 Partial Update，然后保存为文本文件制表符分隔形式，批量上传（如图7－30）。

	A	B	C	D	E	F	G	FS
1	Templa	Version=2012.0913	Basic Product information - These attributes need to be					Infrequently
2	sku	standard-product-id	product-id-type	title	brand	manufacturer	description	update-delete
3	sku	standard-product-id	product-id-type	title	brand	manufacturer	description	update-delete
4	MySKU				My Brand			PartialUpdate

图7－30 批量上传

14. 批量删除商品。

（1）在批量上传模板中保留SKU和Update－delete字段，其他字段全部删除，注意不要删除第一行表头。

（2）在SKU字段输入想要删除的SKU，在Update－delete字段输入单词delete。

（3）保存为文本文件制表符分隔形式后在后台按照批量上传商品的方法上传一次（如图7－31）。

	A	B	C	D	E	F	G	H
1	TemplateType=Home	Version=1.4	This row for Amazon.com use only. Do not modify or delete.					
2	SKU	update-delete						
3	RH-CKPH-G4T4-P	Delete						
4	RH-CKPH-G4T4	Delete						
5	UX-PJ86-IGL7	Delete						
6	35-TC5M-WMH1	Delete						
7	LO-80AO-B6JT	Delete						
8	AX-1U38-XRGO	Delete						
9	HQ-36T6-IT35	Delete						
10	00-26K2-H4I4	Delete						

图7－31 批量删除

15. 批量上传多属性新商品。

（1）在批量上传模板中创建父子类关系主要用到以下字段，画框的4个字段标识了商品之间的父子关系定义（如图7－32）。

sku	product-name	parent-child	parent-sku	relationship-type	variation-theme	color	color-map	size	size-map
101-P	MyBrand Women's Fleece Pullover Sharon Lady	Parent			SizeColor				
101SB	MyBrand Women's Fleece Pullover Sharon Lady Size Small Black	Child	101-P	Variation	SizeColor	Black	Black	Small	Small
101MB	MyBrand Women's Fleece Pullover Sharon Lady Size Medium Black	Child	101-P	Variation	SizeColor	Black	Black	Medium	Medium
101LB	MyBrand Women's Fleece Pullover Sharon Lady Size Large Black	Child	101-P	Variation	SizeColor	Black	Black	Large	Large
101SR	MyBrand Women's Fleece Pullover Sharon Lady Size Small Red	Child	101-P	Variation	SizeColor	Red	Red	Small	Small
101MR	MyBrand Women's Fleece Pullover Sharon Lady Size Medium Red	Child	101-P	Variation	SizeColor	Red	Red	Medium	Medium
101LR	MyBrand Women's Fleece Pullover Sharon Lady Size Large Red	Child	101-P	Variation	SizeColor	Red	Red	Large	Large

图7－32 商品间父子类关系

（2）SKU“101－P”“MyBrandWomen's Fleece Pullover Sharon Lady”是父商品（如图7－33）。

SKU字段要体现出该商品是父商品并且跟子商品的SKU类似。

Title字段要体现出该商品是父商品，不能出现关于颜色、尺寸的文字，命名规则为[Brand]+[department/target audience]+[product name/style]。

sku	product-name	parent-child	parent-sku	relationship-type	variation-theme	color	color-map	size	size-map
101-P	MyBrand Women's Fleece Pullover Sharon Lady	Parent			SizeColor				
101SB	MyBrand Women's Fleece Pullover Sharon Lady Size Small Black	Child	101-P	Variation	SizeColor	Black	Black	Small	Small
101MB	MyBrand Women's Fleece Pullover Sharon Lady Size Medium Black	Child	101-P	Variation	SizeColor	Black	Black	Medium	Medium
101LB	MyBrand Women's Fleece Pullover Sharon Lady Size Large Black	Child	101-P	Variation	SizeColor	Black	Black	Large	Large
101SR	MyBrand Women's Fleece Pullover Sharon Lady Size Small Red	Child	101-P	Variation	SizeColor	Red	Red	Small	Small
101MR	MyBrand Women's Fleece Pullover Sharon Lady Size Medium Red	Child	101-P	Variation	SizeColor	Red	Red	Medium	Medium
101LR	MyBrand Women's Fleece Pullover Sharon Lady Size Large Red	Child	101-P	Variation	SizeColor	Red	Red	Large	Large

图 7－33 父商品栏

parent－child（父子商品）字段要填写“Parent”来定义该商品为父商品。

parent－sku（父商品 SKU）字段为空。

relationship－type（关系类别）字段为空。

Variation－theme（变体类型）字段是来定义这一组商品是按照什么来进行变体的，该字段可以选择为 Size，Color 和 SizeColor，后者的意思就是这组商品将有尺寸、颜色不同的子商品。

父商品的颜色尺寸等字段要为空，因为父商品只是一个集合，没有真实的尺寸颜色。父商品不能填写价格和数量信息，且父商品必须有一个主图。

（3）SKU“101SB，101MB，101LB”等都是子商品（如图 7－34）。

SKU 要体现出该商品是子商品并且 SKU 跟父商品类似。

Title 要体现出该商品是子商品，必须填写颜色尺寸文字，命名规则为[Brand]+[department/target audience]+[product name]+[size]+[color]。

parent－child（父子商品）字段填写“Child”来定义该商品为子商品。

parent－sku（父商品 SKU）字段不能为空，要填写该商品的父商品的 SKU 如“101－P”。

relationship－type（关系类别）字段不能为空，要填写文字“Variation”。

variation－theme（变体类型）字段应跟父商品一样填写 Size Color。

子商品的颜色尺寸等字段要填写，并且同样的尺寸颜色组合不能重复出现。子商品必须填写价格和数量信息。子商品必须有一个主图，并且要和商品颜色保持一致。

sku	product-name	parent-child	parent-sku	relationship-type	variation-theme	color	color-map	size	size-map
101-P	MyBrand Women's Fleece Pullover Sharon Lady	Parent			SizeColor				
101SB	MyBrand Women's Fleece Pullover Sharon Lady Size Small Black	Child	101-P	Variation	SizeColor	Black	Black	Small	Small
101MB	MyBrand Women's Fleece Pullover Sharon Lady Size Medium Black	Child	101-P	Variation	SizeColor	Black	Black	Medium	Medium
101LB	MyBrand Women's Fleece Pullover Sharon Lady Size Large Black	Child	101-P	Variation	SizeColor	Black	Black	Large	Large
101SR	MyBrand Women's Fleece Pullover Sharon Lady Size Small Red	Child	101-P	Variation	SizeColor	Red	Red	Small	Small
101MR	MyBrand Women's Fleece Pullover Sharon Lady Size Medium Red	Child	101-P	Variation	SizeColor	Red	Red	Medium	Medium
101LR	MyBrand Women's Fleece Pullover Sharon Lady Size Large Red	Child	101-P	Variation	SizeColor	Red	Red	Large	Large

图 7－34 子商品栏

三、订单处理

1. 订单管理。

（1）点击 ManageOrder 进入订单管理界面，系统默认显示过去 7 日内的订单列表。卖家可以按照日期搜索历史订单，也可以点击 Advanced Search 进行高级检索。

（2）未发货的订单会有 4 个操作按钮，Print packing slip（打印快递单）、Confirm shipment（确认发货）、Buy shipping（预约取货——该选项只适用于美国本土卖家，他们可以预约第三方快递公司进行上门提货发货）、Cancel Order（取消订单）。

（3）已经发货的订单会有 Print packing slip，Edit shipment（编辑发货信息）、Refund order（订单退款）三个操作按钮。

（4）买家已付款但是卖家尚未发货的订单 Status 为 Unshipped，卖家必须马上处理，既立即发货并且在系统中点击 Confirm shipment 确认发货；买家没有立即付款的订单 Status 为 Pending，卖家不需要立刻处理。

2. 打印快递单。

点击 Print packing slip 后系统会弹出打印快递单窗口，选择打印机后即可打印快递单，里面包括订单详细信息。买家地址等信息（如图 7－35）。

Ship To:

United States

Order ID: 108-

Thank you for buying from Iamaman on Amazon Marketplace.

Shipping Address:

United States

Order Date: Jan 16, 2013
Shipping Service: Standard
Buyer Name:
Seller Name:

Quantity	Product Details	Price	Total
1	Screen Protector Asus Vivobook S400 S400ca Touch Ultrabook Merchant SKU: 0002 ASIN: B00B Listing ID: 0113N6JRNNH Order-Item ID: 16097 Condition: New	$17.99	Subtotal: $17.99 Total: $17.99
			ORDER TOTAL: $17.99

Returning your item:
Go to "Your Account" on Amazon.com, click "Your Orders" and then click the "seller profile" link for this order to get information about the return and refund policies that apply.
Visit http://www.amazon.com/returns to print a return shipping label. Please have your order ID ready.

Thanks for buying on Amazon Marketplace. To provide feedback for the seller please visit www.amazon.com/feedback. To contact the seller, please visit Amazon.com and click on "Your Account" at the top of any page. In Your Account, go to the "Orders" section and click on the link "Leave seller feedback". Select the order or click on the "View Order" button. Click on the "seller profile" under the appropriate product. On the lower right side of the page under "Seller Help", click on "Contact this seller".

图 7－35 打印快递单

3. 确认发货。

点击 Confirm shipment 确认发货。进入确认发货页面后录入发货时间，选择快递公司、快递服务种类、跟踪码以及简短的发货记录。点击 Confirm shipment 按钮后完成发货。卖家必须在买家下单后的 48 小时内点击确认发货按钮，否则会有延误发货的记录，影响卖家绩效（如图 7－36）。

Confirm shipment Learn more | Video tutorials

Fulfillment by Amazon
Let us pack, ship and service your online orders. Learn More | Sign Up

Order ID: # 108-

Package 1 - UNSHIPPED ITEMS

Product Details	Shipping Address	Items to Ship	Items in Package
Screen Protector Asus Vivobook S400 S400ca Touch Ultrabook Quantity: 1 Merchant SKU: 0002 ASIN: B00B Listing ID: 0113N6 Order-Item ID: 1509732 Condition: New	United States	1	1

Shipping Details

Ship Date: Wednesday, January 16, 2013

Shipping Method: Carrier: Select Shipping Service:

Tracking ID:

Confirm shipment

录入发货信息后点击 Confirm Shipment

Your notes Undo Save

Seller memo:

The information you enter here is for your use only and will not be displayed to the buyer.

图 7-36 确认发货

4. 取消订单。

在卖家没有发货前，买家可能选择取消订单。当收到买家取消订单的申请后，卖家需要点击 Cancel order 进入取消订单页面，在 Reason for cancellation 下拉菜单里选择一个取消原因，点击 Submit 完成取消订单。取消订单后，会有 Prefulfillment cancellation 记录。

5. 编辑发货信息。

(1) 在卖家发货后，可操作选项变为打印快递单、编辑发货记录和退款。点击 Edit-shipments 进入编辑页面，卖家可以在这里修改之前的发货记录（如图 7-37）。

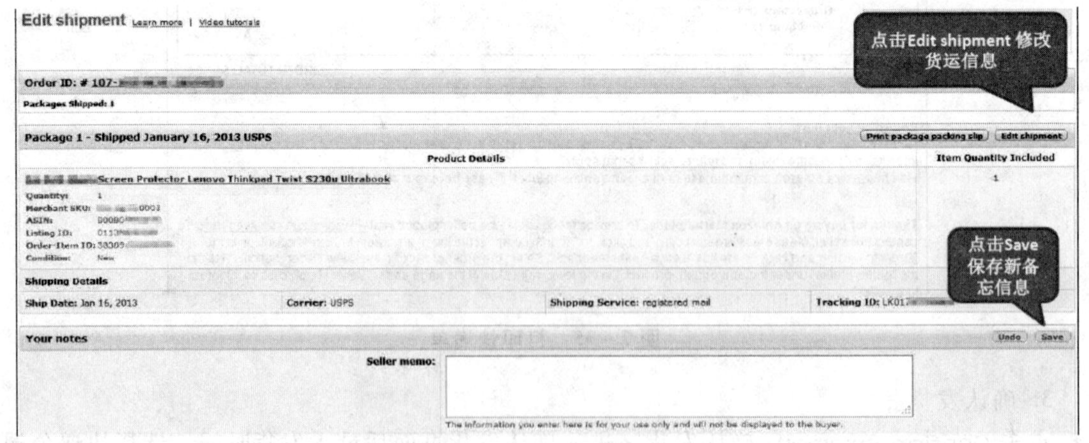

图 7-37 编辑页面

（2）编辑发货记录后点击 Re－confirm shipment 保存新的发货记录（如图 7－38）。

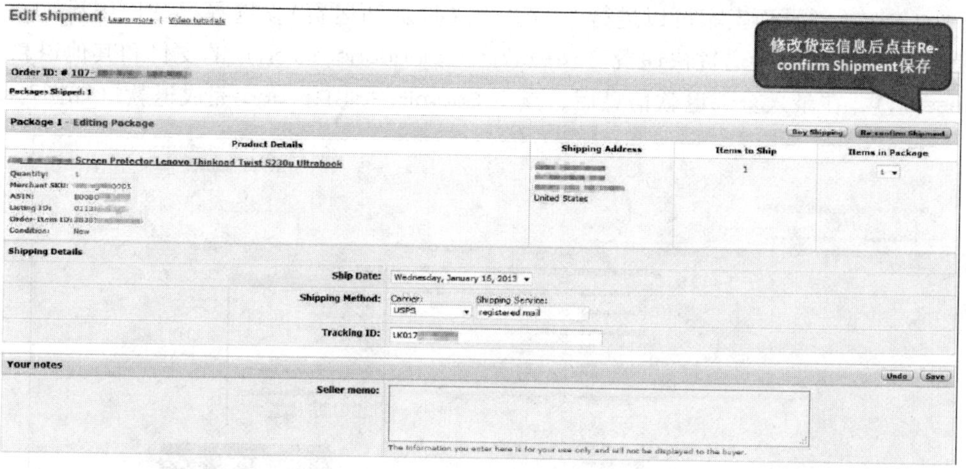

图 7－38　保存新发货记录

6. 退货管理。

点击 Orders 下面的 Manage Returns 进入退货管理页面。在这里卖家可以进行退货确认、关闭退货申请、退款和联系买家等操作。点击 Authorize request 进入确认页面，确认退货商品和退货地址后点击 Authorize request 按钮确认。卖家可以选择提前退款或者等对方把货物运回检查无误后进行退款（如图 7－39）。

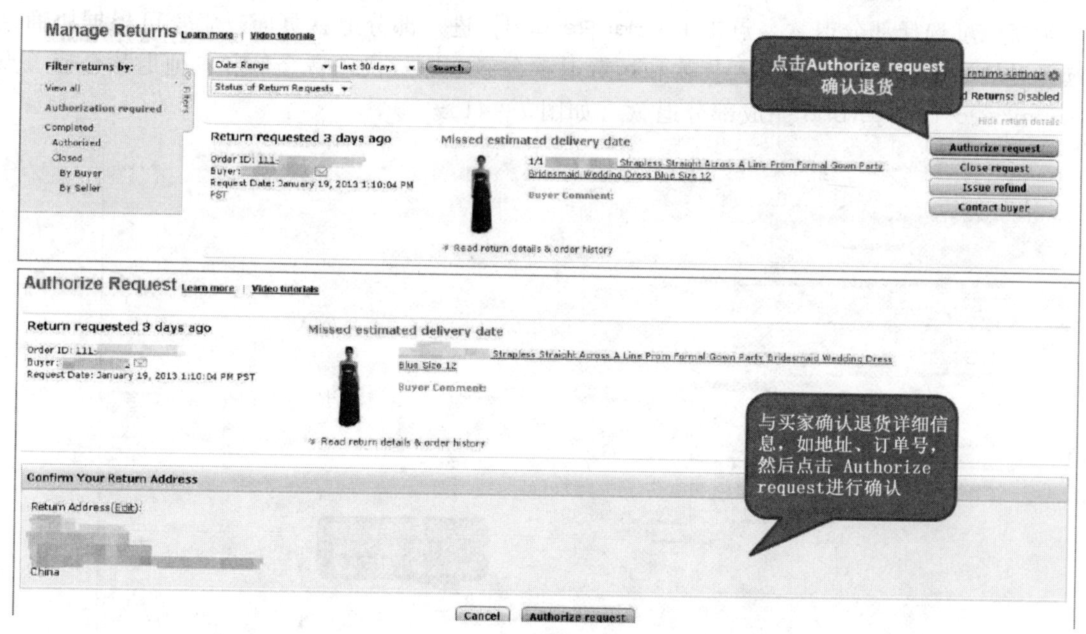

图 7－39　退货管理

7. 退款——全额退款。

收到买家退款申请或遇到其他问题需要退款时，卖家可以在 Manager Orders 里面点击

Refundorder 进行退款，也可以在 Manager Returns 里面点击 Issue Refund 进行退款。

在 Full Refund 页面卖家可以进行全额退款（货款和运费），选择退款原因后，卖家可根据与买家的协商结果进行退货快递费（Returnshippingconcession）的支付和其他退款（Otherconcession），在录入全部退款信息后，点击 Submit Full Refund 完成退款（如图7－40）。

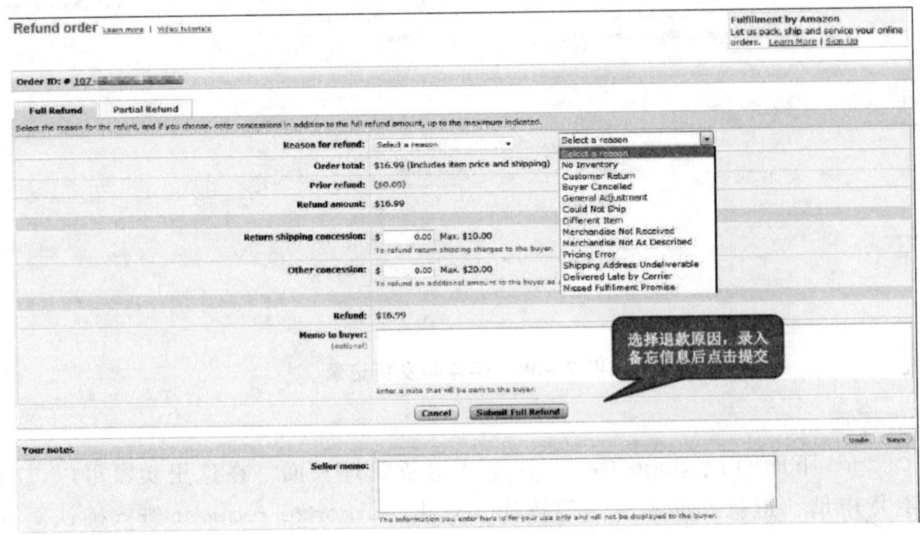

图 7－40　金额退款

8. 退款——部分退款。

卖家也可选择部分退款，点击 Partial Refund，进入部分退款页面。卖家可根据协商结果选择退款原因，然后分别输入货款和运费退款金额、退货快递费金额和其他退款金额。点击 Submit Partial Refund 完成部分退款（如图 7－41）。

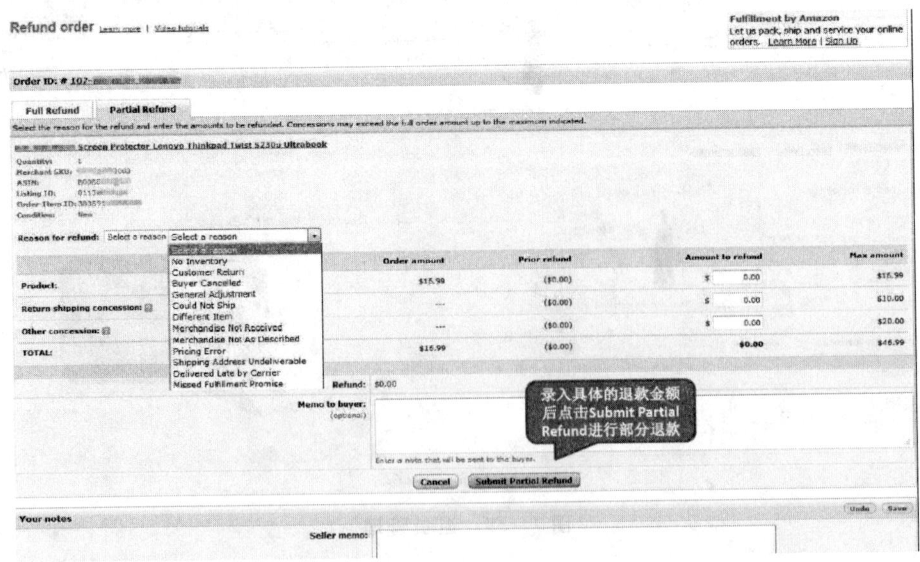

图 7－41　部分退款

9. 取消退款。

在卖家与买家协商好以后，如果买家愿意取消退款申请，卖家可以点击 Close request 进入关闭退款申请页面。选择关闭原因后点击 Close request 按钮关闭退款申请（如图 7－42）。

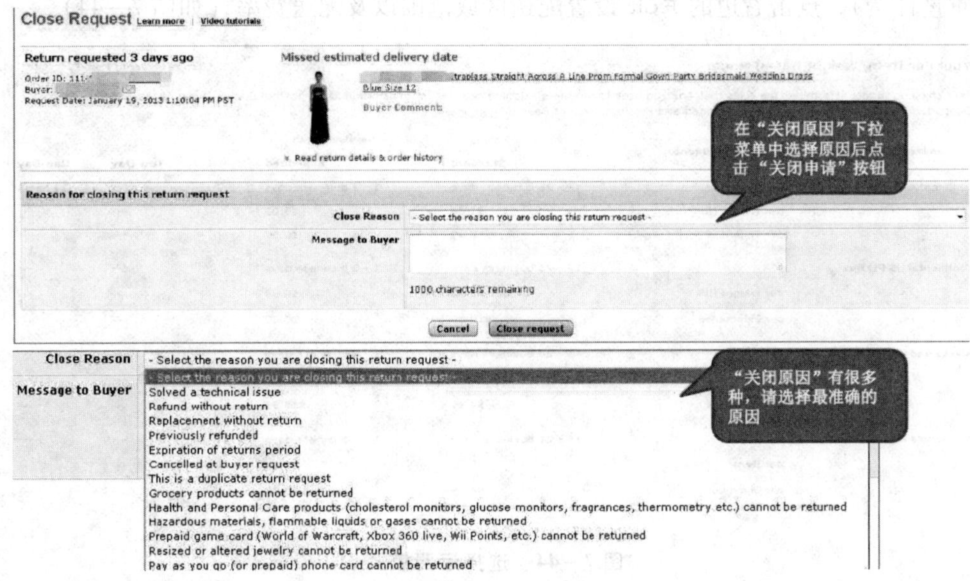

图 7－42　取消退款

四、运费设置

1. 进入 Setting－>Shipping Settings 设置运费。在 Ships From Location 里点击右边的 Edit，选择 Shipping Country 为 China，然后点击 Update（如图 7－43）。

Ships From Location　Edit

Shipping Country: China

Your Per Item/Weight Based Model　Change Shipping Model　Edit

Your shipping model determines the rules that Amazon uses to calculate shipping charges for your products other than Books, Music, Video and DVD. Supported shipping models include Price Banded and Per Item/Weight Based. Learn more.

Standard Shipping Rates	Rate Components	Service Levels			
		Standard	Expedited	Two-Day	One-Day
Continental US Street	ETA	17 - 28 business days	1 - 3 business days	2 business days	24 hours
	per Weight (lbs)	$1.00	$0.00	---	---
	per Shipment	$10.00	$0.00	---	---
Continental US PO Box	ETA	17 - 28 business days	1 - 3 business days	---	---
	per Weight (lbs)	$1.00	$0.00	---	---
	per Shipment	$10.00	$0.00	---	---
Alaska and Hawaii Street	ETA	17 - 28 business days	1 - 3 business days	---	---
	per Item	$0.00	$0.00	---	---
	per Shipment	$4.49	$18.99	---	---
Alaska and Hawaii PO Box	ETA	17 - 28 business days	1 - 3 business days	---	---
	per Item	$0.00	$0.00	---	---
	per Shipment	$4.49	$0.00	---	---

图 7－43　设置运费

2. 亚马逊提供两种计算运费的模式，一种是按照商品数量或重量收取运费，另一种是按照订单总价阶梯式收取运费。系统默认是按照数量或重量收费，点击右边的 Change Shipping Model 可以修改成按照订单总价阶梯式收取运费。Your PerItem/Weight Based Model（按照数量和重量计费），点击右边的 Edit 设置配送区域范围以及配送费率（如图 7－44）。

Your Per Item/Weight Based Model   Change Shipping Model   Edit

Your shipping model determines the rules that Amazon uses to calculate shipping charges for your products other than Books, Music, Video and DVD. Supported shipping models include Price Banded and Per Item/Weight Based. Learn more.

Standard Shipping Rates	Rate Components	Service Levels			
		Standard	Expedited	Two-Day	One-Day
Continental US Street	ETA	17 - 28 business days	1 - 3 business days	2 business days	24 hours
	per Weight (lbs)	$1.00	$0.00	---	---
	per Shipment	$10.00	$0.00	---	---
Continental US PO Box	ETA	17 - 28 business days	1 - 3 business days	---	---
	per Weight (lbs)	$1.00	$0.00	---	---
	per Shipment	$10.00	$0.00	---	---
Alaska and Hawaii Street	ETA	17 - 28 business days	1 - 3 business days	---	---
	per Item	$0.00	$0.00	---	---
	per Shipment	$4.49	$18.99	---	---
Alaska and Hawaii PO Box	ETA	17 - 28 business days	1 - 3 business days	---	---
	per Item	$0.00	$0.00	---	---
	per Shipment	$4.49	$0.00	---	---

图 7－44 选择运费模式

3. 第一步设置配送区域范围以及配送服务等级，要根据系统规定的最低运达时间进行选择。如果不能在规定时间内运达，请不要选择该配送区域范围和配送服务等级。下表第一列代表配送区域范围，第二列是标准配送服务，第三列是加急配送服务，第四列是两个工作日到达服务，第五个是 24 小时内到达服务（如图 7－45）。

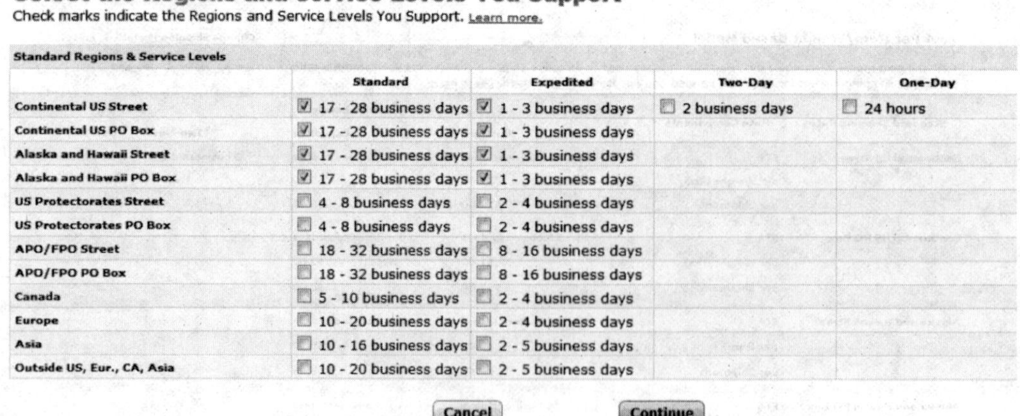

SET REGIONS & SERVICE LEVELS — SET SHIPPING RATES — CONFIRM SHIPPING RATES

Select the Regions and Service Levels You Support

Check marks indicate the Regions and Service Levels You Support. Learn more.

Standard Regions & Service Levels	Standard	Expedited	Two-Day	One-Day
Continental US Street	☑ 17 - 28 business days	☑ 1 - 3 business days	☐ 2 business days	☐ 24 hours
Continental US PO Box	☑ 17 - 28 business days	☑ 1 - 3 business days		
Alaska and Hawaii Street	☑ 17 - 28 business days	☑ 1 - 3 business days		
Alaska and Hawaii PO Box	☑ 17 - 28 business days	☑ 1 - 3 business days		
US Protectorates Street	☐ 4 - 8 business days	☐ 2 - 4 business days		
US Protectorates PO Box	☐ 4 - 8 business days	☐ 2 - 4 business days		
APO/FPO Street	☐ 18 - 32 business days	☐ 8 - 16 business days		
APO/FPO PO Box	☐ 18 - 32 business days	☐ 8 - 16 business days		
Canada	☐ 5 - 10 business days	☐ 2 - 4 business days		
Europe	☐ 10 - 20 business days	☐ 2 - 4 business days		
Asia	☐ 10 - 16 business days	☐ 2 - 5 business days		
Outside US, Eur., CA, Asia	☐ 10 - 20 business days	☐ 2 - 5 business days		

Cancel   Continue

图 7－45 设置配送区域及服务等级

4. 选择好配送区域范围和配送服务后，点击 Continue 进入第二步配送费率设置。亚马逊系统会自动收取两部分运费，一部分是 perShipment 即每次快递的基础费用，另一部分是数量或重量的快递费。在 Rate Components 里选择 perWeight（lbs）是按照重量计费，可以在服务等级里录入每磅/件收取的费率单价，系统会自动根据订单总重量计算（如图7－46）。

Edit Rates

Standard Shipping Rates	Rate Components	Service Levels			
		Standard	Expedited	Two-Day	One-Day
Continental US Street	ETA	17 - 28 business days	1 - 3 business days	2 business days	24 hours
	per Weight (lbs)	$ 1.00	$ 0.00	---	---
	per Shipment	$ 10.00	$ 0.00	---	---
Continental US PO Box	ETA	17 - 28 business days	1 - 3 business days	---	---
	per Weight (lbs)	$ 1.00	$ 0.00	---	---
	per Shipment	$ 10.00	$ 0.00	---	---
Alaska and Hawaii Street	ETA	17 - 28 business days	1 - 3 business days	---	---
	per Item	$ 0.00	$ 0.00	---	---
	per Shipment	$ 4.49	$ 18.99	---	---
Alaska and Hawaii PO Box	ETA	17 - 28 business days	1 - 3 business days	---	---
	per Item	$ 0.00	$ 0.00	---	---
	per Shipment	$ 4.49	$ 0.00	---	---

Cancel　Back　Continue

图7－46　设置配送费率

商品的 Shipping Weight 必须设置。如选择 perItem 则是按照件数收取快递费。

5. 如图7－47举例，用标准配送服务运送到美国本土街道地区的运费是：按照重量每磅单价为1美元，每次快递的基本配送费用为10美元。计算方法为：商品重量（lbs）＊单价＋基本配送费用。如果商品重量为10磅则收取20美元的总运费。把单价和基本配送费用设置为0则是免运费。

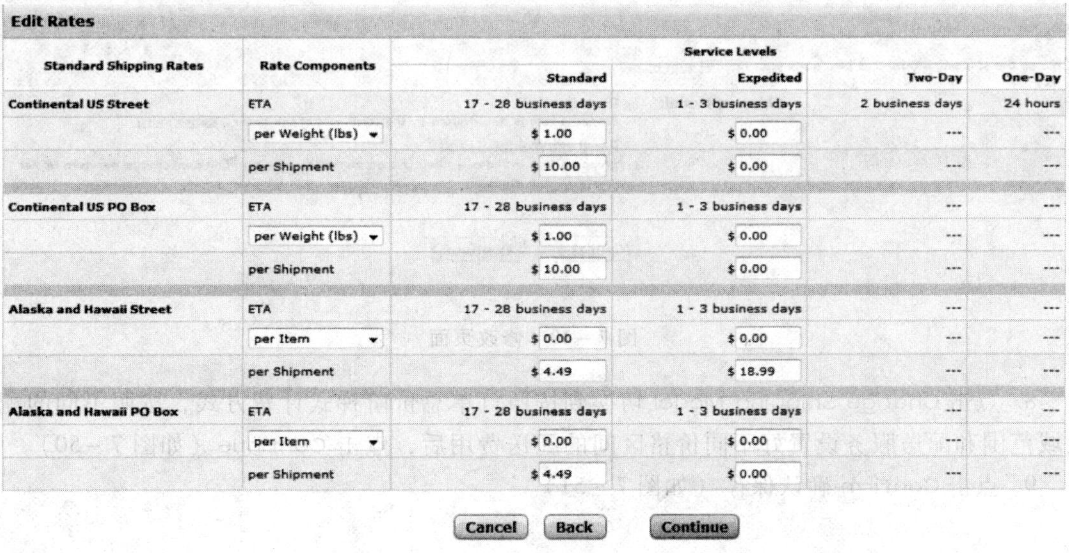

Edit Rates

Standard Shipping Rates	Rate Components	Service Levels			
		Standard	Expedited	Two-Day	One-Day
Continental US Street	ETA	17 - 28 business days	1 - 3 business days	2 business days	24 hours
	per Weight (lbs)	$ 1.00	$ 0.00	---	---
	per Shipment	$ 10.00	$ 0.00	---	---
Continental US PO Box	ETA	17 - 28 business days	1 - 3 business days	---	---
	per Weight (lbs)	$ 1.00	$ 0.00	---	---
	per Shipment	$ 10.00	$ 0.00	---	---
Alaska and Hawaii Street	ETA	17 - 28 business days	1 - 3 business days	---	---
	per Item	$ 0.00	$ 0.00	---	---
	per Shipment	$ 4.49	$ 18.99	---	---
Alaska and Hawaii PO Box	ETA	17 - 28 business days	1 - 3 business days	---	---
	per Item	$ 0.00	$ 0.00	---	---
	per Shipment	$ 4.49	$ 0.00	---	---

Cancel　Back　Continue

图7－47　配送费率举例

6. 设置好单价后，点击 Continue，然后点击 Confirm 保存运费设置（如图 7－48）。

Confirm Your Changes

Please confirm your new Rates. Blue bold text denotes a change to your current settings. The rates will go live approximately 4 hours after you confirm them. Learn more.

Current Rates

Standard Shipping Rates	Rate Components	Service Levels			
		Standard	Expedited	Two-Day	One-Day
Continental US Street	ETA	17 - 28 business days	1 - 3 business days	2 business days	24 hours
	per Weight (lbs)	$1.00	$0.00	---	---
	per Shipment	$10.00	$0.00	---	---
Continental US PO Box	ETA	17 - 28 business days	1 - 3 business days	---	---
	per Weight (lbs)	$1.00	$0.00	---	---
	per Shipment	$10.00	$0.00	---	---
Alaska and Hawaii Street	ETA	17 - 28 business days	1 - 3 business days	---	---
	per Item	$0.00	$0.00	---	---
	per Shipment	$4.49	$18.99	---	---
Alaska and Hawaii PO Box	ETA	17 - 28 business days	1 - 3 business days	---	---
	per Item	$0.00	$0.00	---	---
	per Shipment	$4.49	$0.00	---	---

Cancel　Back　Confirm

图 7－48　保存运费设置

7. 点击 Change Shipping Model，进入运费设置模式修改页面。选择 Price Banded 切换到按照订单总价阶梯式计费方式（如图 7－49）。

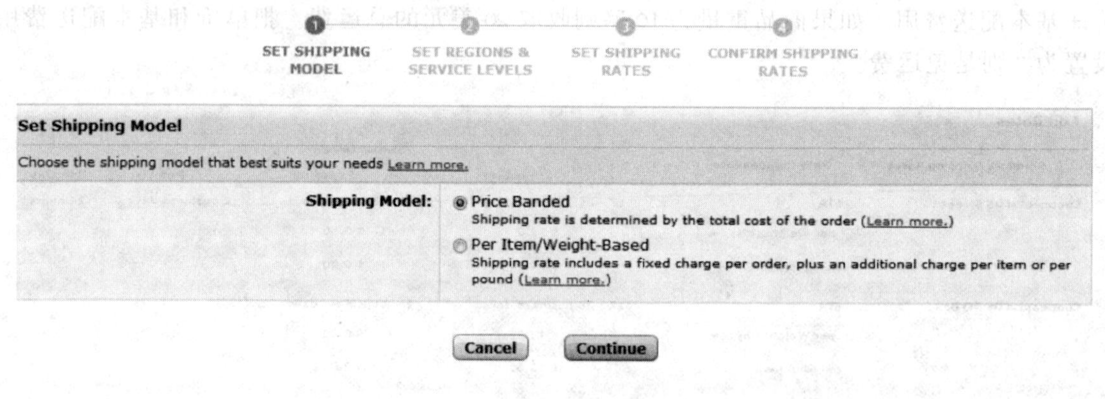

图 7－49　修改页面

8. 点击 Change Shipping Model 切换到按照订单总价阶梯式计费方式，按照不同的配送区域范围和配送服务设置好不同价格区间的配送费用后，点击 Continue（如图 7－50）。

9. 点击 Confirm 确认保存（如图 7－51）。

Set Your Shipping Rates

Set Your Shipping Rates If you don't see the Region or Service level you want to set a rate for, click Back and then select the Region or Service level. Learn more.

Settings	Current Rates			
All Regions	Continental US Street · **Standard** · (17 - 28 business days)			Copy bands to a Region
Shipping Regions	Bands			Shipment Rate
Continental US	$0.00	to	100.00	$ 10.00
Alaska and Hawaii	$100.01	to	$ 200.00	$ 15.00
	$200.01	to	$ 300.00	$ 20.00
	$300.01	to	$ Up	$
	$	to	$	$
	$	to	$	$

Add more bands

Cancel　Back　Continue

图 7－50　修改页面

Confirm Your Changes

Please confirm your new Rates. Blue bold text denotes a change to your current settings. The rates will go live approximately 4 hours after you confirm them. Learn more.

Settings	Current Rates			
All Regions	Continental US Street · **Standard** · (17 - 28 business days)			
Shipping Regions	Bands			Shipment Rate
Continental US	**$0.00**	to	**$100.00**	**$10.00**
	$100.01	to	**$200.00**	**$15.00**
	$200.01	to	**$300.00**	**$20.00**
	$300.01	to	Up	**$25.00**

Cancel　Back　Confirm

图 7－51　保存

五、后台设置

1. 账户信息。

（1）账户信息－进入 SETTINGS 下拉菜单，点击 AccountInfo。Selling Plan 卖家可以通过修改 Selling Plan 变成个人或者专业账号。点击 Modify Plan，点击 Switch Your Selling

Plan。Seller Information 中显示了卖家名称、客服邮箱电话等信息，点击右边的 Edit 按钮可以进行更改（如图 7－52）。

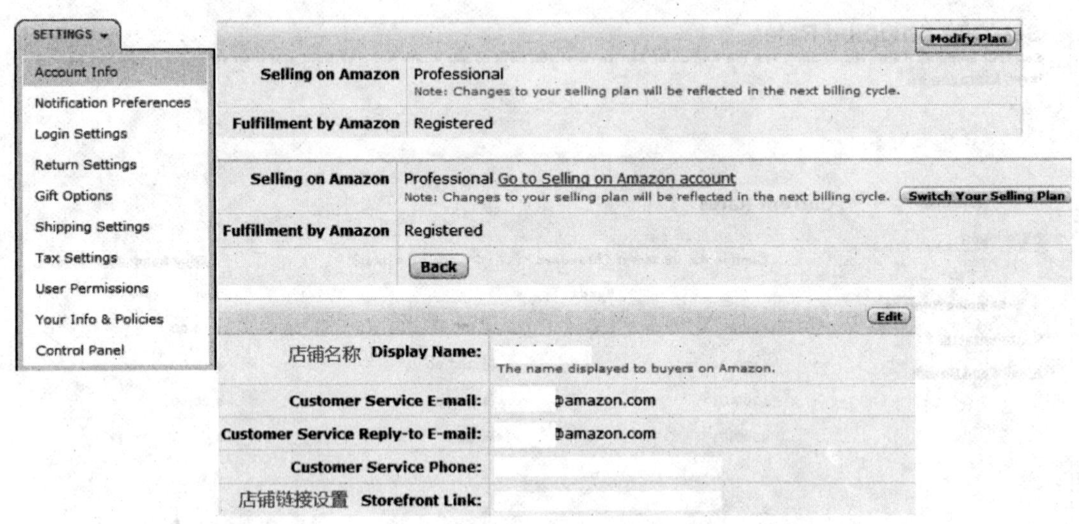

图 7－52 账户信息

（2）Business Address 显示公司的地址，点击右边的 Edit 可以进行修改。Legal Entity 显示公司名称，Listings Status 显示所有商品的状态，Active 为正常上架状态，Inactive 为下架状态，点击右边的 Edit 可以进行修改。通常在过节期间要将商品的 Listings Status 改为 Inactive，这样可以避免由于过节期间无法处理订单产生的差评（如图 7－53）。

Business Address Edit
Business Address: China
Beijing
Beijing
Tongzhou
101121
86 135

Legal Entity Edit
Legal Name:

Listings Status Edit
Current Status of Listings: Active (Listings available for sale on Amazon)

图 7－53 公司地址页面

（3）Deposit Method 是收款银行账号，卖家拿到海外银行账号后应第一时间在此处录入银行账号信息。录入后，亚马逊会每隔 14 天给卖家转账一次。Charge Method 是信用卡信息，用来支付亚马逊月平台使用费用，如果在收取月使用费的时候，卖家的账号有销售余额，亚马逊会从销售余额中扣除平台费，如果没有余额则从信用卡中扣除。Return Information是退货地址，点击Edit可以进行修改。Merchant Token用于跟第三方软件进行对接使用，该信息非常重要，请注意保密（如图7－54）。

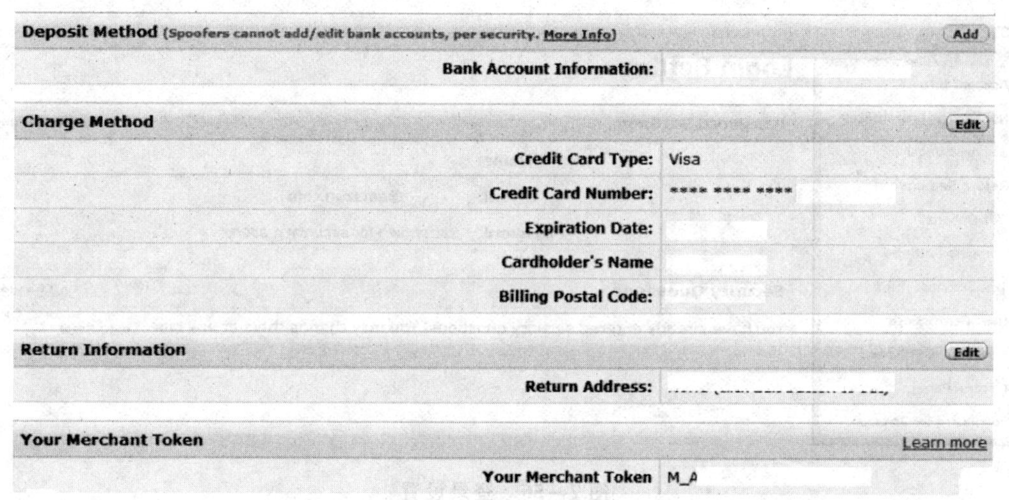

图7－54 账户信息页面

2. 提醒设置。

Notification Preferences是提醒设置，卖家可以选择性地接收系统提醒邮件，并且可以设置用不同的邮箱接收不同类型的提醒邮件和报表（如图7－55）。

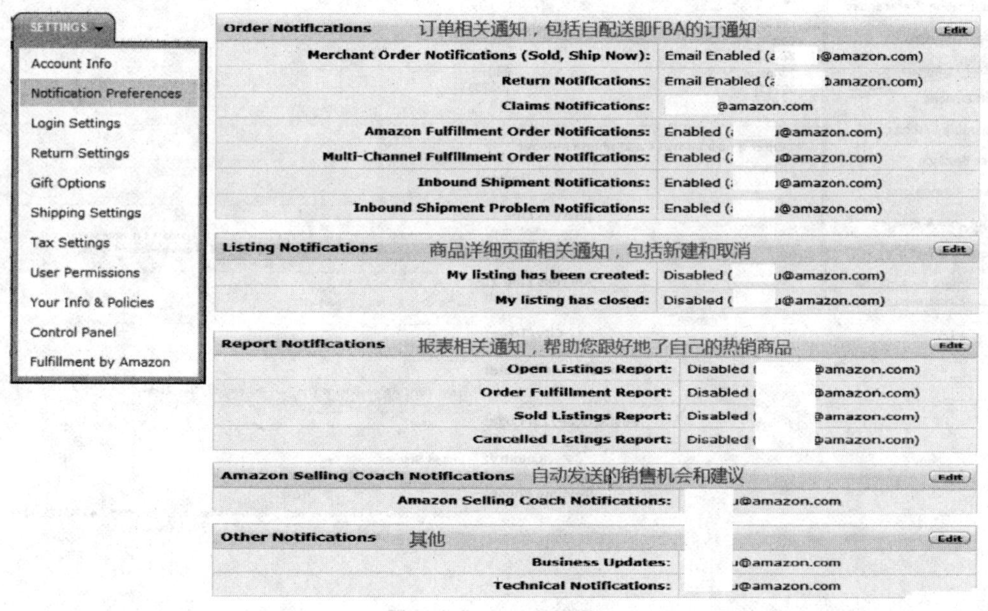

图7－55 提醒设置

3. 登录设置。

Login Settings 用来设置登录邮箱、密码、密码保护问题，点击右边的 Change 可以进行修改（如图 7－56）。

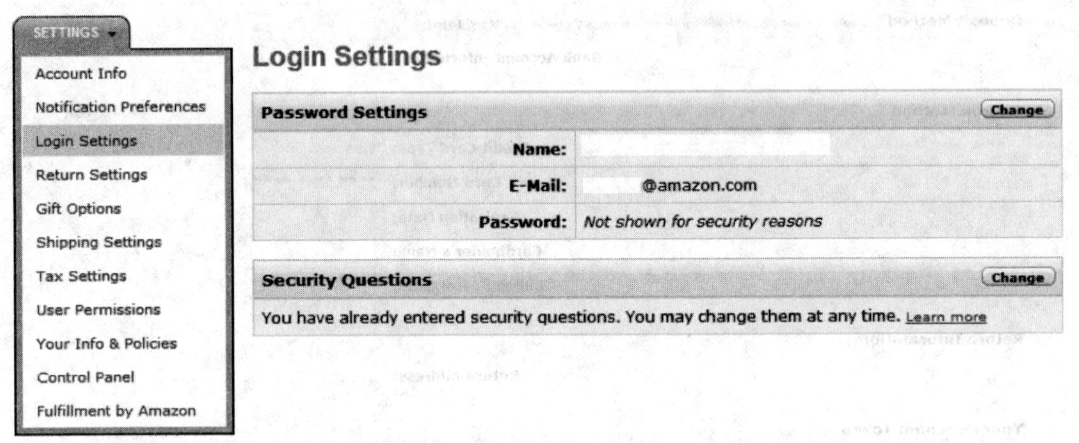

图 7－56 登录设置

4. 退货设置。

Return Settings 用来设置退货地址，添加地址后点击 Submit 保存（如图 7－57）。

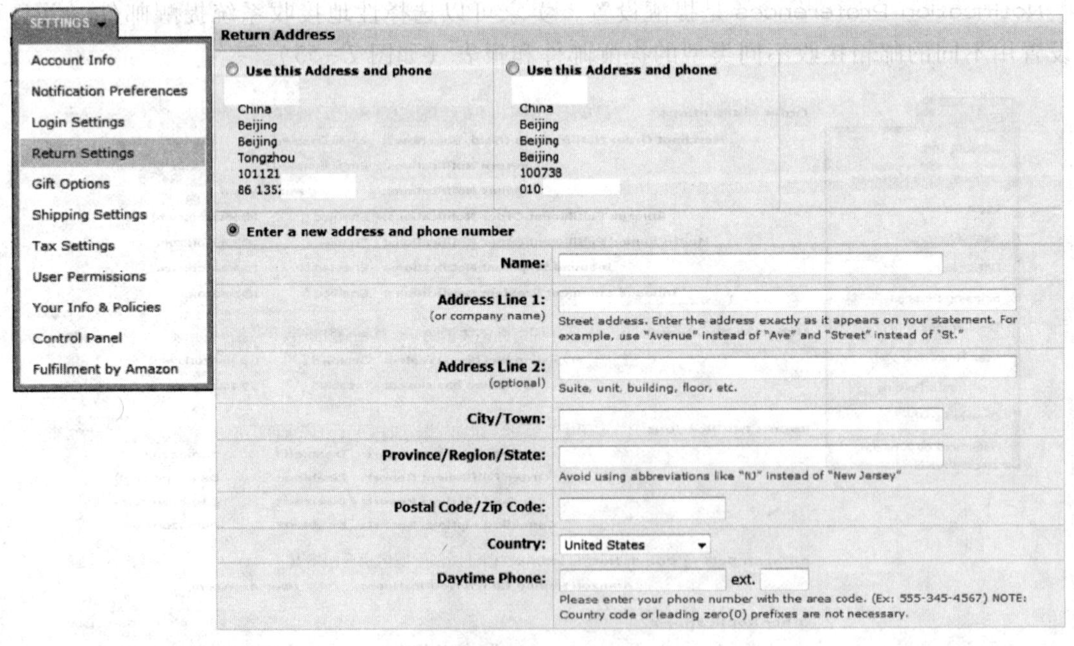

图 7－57 退货设置

5. 礼品服务。

Gift Options 设置是否提供礼品打包服务，点击右边的 Edit 可以进行设置（如图7－58）。

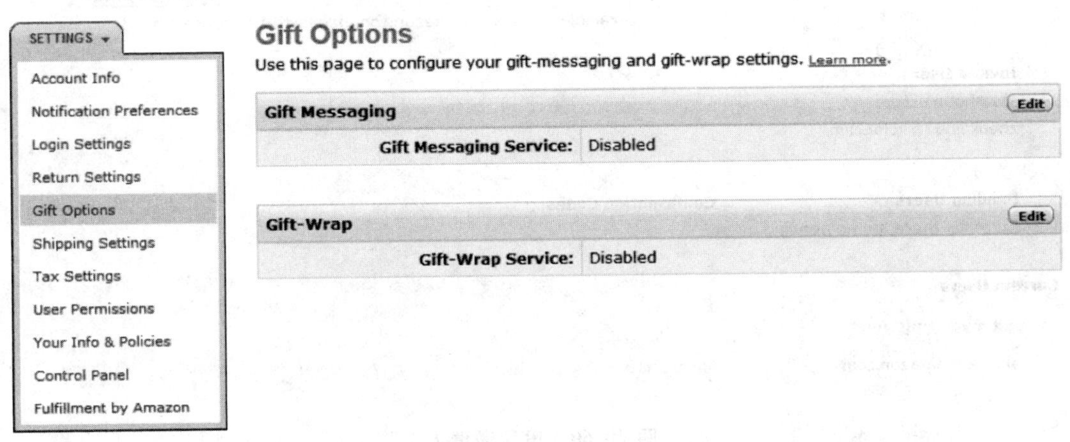

图7－58　礼品服务

6. 用户设置。

（1）在 User Permissions 页面中，卖家可以为自己的亚马逊账号设置多个操作员账号，并且可以设置操作员账号的权限。在 Add a New Seller Central User 里填入要添加的用户邮箱，点击 Sendinvitation，系统会自动发送邀请邮件给这个邮箱。用户收到邮件后点击邮件里面的链接，即可注册为亚马逊卖家操作员账号（如图7－59）。

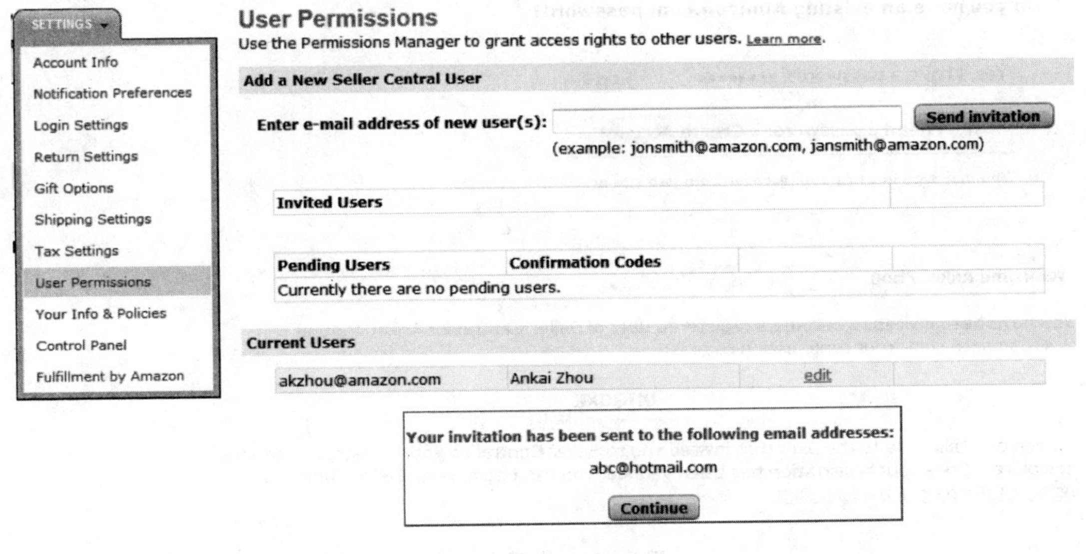

图7－59　注册账号

（2）发出邀请后，被邀请人的邮箱会出现在 Invited Users 列表里，点击 delete 按钮可以删除该账号（如图7－60）。

Add a New Seller Central User

Enter e-mail address of new user(s): [Send invitation]

(example: jonsmith@amazon.com, jansmith@amazon.com)

Invited Users	
abc@hotmail.com	delete
zhoukai007@sohu.com	delete

Pending Users	Confirmation Codes		
Currently there are no pending users.			

Current Users

Edit my permissions

akzhou@amazon.com	Ankai Zhou	edit

图 7－60　设置邀请人

（3）被邀请人收到邮件后点击邮件里面的链接可以直接进行注册。注册后会收到系统发出的确认信以及确认代码，被邀请人需将此代码发给邀请人（如图 7－61）。

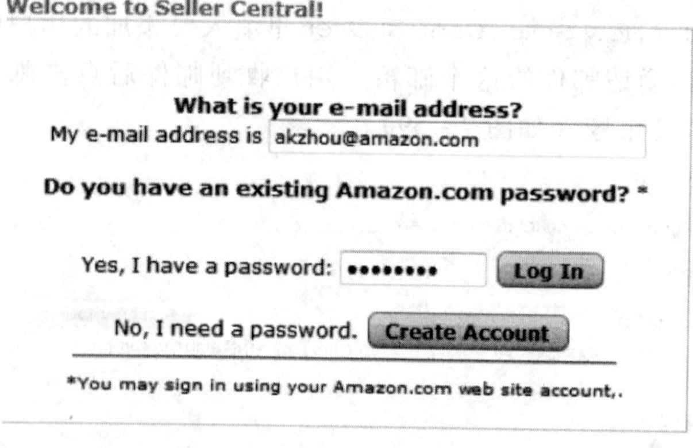

Welcome Ankai Zhou

You have been invited to become a registered user of Seller Central for Ankai Zhou at www.amazon.com. Your confirmation code is:

DHQ0XL

Please give this code to the user that invited you to Seller Central so your registration can be completed. Once your registration has been verified, you can begin using Seller Central at https://sellercentral.amazon.com.

图 7－61　邀请人注册

（4）邀请人在后台核实确认代码后点击 Pending Users 列表里面的 confirm 按钮进行确认。成功确认后点击 Add user permissions 按钮可以对新用户设置权限。也可以在 User Permissions 页面的 Current Users 列表里面点击 edit 进行编辑（如图 7－62）。

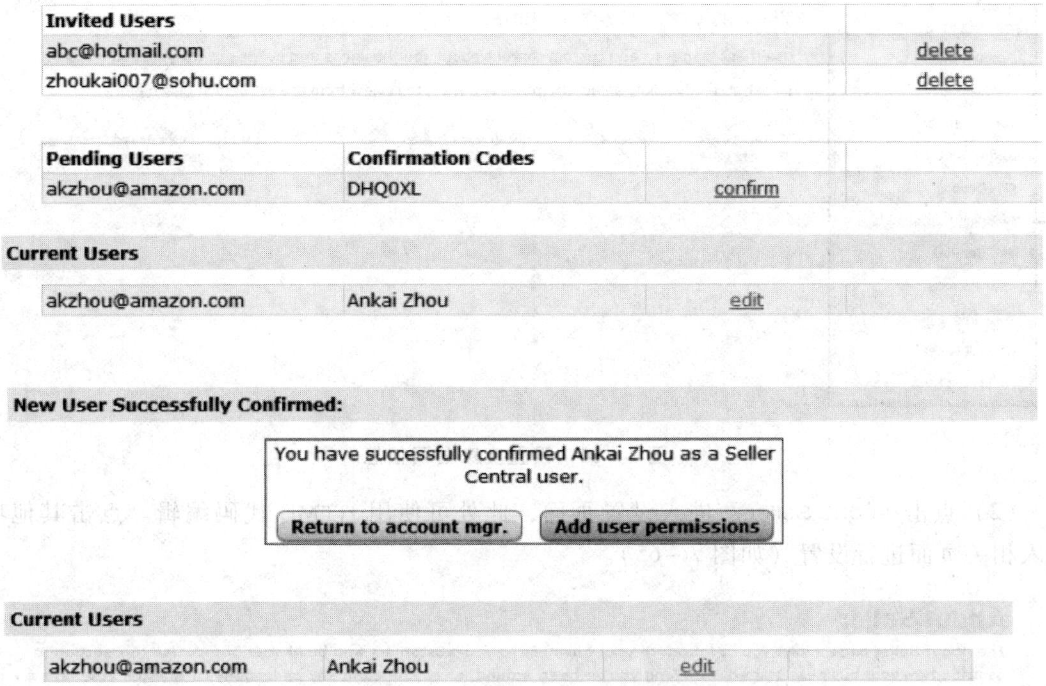

Invited Users	
abc@hotmail.com	delete
zhoukai007@sohu.com	delete

Pending Users	Confirmation Codes		
akzhou@amazon.com	DHQ0XL	confirm	

Current Users

akzhou@amazon.com	Ankai Zhou	edit	

New User Successfully Confirmed:

You have successfully confirmed Ankai Zhou as a Seller Central user.

Return to account mgr. Add user permissions

Current Users

akzhou@amazon.com	Ankai Zhou	edit	

图7-62 对新用户设置权限

(5) 主用户可以对操作员用户进行各种权限设置，如库存处理、订单处理、报表处理及账户设置等等（如图7-63）。

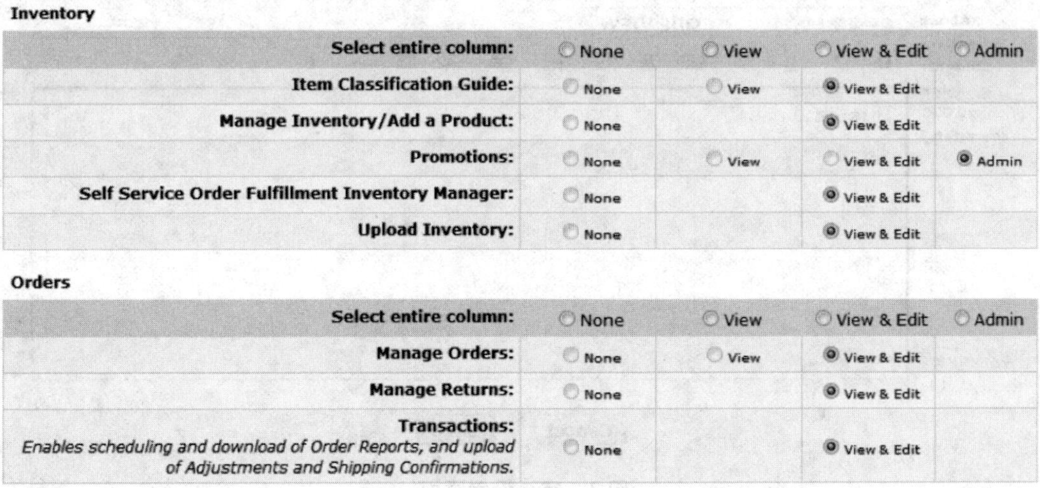

Inventory

Select entire column:	None	View	View & Edit	Admin
Item Classification Guide:	None	View	◉ View & Edit	
Manage Inventory/Add a Product:	None		◉ View & Edit	
Promotions:	None	View	View & Edit	◉ Admin
Self Service Order Fulfillment Inventory Manager:	None		◉ View & Edit	
Upload Inventory:	None		◉ View & Edit	

Orders

Select entire column:	None	View	View & Edit	Admin
Manage Orders:	None	View	◉ View & Edit	
Manage Returns:	None		◉ View & Edit	
Transactions: *Enables scheduling and download of Order Reports, and upload of Adjustments and Shipping Confirmations.*	None		◉ View & Edit	

图7-63 设置权限

7. 其他设置。

(1) Your Info & Policies 用来可以设置卖家的公司信息、Logo、隐私政策、常见问题等等（如图7-64）。

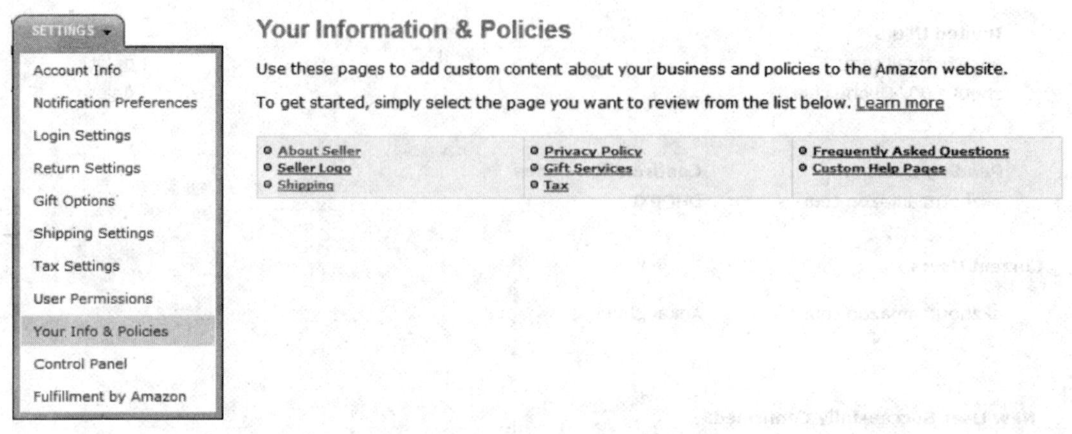

图 7－64　设置卖家公司信息

（2）点击 About Seller，进入设置页面，此处可使用 HTML 代码编辑。点击其他项目进入相关页面进行设置（如图 7－65）。

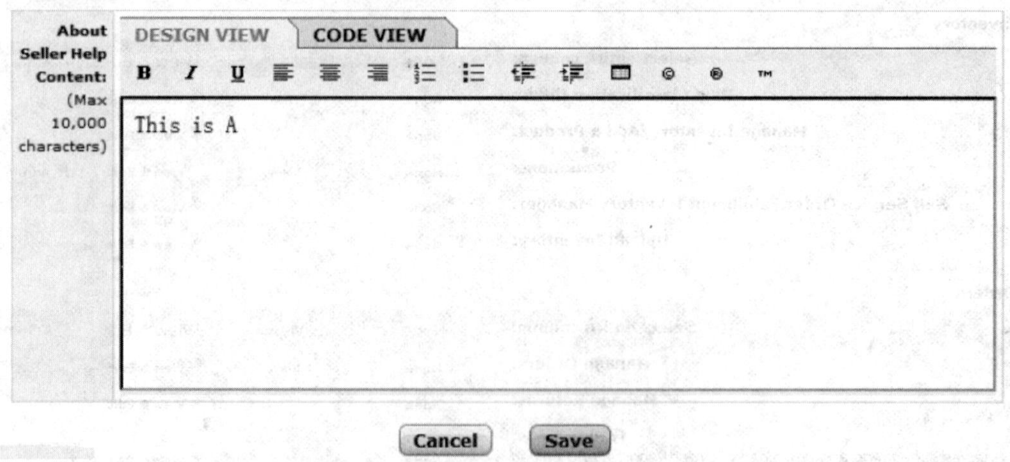

图 7－65　设置页面

8. FBA 设置。

Fulfillment by Amazon Settings 设置各种 FBA 服务。点击每项设置下面的 Learn more 查看该项解释（如图 7－66）。

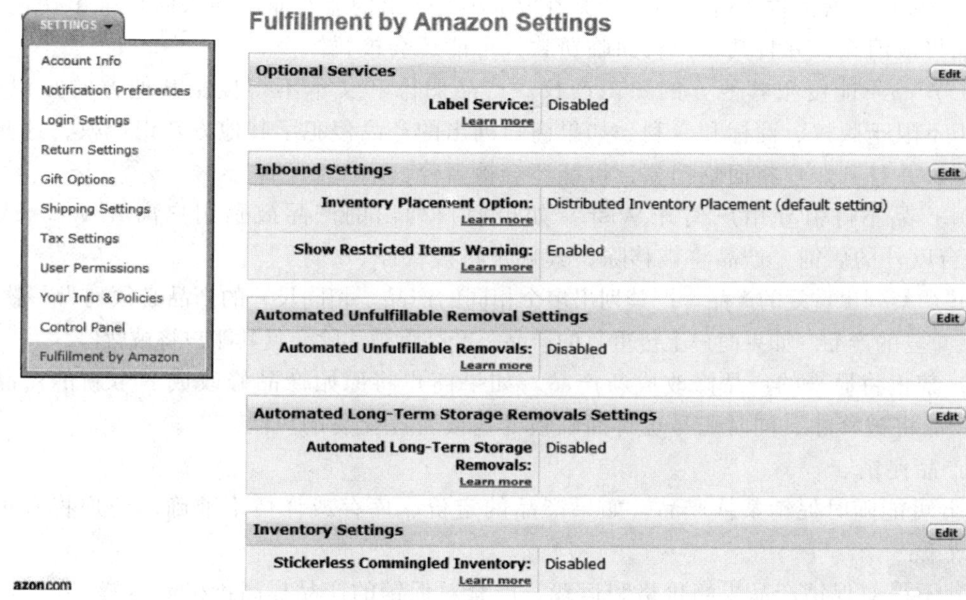

图 7-66 设置 FBA 服务

学习任务 7.2 Wish 平台操作

一、Wish 政策概述

Wish 是最快的产品销售平台。如果商户遵守义务，就不会受到平台实施的罚款或违规政策的影响。

首先商户应始终向 Wish 提供真实准确的信息。商户录入到 Wish 平台的信息应真实准确。列出的产品应真实准确，这包括但不限于图像、库存和价格。其次商户应确保尽快向用户交付订单。因为用户总是期望尽快收到订购的产品/服务。具体完成方式是迅速履行订单；使用可靠、有效的配送方法。

1. 注册。

（1）注册期间提供的信息必须真实准确。如果注册期间提供的账户信息不准确，账户可能会被暂停。

（2）每个实体只能有一个账户。如果公司或个人有多个账户，则多个账户都有可能被暂停。

2. 产品清单。

（1）产品上传期间提供的信息必须准确。如果对所列产品提供的信息不准确，该产品可能会被移除，且相应的账户可能面临罚款或被暂停。

（2）Wish 严禁销售伪造产品。严禁在 Wish 上列出伪造产品。如果商户推出伪造产品，这些产品将被清除，并且其账户将面临罚款，可能还会被暂停。

（3）产品不能侵犯其他方的知识产权。产品图像和文本不得侵犯其他方的知识产权。这包括但不限于版权、商标和专利。如果商户列出的产品侵犯了其他方知识产权，这些商品将被清除，并且其账户将面临罚款，可能还会被暂停。

（4）产品不得引导用户离开 Wish。如果商户列出的产品鼓励用户离开 Wish 或联系 Wish 平台以外的店铺，产品将被移除，其账户将被暂停。

（5）严禁列出重复的产品。严禁列出多个相同的产品。相同尺寸的产品必须列为一款产品。不得上传重复的产品。如果商户上传重复的产品，产品将被移除，且其账户将被暂停。

（6）禁止将原来的产品修改成新产品。如果商户将原始产品修改成一个新的产品，那么这个产品将被移除，同时账号也将面临被处罚或暂停交易的风险。

3. 产品促销。

Wish 可能随时促销某款产品。如果产品的定价、库存或详情不准确，商户将有可能违反以下政策：

（1）不得对促销产品提高价格和运费。严禁对促销的产品提高价格或运费。

（2）不得降低促销产品的库存。严禁降低促销产品的库存。

（3）店铺如若禁售促销产品，将面临罚款。如果店铺禁售过去 9 天交易总额超过 500 美元的促销产品，店铺将被罚款 50 美元。

4. 知识产权。

Wish 对伪造品和侵犯知识产权的行为制定了严格的零容忍政策。

如果 Wish 单方面认定卖家在销售伪造产品，且卖家同意不限制 Wish 在本协议中的权利或法律权利，Wish 可以单方面暂停或终止卖家的销售权限或扣留或罚没本应支付给卖家的款项。

（1）严禁出售伪造产品。严禁销售模仿或影射其他方知识产权的产品。

（2）严禁销售侵犯另一个实体的知识产权的产品。

5. 履行订单。

准确迅速地履行订单是卖家的首要任务，这样才能收到销售款项。

（1）所有订单必须在 5 天内履行完成。如果一个订单在 5 天内未完成，它将被自动退款并且相关的产品将被下架。

（2）如果商户因政策（1）退款的订单数量非常高，其账户将被暂停。自动退款率是指由于政策（1）而自动退款的订单数量与收到订单总数之比。如果此比率非常高，其账户将被暂停。

（3）如果商户的履行率非常低，其账户将被暂停。履行率是履行订单数量与收到订单数量之比。如果此比率太低，其账户将被暂停。

6. 用户服务。

（1）如果店铺的退款率特别高，其账户将被暂停。退款率是指某个时段内退款订单数量与收到订单总数之比。如果此比率特别高，店铺将被暂停交易。低于 5% 的退款率是正常的。

（2）如果店铺的退单率非常高，其账户将被暂停。退单率是指某个时段内退单的订单数量与收到订单总数之比。如果此比率特别高，店铺将被暂停交易。低于 0.5% 的退单率是正常的。

（3）严禁滥用用户信息。严禁对 Wish 用户施予辱骂性行为和语言，Wish 对此行为采取零容忍态度。

（4）严禁要求用户绕过 Wish 付款。如果卖家要求用户在 Wish 以外的平台付款，其账户将被暂停。

（5）禁止引导用户离开 Wish。如果商户指引用户离开 Wish，其账户将会被暂停。

（6）严禁要求用户提供个人信息。如果卖家要求用户提供付款信息、电子邮箱等个人信息，其账户将被暂停。

7. 退款责任。

（1）对于订单发货前进行的退款，卖家将不能获得款项。如果买家在发货前取消订单或退款，则卖家将不能获得货款。

（2）卖家被退款的所有订单都不能获得该笔订单的款项。如果卖家向某个订单退款，商户将不能获得该笔订单的款项。

（3）对于缺乏有效或准确跟踪信息的订单，卖家承担全部退款责任。如果订单的跟踪信息无效、不准确或缺少此类信息，卖家必须承担该订单的全部退款成本。

（4）对于经确认属于延迟履行的订单，由卖家承担全部退款。如果确认履行日为购买后 10 天以上，卖家应对该订单退款负 100% 责任。

（5）对于配送时间过度延迟的订单，卖家负责承担 100% 的退款责任。若在下单的 X 天后，订单仍未确认妥投，因此产生的退款，卖家承担 100% 的退款费用。各目的地国家/地区对应的天数需查询。

（6）卖家负责由于尺寸问题而产生的全部退款成本。如果用户由于尺寸问题而要求退款，由卖家承担全部退款成本。

（7）对于卖家参与诈骗活动的订单，由卖家承担全部退款成本。如果卖家实施诈骗活动或规避收入份额，则承担诈骗订单的全部退款成本。

（8）卖家负责由于商品送达时损坏而产生的全部退款成本。如果由于商品送达时损坏而产生退款，卖家承担全部退款成本。

（9）卖家负责由于商品与商品介绍不符而产生的全部退款成本。如果由于商品与商品介绍不符而产生退款，卖家承担全部退款成本。

（10）如果账户被暂停，由卖家承担全部退款。如果在卖家账户暂停期间发生退款，由卖家承担全部退款成本。

（11）对于退款率极高的产品，其在任何情况下产生的退款都将由卖家承担全部退款责任。卖家的每个极高退货率的产品都将会收到一条违规警告。之后，在该产品的所有订单中，产生的任何退款将由卖家承担全部责任。此外，退款会从上次付款中扣除。根据具体的退款率多少，该产品可能会被 Wish 移除。未被 Wish 移除的高退款率产品将会被定期重新评估。若该产品保持低退款率，那么卖家将不再因此政策而承担该产品的全部退款责任。

（12）对于被判定为仿品的产品，卖家将承担 100% 的退款。Wish 平台禁止销售仿冒品。侵犯知识产权的产品将被直接移除，卖家也将 100% 承担相关退款。

（13）卖家将因配送至错误地址而承担 100% 退款责任。如果因商品配送至错误地址而产生退款，那么该卖家将承担 100% 的退款责任。

（14）卖家将为任何不完整订单承担 100% 退款责任。如果因订单配送不完整而产生退款，那么卖家将承担100%的退款责任。不完整订单是指卖家没有配送正确数量的产品或者没有配送该产品的所有部件。

（15）对于被退回发货人的包裹，卖家将承担所产生的全部退款。如果投件失败并且物流商将物品退还至发货人，卖家将承担退款的100%责任。

（16）卖家需要对低评价产品承担全部退款。对于每个平均评价极低的产品卖家会收到相应的违规通知。卖家需对该产品在未来的和追溯到最后一次付款的所有订单的退款费用负100%责任。根据平均评分，该产品可能会被Wish移除。未被移除的平均低评价产品将会被定期重新评估。如果发现产品有一个评价已经不再是不可接受的低，那么根据这一政策卖家将不再需要对退款负100%的责任。

（17）任何客户未收到产品的订单，卖家承担100%的退款费用。若包裹跟踪记录显示妥投，但客户未收件，卖家承担100%的退款费用。

8. 账户暂停。

（1）暂停后账户将发生以下情况：账户访问受限；店铺的产品不允许再上架销售；店铺的付款保留三个月；因严重违反Wish政策，店铺的销售额将被永久扣留；店铺承担任退款的100%。

（2）账户被暂停的原因包括但不限于以下内容：

询问客户个人信息。如果卖家向顾客索取他们的个人信息（包括电邮地址），卖家账号将有被暂停的风险。

要求顾客汇款。如果卖家要求用户直接打款，其账户将会存在被暂停的风险。

提供不适当的用户服务。如果卖家提供了不适当的用户服务，其账户将会存在被暂停的风险。

欺骗用户。如果卖家正在欺骗用户，其账户将会存在被暂停的风险。

要求用户访问Wish以外的店铺。如果卖家要求用户访问Wish以外的店铺，卖家账户将处于被暂停的风险。

销售假冒或侵权产品。如果卖家的店铺正在销售假冒或侵权产品，卖家账号将有被暂停的风险。

违反Wish商户政策。如果卖家利用Wish政策谋取自己的利润，该卖家账户将处于被暂停的风险。

关联账号被暂停。如果卖家的店铺与另一被暂停账号关联，卖家账号将有被暂停的风险。

高退款率。如果卖家的店铺拥有无法接受的高退款率，卖家账户将处于被暂停的风险。

高自动退款率。如果卖家的店铺拥有无法接受的高自动退款率，卖家账号将有被暂停的风险。

高拒付率。如果卖家的店铺拥有无法接受的高拒付率，卖家账户将处于被暂停的风险。

重复注册账号。如果卖家已在Wish注册多个账户，卖家账户将处于被暂停的风险。

使用无法证实的跟踪单号。如果卖家的店铺拥有大量不带有效跟踪信息的单号，卖家账户将处于被暂停的风险。

店铺正在发空包给用户。如果卖家给用户发送空包，其账户将会存在被暂停的风险。

使用虚假跟踪单号。如果卖家使用虚假物流单号，卖家账户将处于被暂停的风险。

发送包裹至错误地址。如果卖家的店铺拥有大量无法接受的“包裹被递送至错误地址”的订单，卖家账号将有被暂停的风险。

二、Wish注册流程

1. wish注册页面（如图7－67）。

图7－67 注册页面

2. 开通wish店铺（如图7－68）。

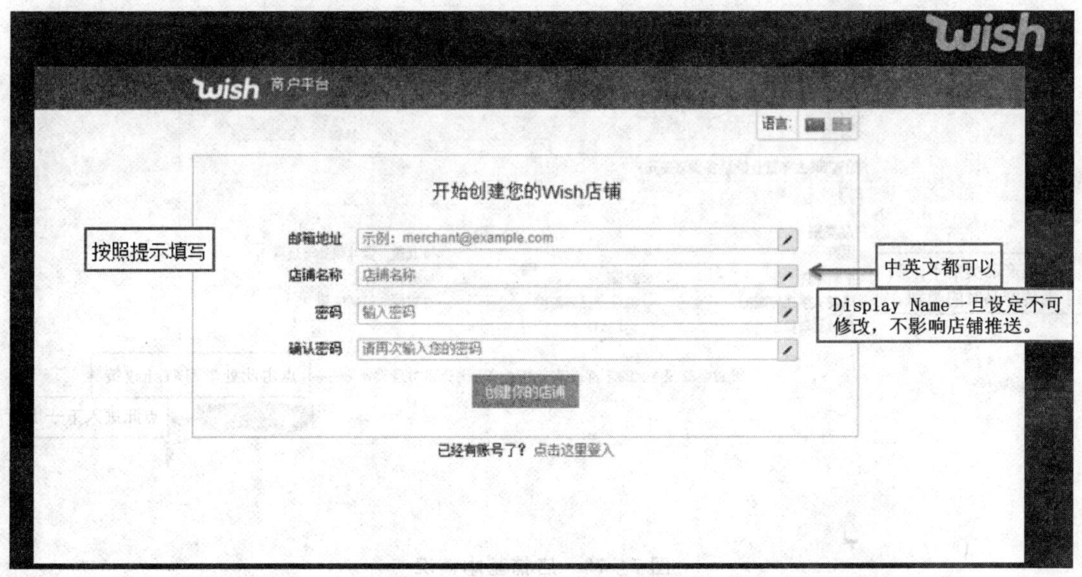

图7－68 开通店铺

3. 填写自然情况（如图 7－69）。

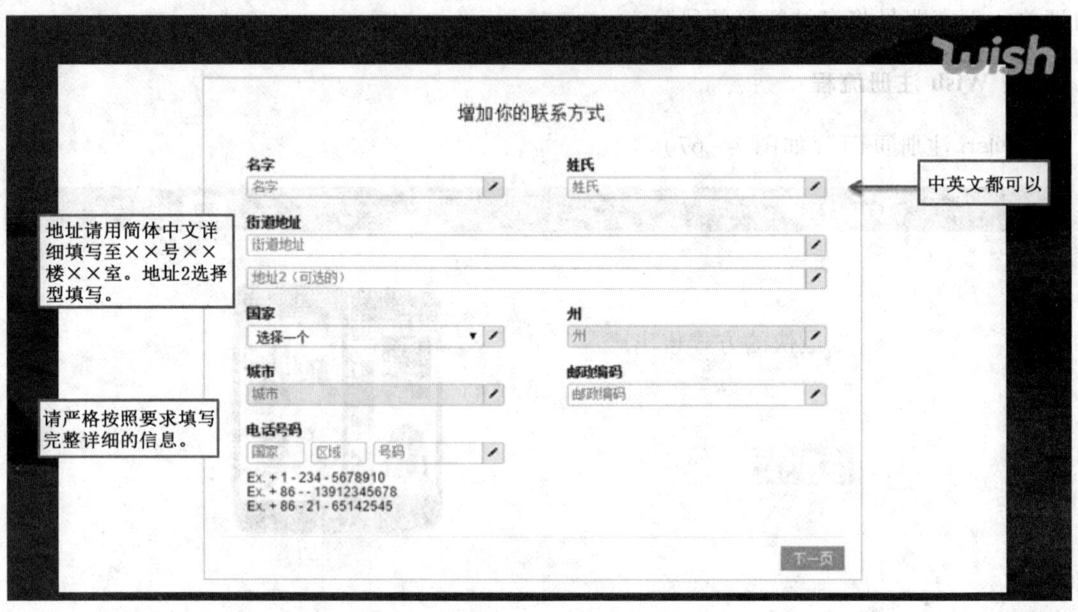

图 7－69　填写自然信息

4. 店铺的基本情况（如图 7－70）。

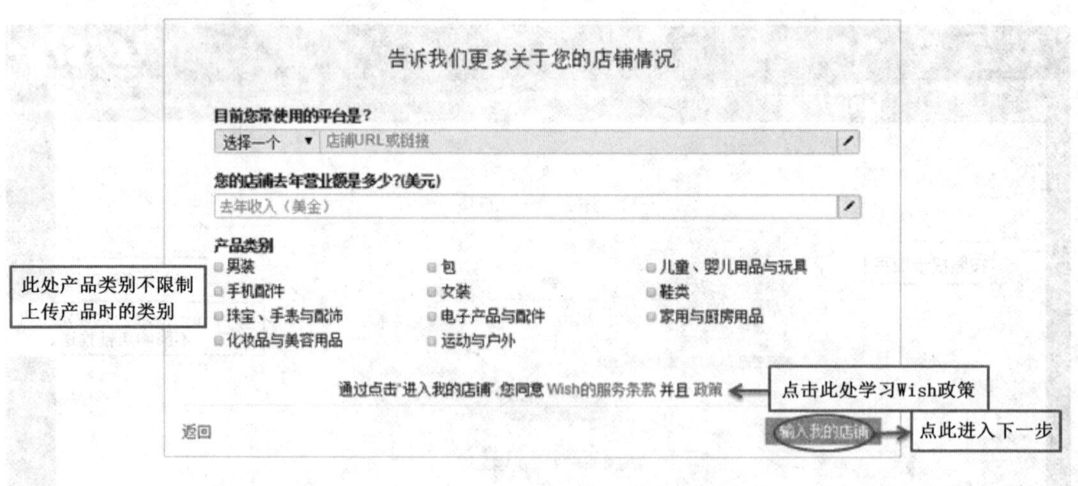

图 7－70　店铺基本情况

5. 店铺注册基本流程示意图（如图 7－71）。

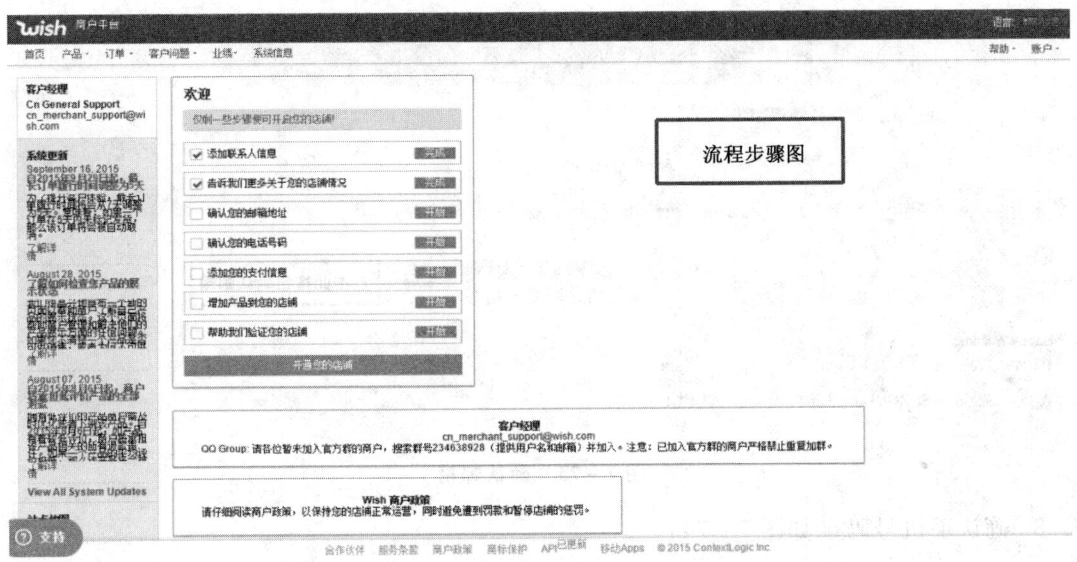

图 7－71 流程步骤图

6. 邮箱地址确认（如图 7－72）。

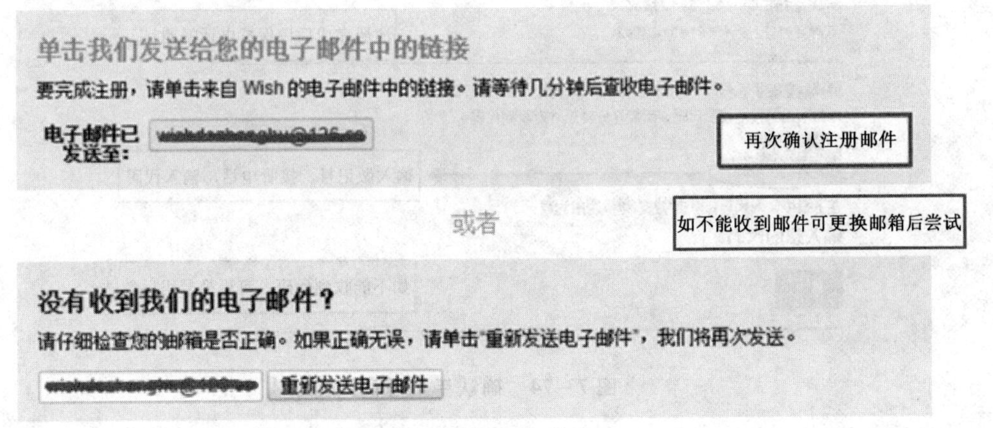

图 7－72 邮箱地址确认

7. 确认邮箱（如图 7 – 73）。

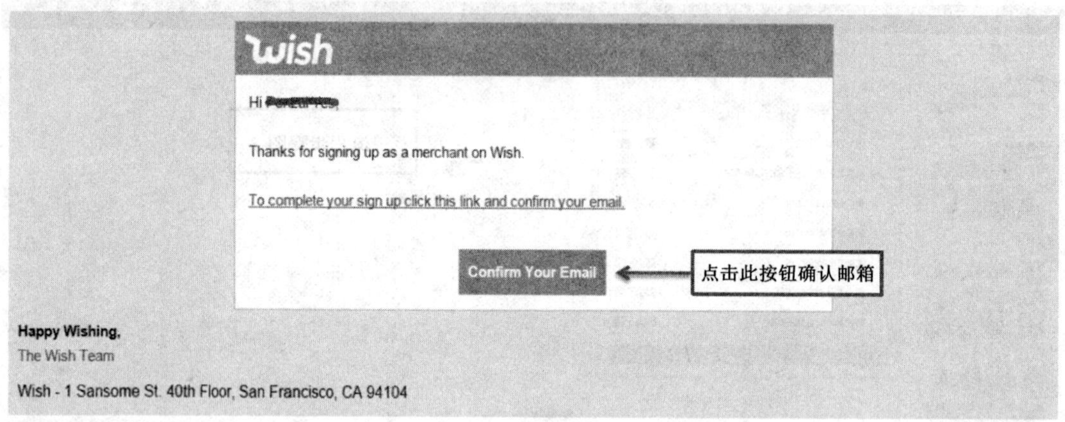

图 7 – 73 确认邮箱

8. 确认手机号码（如图 7 – 74）。

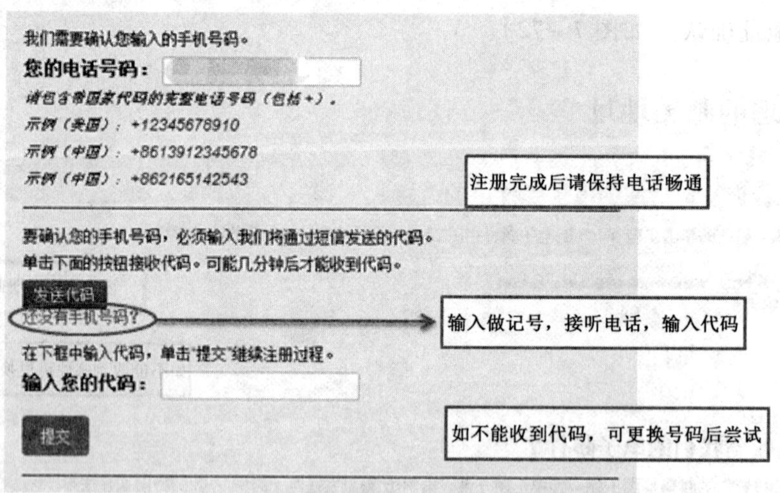

图 7 – 74 确认手机号码

9. 确认支付方式（如图 7－75）。

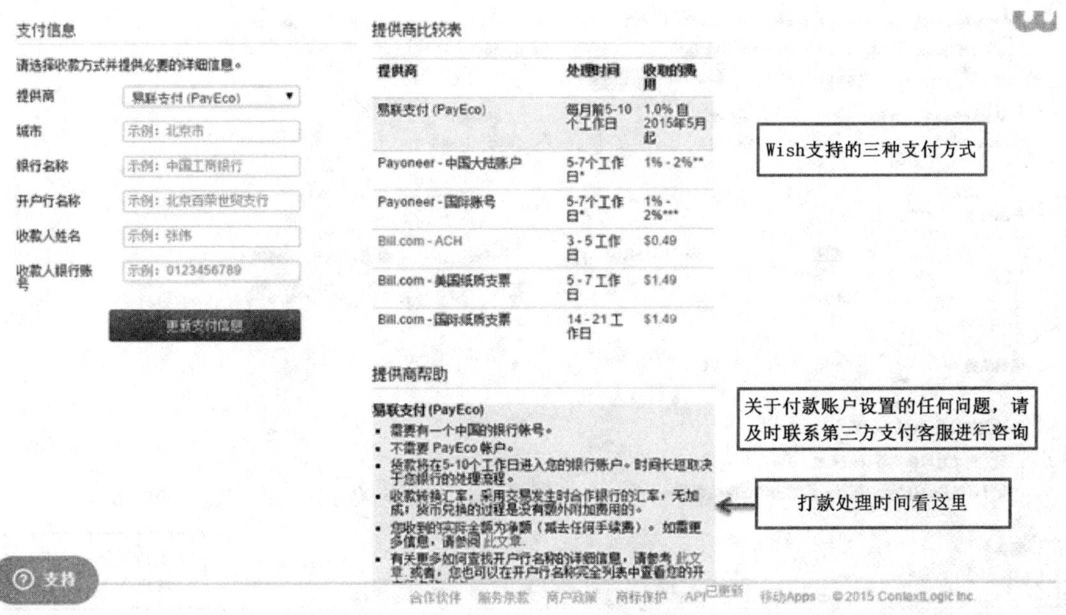

图 7－75　确认支付方式

10. 添加产品基本信息（如图 7－76）。

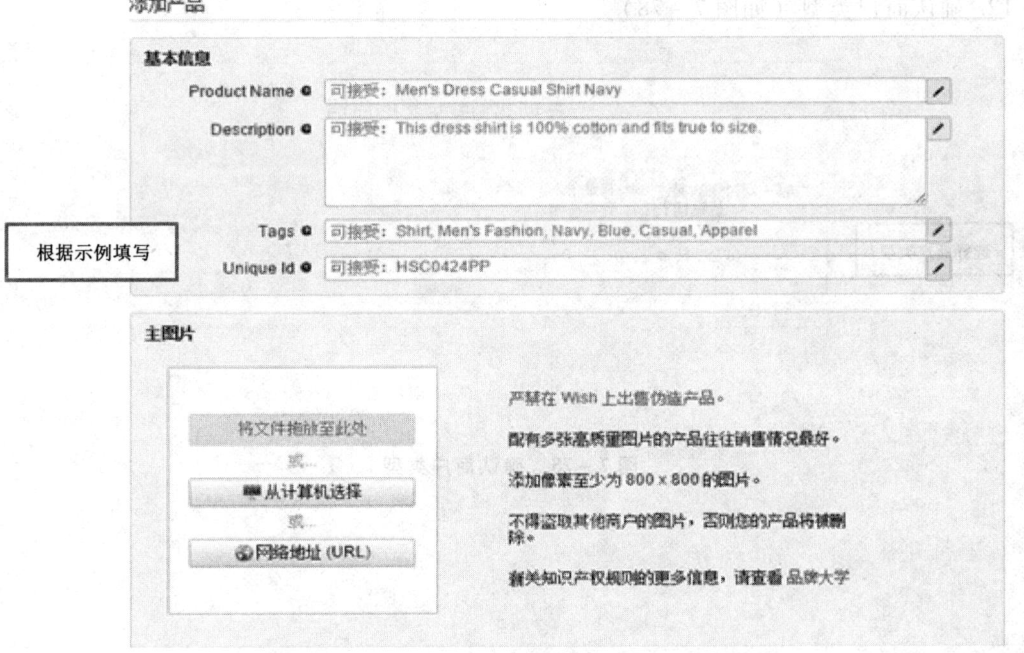

图 7－76　产品基本信息

11. 确认产品添加信息（如图 7－77）。

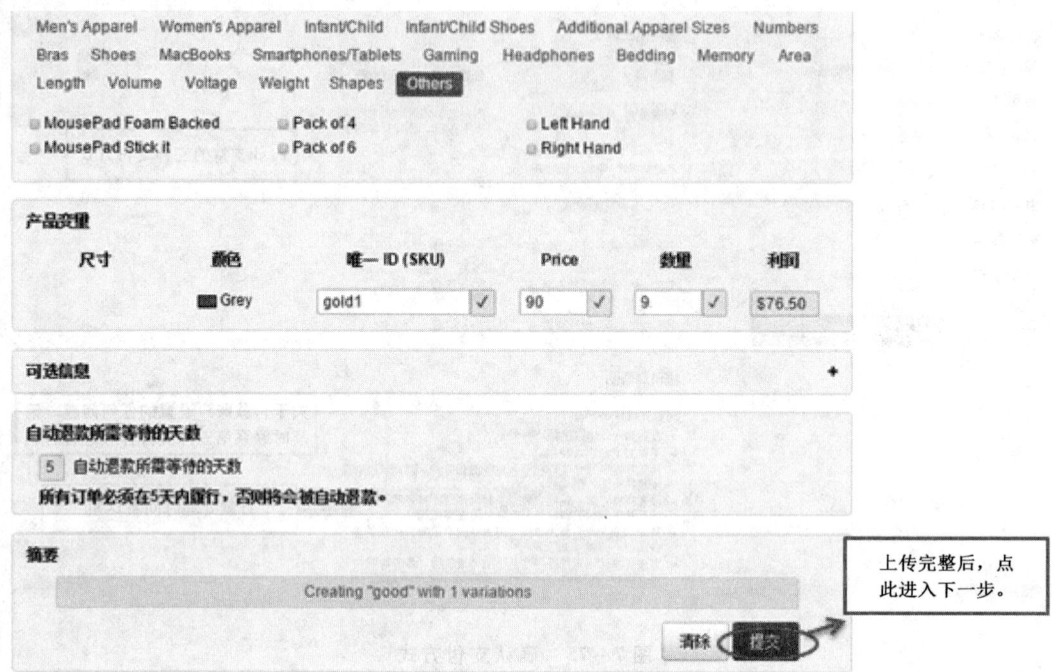

图 7－77 确认产品添加信息

12. 确认商户类型（如图 7－78）。

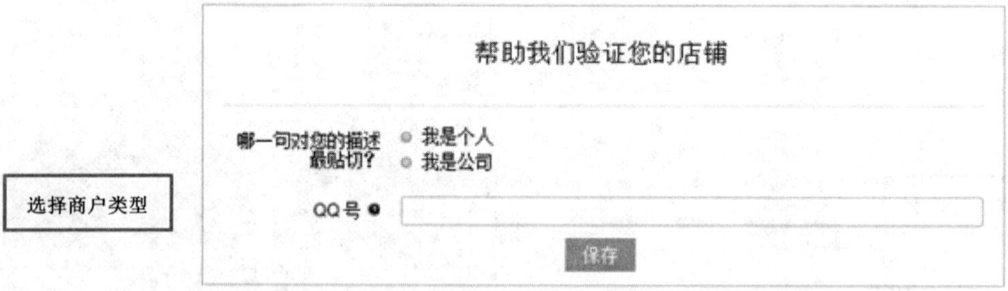

帮助我们验证您的店铺

哪一句对您的描述最贴切？ 我是个人 我是公司

选择商户类型

QQ 号

保存

图 7－78 确认商户类型

13. 验证商户信息（如图7－79）。

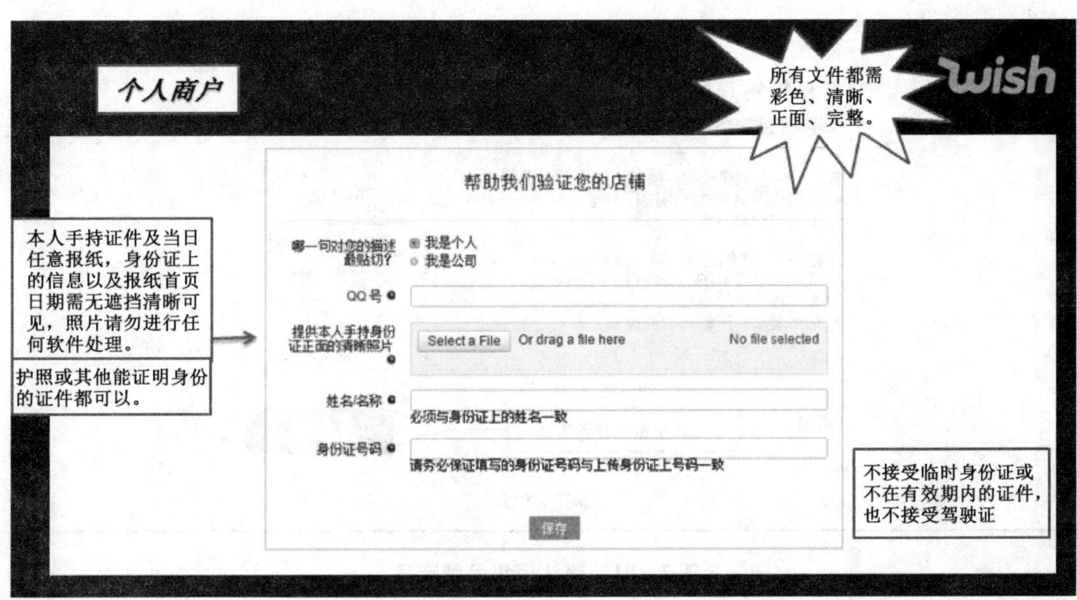

图7－79 验证商户信息

14. 开通商铺（如图7－80）。

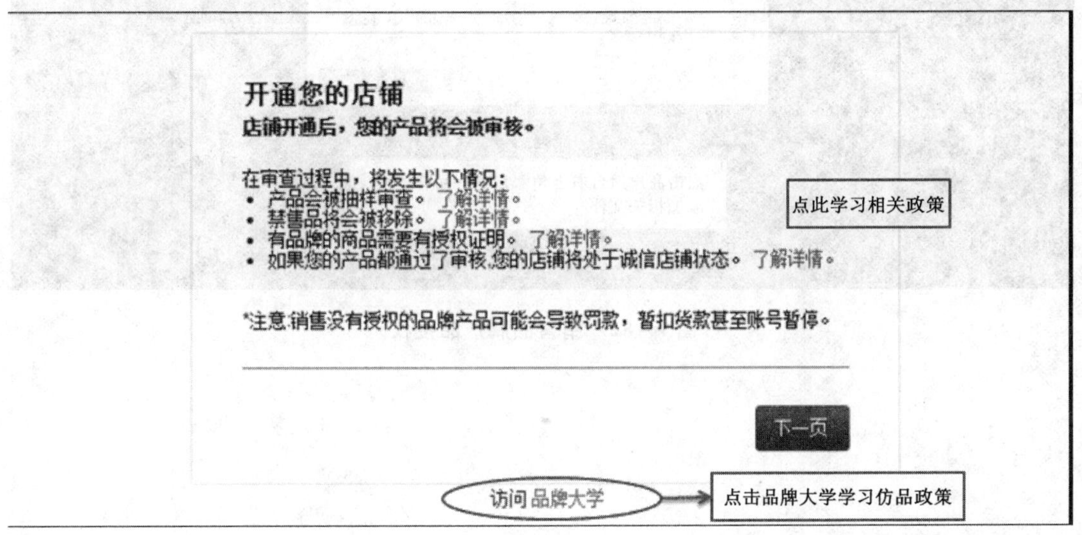

图7－80 开通商铺

15. 确认销售品牌产品（如图 7-81）。

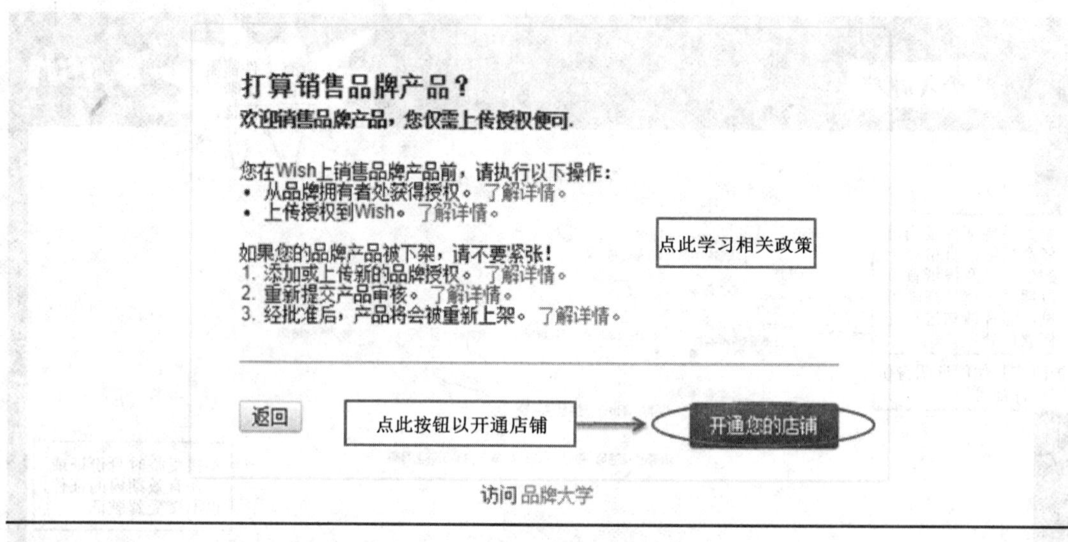

图 7-81　确认销售品牌产品

16. 销售品牌产品授权（如图 7-82）。

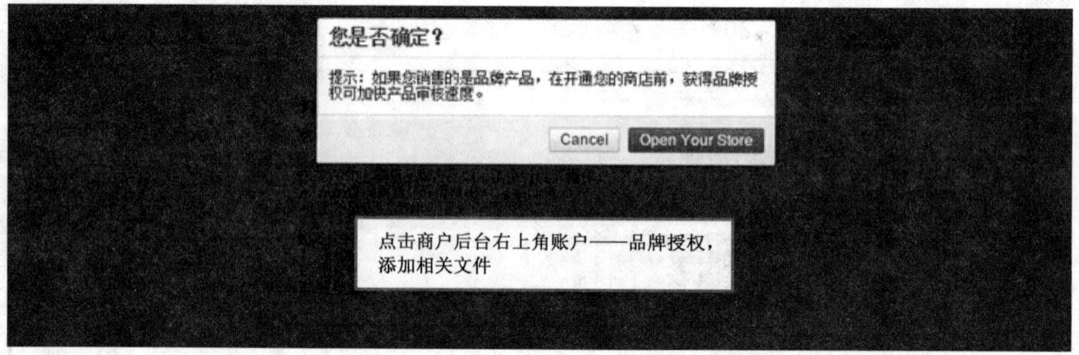

图 7-82　销售品牌产品授权

参考文献

[1] 淘宝大学.阿里巴巴电子商务资格认证考试指定教材：电商运营［M］.北京：电子工业出版社，2014.

[2] 淘宝大学.电商精英系列教程：网店推广［M］.北京：电子工业出版社，2014.

[3] 黄成明.数据化管理：洞悉零销及电子商务运营［M］.北京：电子工业出版社，2014.

[4] 林康有.宋钢，国际贸易电子商务［M］.北京：中国商务出版社，2005.

[5] 李宏伟.电子商务实训教程［M］.北京：中国商务出版社，2008.

[6] 何传添.跨境电子商务（出口篇）［M］.北京：经济科学出版社，2016.

[7] 中华人民共和国商务部.中国电子商务发展报告（2013－2015）.北京：中国商务出版社，2014－2016.

[8] 阿里学院.外贸营销实务［M］.北京：电子工业出版社，2013.

[9] 阿里学院.网络整合营销.外贸篇［M］.北京：电子工业出版社，2013.

[10] 鲁丹萍.跨境电子商务［M］.北京：中国商务出版社，2015.

[11] 薛源.跨境电子商务网上争议解决机制研究［M］.北京：中国政法大学出版社，2014.

[12] 阿里巴巴学院.跨境电子商务基础、策略与实战［M］.北京：电子工业出版社，2016.

[13] 冯晓宁.跨境电商实务［M］.广州：暨南大学出版社，2016.

[14] 林俊峰.电子商务海外业务指南［M］.北京：人民邮电出版社，2015.

[15] 艾瑞咨询.2016 年中国跨境电商行业研究报告，2016.

[16] 雨果网.2013-2016 年中国跨境电商产业研究报告，2016.

[17] 中国电子商务研究中心.跨境电子商务平台发展研究报告，2016.

[18] 阿里巴巴学院.http：//www.aliresearch.com

[19] 雨果网.http：//www.cifnews.com

[20] 中国电子商务研究中心.http：//www.100ec.cn